国家理科人才培养基地地理学野外实习丛书

庐山地区地理学野外实习指南

（第二版）

王腊春　李徐生　陈　刚　王先彦　等编

科学出版社

北　京

内 容 简 介

本书是南京大学地理与海洋科学学院在庐山地区进行野外实习60余年教学资料和教学经验的总结。在阐述庐山地区地理概况和野外实习计划的基础上，分别从自然地理(包括地质地貌、气象气候、植物地理、土壤地理、水文水资源)、人文地理和地理信息技术等方面叙述了庐山地区地理学野外实习的基本内容、方法、技能和要求，同时也介绍了学科发展的新思想、新理论和新进展。

本书适用于学习过自然地理学、人文地理学、地理信息系统等相关课程的本科生在庐山地区进行系统、综合的地理学实习，也可供以庐山为实习基地的有关高校教师作为教学指导用书。

图书在版编目(CIP)数据

庐山地区地理学野外实习指南 / 王腊春等编. —2版. —北京：科学出版社，2021.7
(国家理科人才培养基地地理学野外实习丛书)
ISBN 978-7-03-069319-8

Ⅰ. ①庐… Ⅱ. ①王… Ⅲ. ①庐山—地理学—教育实习—高等学校—教学参考资料 Ⅳ. ①K928.3

中国版本图书馆CIP数据核字(2021)第130091号

责任编辑：许 健 / 责任校对：谭宏宇
责任印制：黄晓鸣 / 封面设计：殷 靓

科学出版社 出版
北京东黄城根北街16号
邮政编码：100717
http://www.sciencep.com
南京展望文化发展有限公司排版
广东虎彩云印刷有限公司印刷
科学出版社发行 各地新华书店经销
*
2011年7月第 一 版 开本：B5(720×1000)
2021年7月第 二 版 印张：16
2022年11月第十四次印刷 字数：310 000

定价：60.00元

(如有印装质量问题，我社负责调换)

《国家理科人才培养基地地理学野外实习丛书》专家委员会名单

序

“读万卷书，行万里路”。地学是一门非常注重实践的学科。野外实践教学遵循知识、能力、素质并重的培养模式，重视多学科交叉，是地学人才培养不可或缺的重要环节。选择具有代表性、综合性的典型区域和线路进行野外实习，能加深学生对课堂所学理论知识的理解，使其树立科学的地球观，掌握地理基础知识、基本技能及研究方法，实现注重综合思维、能力训练、创新意识的教学目标，培养具有全球视野、系统性思考、创新意识以及研究性自主学习能力的地学新型人才。

实习基地建设是提高野外实习质量的有力保证。我国地域辽阔，自然环境复杂多变，各地学高校分别根据地域优势，建设有各自特色鲜明的野外基地，开辟了各具特色的实习路线和野外实践教学体系。其中地理学人才培养基地高校因其深厚的历史工作积淀、较强的综合实力以及雄厚的师资队伍，野外实习基地建设走在前列，例如南京大学庐山实习基地、兰州大学西北三大自然过渡带实习基地、北京师范大学华北实习基地、福建师范大学海岸带实习基地和华东师范大学浙江实习基地等均历经数十年的建设，线路选取、实习点设置、实习内容安排等均凝聚了几代教师的心血。尤其是近几年随着国家自然基金委“国家基础科学人才培养基金能力提高项目(野外实践)”的实施，得到资金保障和政策支持，各野外基地建设明显加快，示范优势不断凸显，已逐步成为具有地域代表性的一流野外实习基地。

为充分利用各地理学国家理科人才培养基地的成熟野外实习基地、精品实习线路和优秀师资力量，达到资源共享、辐射示范的目的，在国家自然基金委和教育部的共同支持下，从2009年暑期开始，全国主要地理学人才培养基地自发开展了大规模、跨区域联合野外实习。2009年，首届联合实习在北京拉开帷幕，来自北京师范大学、兰州大学、南京大学、福建师范大学、华东师范大学5个地理学基地的70余名师生共同参加。野外实习穿越了北京、河北、甘肃、青海和内蒙古5个省(直辖市、自治区),学习考察了北京城市空间、河北坝上草原、西北祁连山-河西走廊等,行程近万千米。2010 年,第二届跨区域联合实习在福建启动,规模进一步扩大,除首届 5 个基地外,又邀请了海峡两岸多所高校的师生代表参加。先后进行了福建平潭海岸地貌实习,江西庐山地貌、土壤和植被实习,浙江千岛湖、富春江流域综合自然地理实习,行程近 3000 千米。2011 年,第三届跨区域联合实习又在北京师范大学和兰州大学启动。跨区域联合野外实习作为地理学人才培养与实践教学改革中的有益尝试和探索,是发挥地理学人才培养基地对外辐射作用的良好契机,取得了良好的示范效果,引起了广大院校师生的关注。

在总结长期野外实习教学经验的基础上,分别由南京大学、兰州大学、福建师范大学、华东师范大学等几个地理学人才培养基地共同编写,并在科学出版社统一出版了这套《国家理科人才培养基地地理学野外实习丛书》。该丛书是各基地精品野外实习教学体系的集中展示,凝聚了各基地几代教师的长期教学成果和智慧。这套兼具科学性、实用性和指导性的野外指导系列,注重突出野外实习特色,使学生在理论与实践相结合的实践教学过程中,既能系统掌握地理学的科学理论,又能更好地掌握野外知识、基本工作方法和基本技能,希望能为兄弟院校野外实习教学和地学人才培养提供有价值的借鉴和参考。

《国家理科人才培养基地地理学野外实习丛书》编委会

2011 年 5 月

前　　言

地理学是一门研究地球表层空间地理要素或者地理综合体的时空格局及其演变规律的学科，特别关注与人类生存和社会经济发展有密切关系的资源、环境问题等内容，注重运用综合、多维视角系统研究人地关系，服务可持续发展与生态文明建设。现代地理学面向全球变化研究与服务国家战略重大选题，三大分支学科（自然地理学、人文地理学、地理信息科学）交叉融合的发展趋势越来越明显，对综合创新地理学人才的培养提出了更为迫切的要求。

野外实习是高校地理学本科教学的关键环节，也是地理学课堂教学的延伸和拓展，侧重于进行实地、系统的地理调查，通过野外观察和分析，理论联系实际，帮助学生掌握地理学的基本概念、基本理论和地理学野外工作的基本方法与技能，同时可以锻炼学生观察问题、分析问题和解决问题的能力，培养学生的科学精神和创新思维。因此，野外实习对地理学人才的培养具有重要意义和价值。

庐山北滨长江，东临鄱阳湖，山、江、湖浑然交融。受构造活动的影响，庐山是大型的断块山，在褶皱构造的影响下发育了典型的复背斜构造地貌，其地质、地貌类型丰富，层次齐全，形迹明显，成因复杂，是进行地质学以及地貌学实习的天然良好场所。

庐山地处中亚热带—北亚热带过渡区，植物资源非常丰富，高等植物近 3 000 种，加之其位于东部季风湿润区域，面江临湖，山高谷深，形成极富特色的气候条件。庐山的气候、植被以及土壤都具有明显的垂直分异现象，它在气象气候、植物地理、土壤地理、水文水资源以及自然景观等方面都有着非常丰富的实习内容。

被世界遗产委员会列为“世界文化景观”的庐山有着异常丰富的人文资源，包括宗教文化、理学文化、山水文化、别墅文化和政治文化等。庐山的人文要素、历史遗迹，以其独特的方式融汇在自然美之中，形成了可持续发展的人地关系典型范例。

山城(庐山牯岭镇)、江城(九江市)、湖城(星子)、旅游景区、水陆交通枢纽等构成了独特的城市地理、文化地理、经济地理、交通地理、旅游地理现象,为人文地理学实习提供了宽阔的舞台,有利于提高学生的地理学综合素质,帮助学生深刻认识人地关系的相互作用。

自20世纪30年代李四光开创庐山地学研究以来,众多学者在这里进行了大量研究,已成为地学许多领域关注的重要研究场所,具有很高的地学科研价值。如:庐山南麓晚元古代“星子群”是否属于变质核杂岩构造;古冰川地貌与泥石流地貌成因的争辩,使庐山成为我国东部第四纪冰川与环境演变研究的发祥地;长江、鄱阳湖的相互作用是研究江湖作用机制、水循环及人地关系的重要基地;湖滨沙山也成为研究鄱阳湖地区环境演变的重要素材。

南京大学地理与海洋科学学院(原地理系、大地海洋科学系、城市与资源学系)自20世纪50年代开辟庐山地理学野外实习以来,为一代代地理学人才的成长做出了重要贡献。与此同时,庐山地区地理学野外实习教学的质量和水平在几十年中也有了明显的提高。本次修订是在《科学庐山》、1983年南京大学地理系编著的《庐山地区自然地理实习指导书》和21世纪初城市与资源学系编著的《庐山地区地理实习指导书》的基础上,根据2011年编写的《庐山地区地理学野外实习指南》,结合野外实践教学的实际进行,更新了原书中部分资料和研究进展,修正了发现的错误,增加了地理信息方面的实习内容。本书作为野外实习教材可供在庐山地区进行地理学实习的各高校师生参考使用。

本次修订各章节的主笔人:王腊春(前言),李徐生、王先彦、韩志勇(第一章、第二章),韩志勇、李徐生、王先彦(第三章),王先彦、李徐生、韩志勇(第四章),左平、陈刚(第五章),李升峰、张学良、史江峰(第六章),高超、杨琳(第七章),王腊春、张兴奇、左平、杨龙(第八章),杨绪红、毛熙彦(第九章),陈刚、马劲松、张学良(第十章)。

由于作者水平有限,书中缺点和错误难免存在,望广大读者谅解。

目　录

第一章　庐山地区地理概况

本书所提及的“庐山地区”位于江西省北部，不仅指庐山的自然山体，还包括自然山体之外的山麓地带及邻近区域。按现行行政区划，“庐山地区”的地理空间大致涵盖了江西省九江市所辖的庐山市（县级市，2016 年设立，由原来的星子县和九江市庐山区牯岭镇合并而成）、濂溪区和浔阳区的行政范围，总面积超过 1 000 km^2，其中庐山自然山体的面积约 250 km^2。区内有著名的庐山中山山地、山前丘陵和滨水平原等。庐山集“世界文化景观”、“世界地质公园”、“国家重点风景名胜区”和“国家 5A 级景区”于一身，自然景观和人文要素都具有显著的特色。

“一山飞峙大江边，跃上葱茏四百旋”。庐山北滨长江，东和东南为鄱阳湖环绕，山、江、湖浑然交融（图 1 - 1）。受构造运动影响，庐山是典型的断块山，在褶皱构造的影响下发育了大型的复背斜构造地貌，其地质、地貌类型丰富，层次齐全，形迹明显，成因复杂。庐山山体总体走向北北东，南北长约 30 km，东西宽约 15 km。庐山平均海拔在 1 100 m 以上，比山下的九江城高出千米，主峰汉阳峰海拔 1 474 m。断块山由前震旦变质岩和南华系碎屑沉积岩构成，顶部有峰岭 90 余座，分别被宽谷相间，岭、谷的排布受到褶皱构造、断裂构造、节理构造以及地层岩性和产状的控制。庐山北段以大月山背斜山为轴，两侧对称地分列向斜谷、背斜山以及次一级的次成谷和次成山，并受背斜构造的倾伏与向斜构造翘起的控制，次成山与次成谷在平面上构成之字形（S 形）延展。庐山的东南坡与西北坡均为峭壁陡坡，呈阶梯式递降。庐山山前多丘陵，并间以宽谷平原。

“江城八月苦炎晖，潇洒山间挟纩时”。庐山地处中亚热带-北亚热带过渡区，位于东部季风湿润区，面江临湖，山高谷深，具有鲜明的山地气候特征。绝佳的气候资源和优美的自然环境，使庐山成为世界著名的避暑胜地。此外，庐山山上局部谷地与鄱阳湖湖口段的地形，决定着局部地区的气候、水分、植被和土壤发育均有一定的特殊性，构成独特的地理景观，如山顶黄龙寺周围，竟发育了常绿阔叶林和黄壤；在山麓星子沙岭、都昌老爷庙等地的鄱阳湖滨，竟发育了风成沙山和沙生植被；等等。

庐山山体绝对高度虽不比我国西部高山，但其植被与土壤依然具有明显的垂直分异现象。庐山生物资源非常丰富，高等植物近 3 000 种，为这座名山注入了无限生机。常绿阔叶林、常绿落叶阔叶混交林、落叶阔叶林、亚热带针叶林、亚热带竹

图 1-1　庐山位于中国第一大江与第一大淡水湖的交汇地带

林、山地矮阔林、灌丛、山地草丛等植被类型比较齐全，逆行演替与顺向演替也具有一定的代表性。自然状况下的植被类型与土壤发育相匹配。从山下的江边湖滨到庐山的山顶发育有红壤、黄壤与山地黄壤、山地黄棕壤、山地棕壤、山地沼泽土以及水稻土、浅色草甸土等，各类土壤的剖面分层结构及理化特征均可一一观察测试。

庐山地区水资源丰富，雨量丰沛，山上的地表潜水及岩石裂隙水、断层带承压水均十分丰富。庐山地区的沟谷水系自成系统，各以庐山为源，呈放射状流向山下鄱阳湖或注入长江。山顶上行行宽谷通过袭夺作用而沟通，下切 V 形谷多瀑布跌水转入山侧深邃的峡谷。在庐山景区多借袭夺弯筑坝蓄水成湖，并建给排水系统调节用水，或借以发电补充供电，同时增加了水体风光旅游之功能。

庐山地区的地学研究，已有近百年的历史，几代人积累了丰富的地学调查资料和研究成果，为后人深化探索和继往开来奠定了基础。如庐山山上的围椅状刻蚀凹地、宽谷、宽谷中的巨砾和泥砾堆积以及山前地带成片的泥砾混杂堆积等，曾被李四光教授等认定为古冰川作用的遗迹，但在学术界一直有不同的见解，有的学者认为山前的泥砾混杂堆积实为泥石流堆积所致，山上的围椅状凹地的发育可能与古冰缘气候条件下的劈裂作用有关。

被世界遗产委员会列为“世界文化景观”的庐山有着异常丰富的人文资源，包括宗教文化、理学文化、山水文化、别墅文化和政治文化等。庐山的人文要素、历史遗迹，以其独特的方式融汇在具有突出价值的自然美之中，形成了具有极高美学价值，与中华民族精神和文化生活紧密联系的文化景观。其文化价值自东晋始日益彰显，历代诗人、学者、思想家、政治家多有登临庐山的记载。更有很多影响了中国文化史的事件起步于庐山，如陶渊明的田园思想、周敦颐的新儒学、朱熹的理学教育等。山城（庐山牯岭镇）、江城（九江市）、县城（原星子县）、旅游景区、水陆交通枢纽等构成了独特的城市地理、文化地理、经济地理、旅游地理现象，为人文地理学实习提供了广阔的舞台，有利于提高学生的地理学综合素质，帮助学生深刻认识人地关系的相互作用。

庐山地区的经济开发历史悠久，秦汉时期就曾筑城设郡。庐山北侧山麓的九江市坐落于长江南岸沿江阶地带的前沿，位于自然堤堤后湖湖群之中。九江市借助于长江主泓逼近凹岸和抗蚀能力较强的江岸边界条件所构成的天然良港港址，建设并不断扩展港口码头群。加上京九铁路穿境而过，致使九江据有“横截长江，扼控川鄂，席枕三吴，染指中原”的重要地位。九江市外围阶地漫滩平原和内湖水面的开发，使九江市在历史上是我国著名的“四大米市”之一。庐山的地理环境、文化基础、资源条件为庐山、九江市的社会、经济发展创造了良好的条件。

庐山地区从庐山制高点到江滩湖滨，蕴藏着丰富的旅游资源。山江湖遥相辉映，云雾飘摇、林深溪秀，古有“匡庐奇秀甲天下”之说。庐山上，盛夏避暑冬赏雪，享誉四海。山峰下绿树丛中，一栋栋别致的建筑，一行行古人的足迹，均具有很高的历史文化价值。庐山风景名胜区的规划和开发，以及九江市的规划建设，正在进一步研究中，庐山山下的原星子县及鄱阳湖旅游资源则尚处在待深开发阶段。庐山地区有条件抓住旅游开发杠杆，促成全区经济的持续快速发展。

庐山外围，还多（花岗）岩、（瓷）土、（型）砂、（温泉）地热等矿产资源，这些资源的开发，支援了建设，但也带来生态破坏、水土流失等问题。因此，庐山地区尚需深入研究高水平综合性经济开发与可持续发展、高效利用资源与改善旅游环境等和地理学研究关系十分密切的问题。

第二章　庐山地区地理学野外实习计划

一、庐山地区地理学野外实习总则

地理学三大分支学科（自然地理学、人文地理学、地理信息科学）分别具有理科、文科和工科性质，专业跨度大，学科差异明显。新形势下，地理学服务国内重大需求和国际全球战略等前沿问题，需要应对更加复杂多元的资源环境与人类发展问题，更加强调陆地表层系统的综合研究，三大分支跨学科融合发展的趋势越来越明显。长期以来按照学科分化进行课程教学的单一学科培养模式已滞后于地理学学科发展趋势和人才需求特点。与传统的课堂教学相比，野外实践教学在构建多学科融合的教学模式方面具有独特的时空优势。

早在20世纪50年代，在任美锷教授、杨怀仁教授的关注与推动下，南京大学率先在庐山地区开展地理学野外实习教学，迄今已有60多年的传承与发展，从单一的地质地貌实习点，到自然地理实习基地，再逐步发展成为综合创新地理学实习基地。庐山实习基地具有鲜明的自然特色、丰富的人文资源和极高的地学科研价值，在全国高校地理学野外实践教学中具有广泛的影响和重要的示范价值，为开展野外实习教学模式改革提供了极佳的条件。

全国每年到庐山开展地理学野外实习的高校有数十所，参加实习的大学生有数千人之多。纵观庐山地理实习，大多具有以下特点：教学内容主要为自然地理实习；教学方法主要为传统的地理认知实习；带队教师的学科背景多限于自然地理学，带队教师数量较少，师生比偏低，“生多师少”导致部分学生无法得到有效指导；实习时间大多在1周左右，实习范围大多限于庐山自然山体范围以内。

近年来，为顺应学科发展趋势和人才需求特点，南京大学积极推进庐山地区野外实习教学改革和课程建设，创新教学理念、优化教学内容、精心组织教学团队、改革教学方法，在面向综合创新地理学人才培养的野外实践教学模式构建方面进行了有益探索。总体而言，南京大学明确以具有“跨学科视野、批判性思维、合作精神”三元结构特征的综合创新地理学人才为培养目标，通过系统的野外实习教学重点提升学生的三项核心能力——知识融合能力、自主创新能力和沟通协作能力，在此基础上构建并形成高校地理学野外实习教学“庐山模式”。

二、庐山地区地理学实习的教学方法

庐山地区野外实习凸显地理学科的综合性,以学科交叉与知识融合为特色,组织三大分支学科共同参与的“大地理”教学,实现从自然地理单一学科到地理学全学科覆盖的综合交叉和深度融合,重点提升学生的知识融合能力;同时,在实习过程中充分调动学生学习的主动性和创新性,以学习任务驱动学生自主创新能力和沟通协作能力的锻炼和提升。

南京大学为庐山地区野外实习组建了跨学科教学团队,配备指导教师 16 名,专业涵盖三大分支学科,师生比高达 1∶5。指导教师全程参加野外实习教学,不同专业背景的教师开展教学合作,推进教学内容改革。同时,保证充足的实习时间,全程安排了 15 天的野外实习时间,其中 12 天的路线实习(山上 9 天,山下 3 天)、1 天的自主分组调查、1 天的小组汇报和实习考试,以及 1 天的机动时间。

庐山地区野外实习过程和实习内容被划分为三个阶段,每个阶段对应一个模块的实习内容:第一阶段是以老师实地带领讲授为主的基础认知模块;第二阶段是以老师布置任务学生完成为主的野外考察与综合填图模块;第三阶段是以“专业交叉、混合编组、自主选题、团队汇报”为特色的科研启蒙训练与交流模块。在以上三个模块的实习教学中,学生自主作用的发挥逐级提升:第一阶段老师起主导作用;第二阶段老师起引导作用;第三阶段,老师则完全放手,将学生跨专业进行混合分组(6 人左右一组),以小组为单位,以庐山为研究对象,完全根据自己的意愿、兴趣及小组协商的结果,自主选题,小组讨论,野外实习过程中完成对选题的调研、资料收集、数据分析、PPT 制作和汇报交流,老师仅在学生提出明确需求时给予相应的帮助,对学生完成的选题报告给予点评和鼓励。野外实习教学过程中营造宽松和谐教学氛围,引导学生从被动学习向自主探索转变,变个体学习为团队合作学习,强调跨专业合作,激发自主创新。

整个庐山地区野外实习的教学内容以庐山“人地关系”为主线,有机整合地貌、土壤、气候、水文、植被等自然要素和人口、经济、文化、城镇、旅游等人文要素,形成地质地貌、生态环境、资源开发、土地利用、区域规划、环境治理、旅游区建设等综合交叉的教学内容;采用地理信息技术,开展数字地形建模、空间分析、专题制图等教学,实现地理信息科学与自然地理、人文地理的深度融合。

以上教学改革实施过程中,还需注意以下几点:

1) 认识性实习是野外实践教学的基础。主体是由教师给学生讲解典型自然地理现象和人文地理过程,阐述其本质、发生与发展变化的基本规律、资源开发与环境建设的基本原则,实习学生通过实地考察而巩固所学的书本理论知识和提高科学认识,并掌握地理科学研究的基本方法、基本程序和基本技能。

2）地理资源、地理环境与地理建设除了区域特殊性之外，还具有多元性、综合性、交叉性和实践性。因此，地理学野外实践教学的实施要遵循“循序渐进”的原则。在实习内容的安排方面，从单一学习向高层次综合推进。在实习认识的要求方面，从点到线向面和地域空间方面提高。

3）地理研究的基础是从实地获得足够的实际资料，包括定性差别、定量数据、综合性推理和科学评定等基本内容。地理学野外实习包括地理研究各项程序和内容的教学实施，培养学生初步具备独立从事地理学研究的能力。因此，在教学方式方法和教学要求方面，将从手把手地教、点点滴滴地详细观测和分析讲解，逐步过渡为指导学生观测、鼓励学生谈认识、师生共同讨论辨真伪，最后由学生独立进行小组研讨、实习总结，获得系统的科学认识。

三、庐山地区地理学野外实习时间计划

1. 实习前：实习动员与实习准备阶段 2 天

1）思想准备和实习内容介绍；

2）人员组织和公布实习计划；

3）实习资料、野外流动实验室实验器材等准备。

2. 实习中：野外实地实习阶段 15 天

3. 实习后：返校进行室内分析整理、实习报告编写 30 天

四、庐山地区地理学野外实习线路与内容

1. 莲花洞—好汉坡—半山亭—望江亭

1）莲花洞、花山：西峰寺组—观音堂组岩性识别、产状测量、倒转背斜构造分析；花山堆积物分布特征及成因分析；植被群落识别，红壤剖面分析；莲花洞断裂地貌分析。

2）好汉坡 800 m 处：植被群落识别；边界断裂特征观察分析；地层测量观察分析。

3）半山亭：植被群落识别；倒石锥地貌观察分析；莲沱组下部地层岩性观察与产状测量，反向坡地貌特征观察分析。

4）望江亭：老虎岭背斜特征分析，单面山地貌分析。

2. 西谷如琴湖边—庐山气象台

1）气象台：庐山概貌介绍，考察路线简介；庐山山地气候特征简介。

2）月照松林一带：植物种类识别、群落演替辨析，“月照松林”景观讨论；地层观测与构造分析。

3) 云中宾馆北部一带：植被群落观测，山地黄棕壤土壤剖面观测，成土过程分析。

4) 云中宾馆河南路下湖北路：滑坡灾害的地貌特征、发育规律与防治。

5) 如琴湖边：水质分析；莲花组地层岩性的观测和地质构造分析。

3. 东谷柏树路—汉口峡—大月山

1) 北斗星宾馆附近公路边：地层岩性的观测和产状测量，断裂构造与岩脉，隐伏断裂与节理构造，坡地发育。

2) 汉口峡：河流袭夺分析及有关数据测量，先成河、次生河、顺向河、逆向河、纵向河、侵蚀基准面等河流演化特征观察；女儿城砂砾岩特征与产状；地下水自流井的地质条件分析；地下水水质分析。

3) 大月山水库：建库条件分析，大校场谷地特征及测量、巨砾与泥砾堆积成因分析、冰川泥石流地貌问题介绍；大月山水库水质分析；气象观测(与大月山山顶同时测)。

4) 大月山顶视野开阔处：分析庐山地质构造与区域构造地貌特征，庐山背斜山与向斜谷、次成山与次成谷及其之字形构造、断裂谷成因分析；顺向河(谷)、纵向河(谷)发育特征识别；山地棕壤观察分析；庐山中部生态景观外貌识别；山南地质概况介绍及对比；庐山山城总貌及特色；气象观测。

5) 各点旅游景观分析、观察。

4. 望江亭—小天池—王家坡谷地

1) 望江亭：山间河谷形态特征、测量及其发育分析，山前地带的地貌类型组合，庐山断块山形态观察及其边界断裂构造与地貌分析，剪刀峡断层地貌及断裂特征分析，单面山各地貌要素识别，冰川、泥石流地貌问题介绍，地层识别。

2) 喇嘛塔小天池：气象观测(与半山亭同步测)，地形对气象要素的影响；小天池地下水分析。

3) 裁缝岭：裁缝岭堆积体、王家坡谷地及其谷口外堆积物分布特征与成因分析；构造地貌识别，王家坡谷地及其上游支谷特征及成因分析；大坳围椅状凹地地形成因分析，冰川泥石流地貌问题讨论；植被识别观察。

4) 中庵寺：王家坡谷地谷中谷观察分析，堆积物特征观测；植被垂直地带性观察。

5) 王家坡双瀑：谷中谷测量、识别、分析，地层产状测量、构造分析，瀑布测量、成因分析，水质分析。

6) 各旅游点景观观察、分析。

5. 西谷—锦绣谷—仙人洞—龙首崖—石门涧悬索桥

1) 飞来石(冰桌)：飞来石、西谷成因分析。

2) 如琴湖大坝：如琴湖形态及成因分析，河流袭夺现象观察与成因分析。

3）天桥：V形谷发育认识(隘谷、嶂谷、峡谷)测量与成因分析，节理分析及塔状地貌观察分析。

4）险峰、观妙亭：塔状地貌、山间河谷发育特征，边界断层特征观察，险峰、观妙亭景观特点及成因分析，旅游步道规划设计考察分析。

5）仙人洞：佛手岩观察分析，仙人洞成因分析；天桥—仙人洞旅游容量观察，问卷调查。

6）仙人洞—石门涧悬索桥沿线：植物种类识别，不同植物群落特征观察，黄棕壤、残坡积粗骨土观察。

7）大天池：天池裂隙水观察分析，山下山前地貌形态识别及分析。

8）龙首崖：牧马场等地层状地貌特征观察识别，岩性、地质构造观察分析，山地河曲特征识别；气象观测(与石门涧同步测)。

9）石门涧悬索桥：石门涧峡谷识别及成因分析，谷地演化特征；气象观测。

10）各旅游点景观观察、分析。

6. 东谷—黄龙寺—电站大坝

1）沿线植物识别，日本扁柏林、杉木林、杉竹混交林、日本柳杉林、常绿与落叶阔叶混交林等植被类型和生境与代表种识别；河西路城市规划考察；东谷谷地特征考察。

2）回龙路：坡地蠕动识别及成因分析；植被样方调查。

3）芦林湖大坝：河流袭夺、地形倒置与芦林湖形成；芦林湖水文特征及水质分析；芦林湖大坝工程地貌问题分析。

4）黄龙寺：黄龙寺谷地土壤、植被识别及其小气候、生态环境综合效应分析，宗教文化介绍。

5）黄龙潭、乌龙潭：裂点类型识别与演化分析，地质构造部位判断，水质分析。

6）将军河水库电站大坝：水库、大坝选址地貌、地质条件分析，库区泥沙处理方案，电站简介；庐山河谷空间分布演化分析。

7）各点旅游景观观察、分析。

7. 五老峰—三叠泉

1）五老峰：待晴亭意境分析，气流动态(云雾)观察；单面山特征识别，五老峰与观测成因分析。

2）育种站：青莲寺谷地特征识别分析，旋回裂点与谷地发育特征分析，旅游服务设施建设分析。

3）三叠泉：V形谷分析，瀑布成因分析；岩性、地质构造识别；景区轻轨建设分析。

4）各旅游点景观观察、分析。

8. 西谷大林路—牯岭街街心花园—东谷脂红路、上中路—庐山博物馆

1）大林路：西谷规划、建筑特点考察。

2）街心花园：牯岭镇规划、土地利用、房地产开发、建筑形式观察分析，庐山开发、人地关系协调发展问题分析。

3）脂红路、上中路、河东路：东谷别墅群规划介绍与考察，别墅建筑设计特色考察，规划思路与环境的关系考察分析；人文景观设计特色考察。

4）大校场谷地出口：庐山山上堆积物的观察、识别、成因分析及沉积剖面分析方法训练；庐山旋回裂点溯源侵蚀、谷阶（或阶地）观察，基岩风化程度观测，山区河谷径流观测及年变化特征分析。

5）庐山博物馆：庐山1号别墅人居环境分析，庐山博物馆考察。

6）各旅游点景观观察、分析。

9. 仰天坪—汉阳峰

1）仰天坪北风口：庐山北部地形观察，庐山北部开发讨论，庐山夷平面、宽谷形态特征观察。

2）仰天坪：仰天坪地理环境综合分析，山地草甸土、沼泽土剖面观测，房地产开发问题考察，气象观测（与汉阳峰同步测）。

3）原林场：庐山变质岩识别，基岩（板岩）地表弯曲观察及成因分析。

4）仰天坪水库：选址分析，水量平衡分析，地下水分析。

5）晒谷石：片岩及初育土观察，山地分水岭类型及山地剥蚀演化观察分析，五老峰阶梯状地形特征观察分析，百药塘谷地特征、九奇峰、犁头尖地质地貌观察分析。

6）汉阳峰（或庐山电视台）：庐山山南地质、地貌综合观察分析，山体、河谷（网）分布特征观察，庐山垄谷地（桃花源）特征观察分析，断块山特征观察，初育土、山地棕壤观测分析，生态考察分析，气象观测。

7）各旅游点景观观察、分析。

10. 含鄱口—观音桥

1）含鄱口：地理环境、旅游景观综合分析，九奇峰、犁头尖、含鄱岭地貌观察与分析。

2）太乙村：地理环境综合分析，太乙村别墅与东谷别墅对比，生态考察，垂直带谱观察分析。

3）公路边沿线：泥砾堆积物特征及空间分布观察。

4）玉渊：星子岩群变质岩及伟晶岩脉观测，山间河谷微地貌形态发育观测分析，庐山外围河谷裂点特征观测。

5）观音桥：三峡涧峡谷形态及构造运动分析，第六泉观察分析。

6）观音桥外岗地：观音桥堆积体沉积特征、空间分布观测分析，网纹红土特征观察与分析，山前丘陵带的地貌观察。

7）各旅游点景观观察、分析。

11. 姑塘—高垄—大排岭—白鹿洞

1）姑塘：志留系地层考察，鄱阳湖湖滨地貌（及半岛、岛）考察分析，湖口断裂及地貌特征观察，湖湾湿地考察。

2）姑山湖：志留系—石炭系地层观察，湖泊成因分析，泥砾堆积空间分布观察及成因分析，水质分析。

3）高垄一带：奥陶系—志留系地层特征识别，营盘山构造观察分析，石背山燕山期花岗岩观察分析；王家坡谷地口至姑山湖一带堆积物特征观察分析，河谷地貌观察分析。

4）大排岭：泥砾堆积空间分布观察及成因分析，瓷土矿产资源的成因、开发与水土流失考察。

5）白鹿洞：植被与群落更替考察，晋宁期花岗岩及风化状态观察分析，红壤发育特征观测及成土过程分析；白鹿洞文化景观考察。

12. 秀峰寺—金锭山—麻头湾火焰山

1）秀峰：山前谷口扇形堆积体特征观察分析，秀峰山地地貌特征观察；常绿阔叶林常见种识别；青玉峡河谷地貌观察；变质岩、伟晶岩脉识别。

2）庐山瀑布：河谷地貌考察，岩性、构造与风化考察分析，庐山瀑布考察。

3）星子南康镇：网纹红土发育考察，红壤、黄壤、水稻土分布特征及成土过程考察分析。

4）金锭山：金锭山桥堆积体空间与成因观察分析，基带植被与人工植被考察，志留系、奥陶系地层及构造观察分析，丘陵山地沟谷地貌观察分析。

5）麻头湾火焰山：白垩系岩层观测考察，基岩湖岸地貌考察，湖湾、河谷地貌观察分析。

13. 温泉—庐山垄—筲箕洼

1）温泉：温泉地质、地热资源开发考察分析，旅游与房地产开发考察分析。

2）东林大佛：宗教文化建设考察，双桥山群地层观察分析，庐山丘陵山地特征考察分析。

3）庐山垄谷地：地质考察及山麓峡谷地貌、植被特征考察。体验桃花源生态景观。

4）谷帘泉（庐山第一泉）：变质岩、地质构造识别，第一泉（瀑布）成因分析，植被群落观察，土壤（山地黄壤、黄棕壤）观察，水文水资源观测分析。

5）筲箕洼：庐山垄断裂、岩性观察分析，筲箕洼谷地特征与成因分析。

14. 下岸角—原型砂场—牌楼湾

1）下岸角：鄱阳湖松散堆积、湖岸地貌考察，沙丘下覆基岩观察，堆积物网纹成因观察分析。

2）型砂场（及湖滨适宜地段）：地形与风场分析，鄱阳湖形态及水文特征观察分析，鄱阳湖的成因，沙丘地貌与沉积特征观测分析。

3）沙丘顶部：沙生植被识别与沙地生态观测，沙地环境整治分析。

4）沿湖岸：湖岬、湖湾、湖蚀崖、湖蚀柱、湖滩与湖岸变迁观察分析，泥炭层、古土壤层、铁盘观测分析及其环境演变分析。

5）牌楼湾：沙山堰塞湖成因考察，沙丘空间分布考察分析。

6）湖岸旅游景观观察、分析。

15. 新港—九江大桥—锁江楼—1998 年江堤决堤处

1）新港：长江分汊河道观察分析，张家洲观察及成因分析，化工工业布局考察，九江大桥选址下游方案分析。

2）九江大桥：河流冲积与长江阶地观察分析，自然堤后湖特征与发育，长江河型与九江港观察分析；九江大桥选址中线方案分析，九江城市规划与建设介绍。

3）锁江楼：长江阶地观测，锁江楼与江岸摆动关系分析，九江大桥选址上游方案分析。

4）1998 年江堤决堤处：沉溺湖、堤后湖特征考察分析，长江河势与岸坡组成物质及破堤原因分析，九江新区选址区位与环境分析。

5）九江旅游景观观察、城市地理、经济地理分析。

16. 十里铺—羊角岭—狮子洞

1）金氏山庄：砂砾层堆积物观测分析与剖面绘制，新构造断裂特征观测。

2）羊角岭：泥砾混杂堆积观测及其空间分布考察分析。

3）东林寺：庐山宗教文化考察与庐山文化景观。

4）狮子洞：岩溶地貌观察识别及其景观分析。

5）各旅游点景观观察、分析。

17. 湖口—石钟山—龙宫洞

1）湖口：湖口梅家洲与鄱阳湖形成分析，鄱阳湖吞吐湖泊特征观察分析。

2）石钟山：石钟山石矶地貌观察分析，江湖水文、地貌分析，江边洞穴观察及成因分析，人文景观观察。

3）龙宫洞：岩溶地貌观察分析，旅游开发观察分析。

18. 野外地貌、土壤、植被分组考察填图

19. 庐山东谷建筑 3D 建模

20. 地理资料社会调查：庐山旅游、土地利用等社会调查

五、室内整理与报告撰写

（一）室内整理

1）样品分析：沉积物、土壤、水样品分析。

2）照片、图件整理：区位图、气象图、地质地貌剖面图、植被土壤分布图、土壤剖面图绘制与计算分析，野外填图整理与分析，野外照片选取。

(二) 撰写实习报告与小论文

1. 实习报告章节安排

封面

（或封二）附一张能清楚识别的本人实习照片（或生活照）

前言

时间、地点、人员组成、实习内容等。

第一章　实习区概况

地理位置（区位图）、地质地貌、植被土壤、气象气候及人文地理概况。简明扼要。

第二章　地质地貌（重点介绍自己观察到的地质、地貌现象，给出图片与实测的数据，并加以说明和分析）

2.1　庐山地质概况

2.1.1　地层

2.1.2　地质构造

2.2　庐山构造地貌

2.2.1　断块山

2.2.2　褶皱构造地貌

2.2.3　断裂与节理构造地貌

2.3　庐山山地河谷形态特征及其成因

2.3.1　河谷形态特征

2.3.2　成因

2.4　庐山河流袭夺与水系演变

2.4.1　河流袭夺

2.4.2　水系格局与演变

2.5　重力地貌与工程地貌

2.5.1　湖北路滑坡的原因分析

2.5.2　将军河水库选址的利弊分析

2.6　长江九江河段河势演变及其影响分析

2.7　鄱阳湖湖滨地貌特征及其成因

第三章　气象气候

3.1　庐山地区气候类型与分布

3.2　庐山山地气候及气象观测数据分析

　　3.2.1　山地气候特征及与九江、星子的比较

　　3.2.2　气候垂直带特征及其形成原因

　　3.2.3　(黄龙寺、沙山)典型小气候特征及其成因

3.3　庐山气候资源利用分析

第四章　植被

4.1　庐山地区植被特征及分布规律

　　4.1.1　实习区植被类型概况

　　4.1.2　地带性植被特征及分布规律

4.2　庐山植被演替及生态环境分析

　　4.2.1　实习区植被演替分析

　　4.2.2　实习区植物(植被)与自然环境的生态关系

4.3　庐山地区植被实习小专题

(围绕植被实习内容,结合自己的兴趣进行适当扩展和深入。该节标题根据自己编写内容重新确定,如庐山地区植物资源开发利用或保护分析、庐山地区自然植被与水平带相同植被类型的对比分析、庐山与黄山(或天目山等周边著名山体)植被分布规律及成因分析、庐山地区实习树种树皮特征及规律分析、庐山地区实习植物叶形态类型分析等。涉及形态特征的内容要有图片)

第五章　土壤

5.1　庐山地区土壤类型与分布规律

5.2　庐山主要类型土壤剖面特征

5.3　实习区土壤主要理化性质的变化规律及其原因分析

(可以 pH、CEC、有机质含量、黏土矿物类型等随海拔的变化为例)

5.4　我国亚热带地区土壤资源的特点及开发利用

(可以红壤为重点进行论述)

第六章　水文水资源

6.1　庐山水文概况及水系空间特征

　　6.1.1　水文概况

　　6.1.2　水系空间特征(附水系图)

6.2　庐山北区水环境分析

6.2.1　水环境现状分析(附监测数据列表)

6.2.2　水污染原因分析(包括东谷水系上下游水质比较分析，东、西谷比较分析)

6.2.3　水环境治理对策

6.3　芦林湖水资源估算

6.3.1　流域概况(附流域图)

6.3.2　水资源估算(以径流系数法，用庐山站一年逐月降雨过程及年降雨总量计算)

6.4　水文测验

测量方法(原理)

6.5　多功能水质参数仪使用方法

第七章　人文地理

7.1　庐山地区文化景观的基本特征及成因(7.1 与 7.2 二选一)

7.1.1　山水文化景观

7.1.2　理学文化景观

7.1.3　宗教文化景观

7.1.4　别墅文化景观

7.1.5　政治文化景观

7.1.6　科教文化景观

7.2　庐山旅游发展的影响分析(7.1 与 7.2 二选一)

7.2.1　经济影响

7.2.2　社会文化影响

7.2.3　环境影响

7.3　九江城市发展的 SWOT 分析(必选)

7.3.1　Strengths

(区位、交通、资源等)

7.3.2　Weaknesses

(空间阻隔、产业布局、经济发展水平等)

7.3.3　Opportunities

(长江经济带、环鄱阳湖生态经济区、“昌九一体化”、省域副中心城市、“昌九景金三角”等)

7.3.4　Threats

(洪水、生态环境等)

7.4 庐山旅游资源单体调查

7.4.1 旅游资源单体概况

(运用《旅游资源分类、调查与评价》(GB/T 18972－2003)进行分类和描述。分析内容应包括行政位置、地理位置、性质与特征、旅游区域及进出条件、保护与开发现状)

7.4.2 旅游资源单体评价

(从资源要素价值、资源影响力、环境保护与安全等方面对旅游资源单体进行评价,并提供量化分析的依据及表格)

第八章 GIS、遥感与3D建模

8.1 GPS野外数据采集与整理

(GPS定位原理;野外实习点GPS数据采集及整理;数据转换ArcGIS)

8.2 庐山地形图(1∶1万)野外识图

(地形图识图要点;建议结合野外填图实习,选择典型实习路线,说明地貌识图的方法)

8.3 庐山小流域数字地形分析

(关键技术、技术流程等,并展示成果图)

8.3.1 DEM建立

8.3.2 坡度分析与壮年期地形提取

8.3.3 坡向分析

8.3.4 剖面分析与岭谷地形特征提取

8.3.5 流域分析与水系提取

8.3.6 河谷纵剖面及裂点的提取

8.4 庐山植被遥感解译与植被精细分类

(遥感解译与现场地面调查相结合)

8.5 庐山中外建筑3D建模(关键技术、技术流程、成果图展示)

(3D建模成果图须注明第几组,组员构成,自己所承担的具体任务和贡献)

第九章 庐山中心区分组考察与地理填图

9.1 地貌成果图

9.2 土壤成果图

9.3 植物成果图

(各成果图须有图号、图名、图例、方向、比例尺、填图说明,并须注明是第几组,组员构成,自己所承担的具体任务和贡献等)

结束语

（主要写实习中的收获、感想和建议）

参考文献

（列出报告中所引用的参考文献）

2. 实习报告撰写要求

1）全面、综合。报告要求全面反映实习内容，综合分析实习区各种地理规律。

2）文字简练、图文并茂。在叙述分析地理现象、特征、规律时要文字简练，充分利用插图、表格、照片等资料。报告总字数一般在2.5万左右。

● 插图至少15幅，包括区位图、风玫瑰图、庐山-九江气象要素比较图、植被-土壤分布特征图、庐山水系图、芦林湖流域图、庐山北部褶皱地貌示意图（虎背岭—大月山—五老峰）、庐山北部河流袭夺示意图（汉口峡、天桥、芦林桥）、剪刀峡侵蚀旋回形成的河谷剖面示意图（河流纵剖面、河谷横剖面）、芦林湖地形倒置示意图、湖北路滑坡示意图等。图件要素齐全（图号、图名、图例、比例尺、方位、地名等）；图面简洁、清晰、准确。

● 表格至少5幅；水文、气象、岩石、土壤等现场观测数据列表。

● 照片至少30张，包括TM影像图、地貌特写、植被类型、植物种类、云雾、水体、土壤剖面、景观、实习剪影等，作为图件出现，要素齐全（图号、图名、图例、比例尺、方位、地名等）。

3）独立完成、严禁抄袭（部分内容在小组合作的基础上共同完成，如地理填图、三维建模等）。

4）打印稿、电子文件一并上交。

3. 撰写小论文

实习中第三阶段以“专业交叉、混合编组、自主选题、团队汇报”为特色的科研启蒙训练与交流模块中，各小组已完成现场汇报和交流，实习返校后小组每位同学需将所汇报内容进一步整理并形成书面成果，按照一般学术论文的要求（摘要、关键词、正文、参考文献，正文中要有问题、方法、论证论据、结论等，须注明是第几组，组员构成，自己所承担的具体任务和贡献等），字数在3 000字以上。

第三章　地质学野外实习

第一节　庐山地质野外实习基本内容

庐山处于扬子板块北缘的中、下扬子交接部位，是扬子地块东南缘唯一出露变质程度较高的前寒武纪结晶基底的地点（关俊朋等，2010），是研究江南造山带以及扬子地块的重要"窗口"。庐山北侧为大别山中生代碰撞造山带，南侧为新元古代的江南造山带（朱清波等，2010）。庐山正好位于赣江断裂带北端，可以视为郯庐断裂的南延（吴根耀等，2007）。庐山地区各地质时期都具有较大的构造活动性，岩浆活动强烈，混合岩化明显（图 3 - 1）。区内地层发育较齐全，出露零星，构造形迹明显。实习中主要认识相关地层特征、分布特点，岩石特性、出露地点，主要地质构造特征、空间展布状况，以及掌握地质野外工作的基本方法。

一、地层

区内除三叠系、侏罗系外，其他地层均有出露，其中上元古界变质岩群是实习区内最古老的地层，主要分布在山南；山北由上元古界南华系地层组成，其他时代的地层大都出露于山体的外围，多被第四系所覆盖。

（一）上元古界星子群（Pt_3X）

星子群为一套夹有火山熔岩的陆源碎屑岩经变质而成的中深变质岩系。星子群自下而上可划分为四个岩组：第一岩组分布于隘口—黄龙山—华林—贾家垄—温泉一带，主要为云母片岩，夹少量角闪片岩，厚约 750 m；第二岩组分布于钱家坂—犁头尖一带，特征为斜长角闪岩与斜长片麻岩、云母片岩互层，厚 850 m 左右；第三岩组分布于秀峰寺—栖贤寺一带，主要为变粒岩，夹石英片岩、斜长片麻岩、云母片岩、角闪片岩，厚 400 m；第四岩组分布于栖贤寺—海会寺一带，为石英岩、石英片岩与云母片岩互层，夹方解黑云绿帘变粒岩及透镜状大理岩，厚度大于 1 200 m（项新葵等，1993）。

星子群浅粒岩中碎屑锆石 U - Pb SIMS 的年龄为 834.00±4.00 Ma（关俊朋等，2010）。星子群混合岩中锆石的变质增生边 SIMS U - Pb 年龄为 142.60±1.50 Ma，

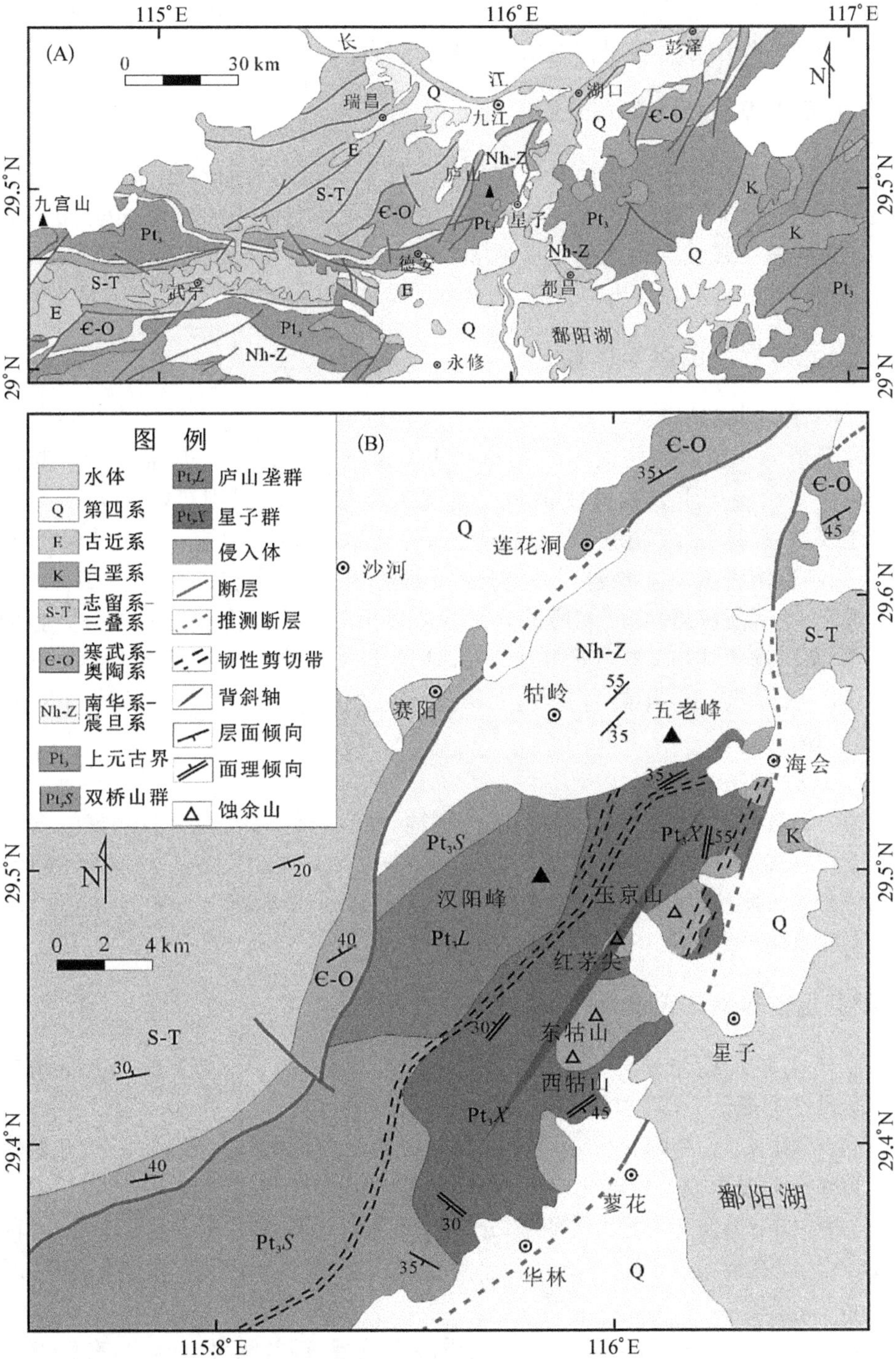

图 3-1　江西省北部(A)以及庐山地区(B)地质图

石榴二云母片岩中变质矿物白云母的 Ar－Ar 年龄为 136.08±1.78 Ma，指示了星子群峰期变质作用发生在早白垩世(王继林等，2013)。

(二) 上元古界双桥山群(Pt_3S)

上元古界双桥山群主要由绿片岩相浅变质板岩和变余细砂岩、粉砂岩、细碧—石英角斑岩组成，厚约 2 230 m，与上元古界星子群以断层接触。主要分布于仰天坪—小五垴峰一带及庐山西南山麓地区。SHRIMP U－Pb 年龄约为 830 Ma(高林志等，2008)。

(三) 上元古界庐山垄群(Pt_3L)

1. 筲箕洼组(Pt_3s)

筲箕组为一套以海相火山喷发作用为特征的变细碧岩—变角斑岩—变石英角斑岩夹变余凝灰质砂岩及变余微—粉屑沉凝灰岩(谢国刚等，2000)。火山喷发物主要由基性、中性、酸性火山岩组成，且以火山熔岩为主，夹少量火山碎屑岩、火山碎屑沉积岩。主要岩石类型有：变细碧岩、变角斑岩、变石英角斑岩、变火山角砾岩、变沉凝灰岩、变凝灰质砂岩等。主要出露于庐山南麓筲箕洼—大脑垉地区，出露面积约 40 km^2，厚度近 1 000 m，地层走向为北东向。筲箕洼组中细碧岩 SHIRMP 锆石 U－Pb 年龄为 840±6 Ma，流纹岩的锆石 U－Pb 年龄约为 830 Ma(高林志等，2012)。

2. 汉阳峰组(Pt_3h)

为一套陆相火山岩，主体为变形变质微弱的浅灰色流纹岩、细碧岩类，含有泥砂质千枚岩夹层。该组岩层底部出露不全，未见顶，厚度不详，呈飞来峰式特征。主要分布在汉阳峰一带。汉阳峰组变流纹岩 SHRIMP 锆石 U－Pb 年龄为 838±4 Ma(史志刚等，2014)。

(四) 上元古界南华系(Nh)

1. 下南华统莲沱组(Nh_1l)

据岩性特征分三段，和前南华系呈不整合接触。

下段(Nh_1l_1)：片麻状含砾石英岩偶夹石英片岩、砂砾岩、砂岩，俗称五老峰砂岩。局部有千枚岩或千枚岩化粉砂岩，厚约 900 m。

中段(Nh_1l_2)：又可分上下两部分。上部为含砾石英砂岩、石英砂岩，俗称女儿城砂岩，具变余构造，厚 30 m。下部为长石石英砂岩，局部有轻变质现象，厚约 110 m。

上段(Nh_1l_3)：长石石英砂岩，凝灰质砂岩及凝灰岩，间夹砂砾岩，有轻变质作用，厚度超过 300 m。

莲沱组属海相沉积，主要分布在庐山北部。

2. 上南华统南沱组（Nh_2n）

主要分布于蔡家岭一带，主要为厚层状冰碛砾岩夹少量凝灰岩及页岩，厚度0.6～28 m，与莲沱组假整合接触。代表了有据可查的最古老冰期。

（五）上元古界震旦系（Z）

西峰寺群（$Z_{1-2}X$）

为一套深灰色硅质灰岩、硅质岩及灰岩组成，局部含磷矿，厚60～180 m，属浅海相，与南华系不整合接触，主要分布于庐山西北的山麓地带。

此组是震旦系蓝田组（Z_1l）、皮园村组（Z_2p）的组合，由于没有细分出两组，沿用原西峰寺组（群）名称。

（六）古生界寒武系（€）

呈北东向的条带状，断续出露于庐山西北、东北部的山麓地带。与 $Z_{1-2}X$ 假整合，各组间为整合接触。

1. 下统王音铺组（$€_1w$）

主要由炭质、硅质页岩组成。下部高碳质页岩为石煤层，可开采。局部含磷结核。上部偶夹灰岩。厚155～315 m。

2. 下统观音堂组（$€_1g$）

为黄、黄绿色含泥铁质绢云母细砂岩、砂岩、粉砂质页岩、页岩。上部绢云母页岩中含莱德利基虫，属浅海相。厚150 m左右。

3. 中统杨柳岗组：（$€_2y$）

由灰、灰黑色薄-中厚层状泥质条带灰岩、泥灰岩夹灰岩组成，偶夹页岩，产劳伦斯虫等，厚450 m左右。

4. 上统乐观组（$€_2l$）

灰白-白色白云岩、灰岩互层，产刺尾虫、蝙蝠虫等，厚55 m左右。

（七）古生界奥陶系（O）

零星出露于高垄、通远、熊家垄等地，各组间为整合接触。为一套浅海-滨海相沉积。

1. 下统仑山群（O_1L）

下部为灰-灰白色白云岩、白云质灰岩、灰岩。上部为紫红色瘤状灰岩，具龟裂纹，产马氏螺及松旋螺，厚120 m。

2. 中统汤山群（O_2T）

自上而下为灰绿色泥质灰岩、微红色生物屑灰岩、紫红色泥质灰岩。产三裂角石、米契林角石。厚 100 m。

3. 上统汤头组(O_2t)

仅分布于熊家垄，出露较差，以灰绿色瘤状泥灰岩为主。厚 30 m 左右。

(八) 古生界志留系(S)

主要分布于庐山外围地区，与奥陶系为假整合，本系内各组整合接触，为一套浅海相碎屑沉积。

1. 下统梨树沟组(S_1l)

上部为灰绿、黄绿色砂质页岩夹细粒石英砂岩，产雕笔石、栅笔石，厚 18 m 左右。下部为灰绿、黄绿色中厚层细粒长石石英砂岩及砂质页岩，产锯笔石，厚 40 m。

2. 中统殿背组(S_2d)

上部为灰绿、黄绿色砂质页岩，夹少量泥质粉砂岩，产单笔石，厚 530 m。下部为灰绿、黄绿色砂质页岩夹石英岩，厚 150 m。

3. 桥头组(S_2q)

由一套紫红、黄绿色等杂色粉砂岩、页岩组成，以杂色为特征，厚 150 m。

4. 夏家桥组(S_2x)

上部为黄绿、灰绿色长石石英砂岩、硬砂岩为主夹粉砂岩、页岩，厚 300 m。下部为黄绿色页岩夹粉砂岩，产王冠虫，始石燕，厚 39 m。

5. 上统西坑组(S_3xk)

由黄绿、紫红色长石石英砂岩、硬砂岩夹少量砂质页岩组成。

(九) 古生界泥盆系(D)

区内分布很少，仅上统五通组(D_3w)零星出露于庐山东侧的蜈蚣岭一带，与志留系假整合。五通组岩性为灰白、紫红色石英砂岩、砂砾岩夹砂页岩，产亚鳞木、薄皮木等植物化石，为陆相沉积，厚 300 m 以上。

(十) 古生界石炭系(C)

出露少，分布于鞋山、谷山湖蛤蟆石等地，为一套浅海相沉积，与泥盆系假整合。

1. 黄龙组(C_2h)

浅灰色、肉红色厚层状灰岩、白云岩、白云质灰岩，厚 60 m，盛产䗴类化石。

2. 船山组(C_2c)

灰白、肉红色生物碎屑灰岩，产麦粒䗴，厚 50 m。

(十一) 古生界二叠系(P)

仅分布于沙河一带，由一套浅海相沉积，与石炭系为假整合。

1. 栖霞组(P_1q)

由深灰至灰黑色灰岩、沥青质灰岩夹燧石团块和条带组成，产米氏鲢及多壁珊瑚，厚 180～300 m。

2. 茅口组(P_1m)

灰白至深灰色灰岩夹燧石组成，产鲢及珊瑚，厚近 300 m。

(十二) 中生界白垩系(K)

区内仅出露上统南雄组(K_2n)，分布于八里湖、星子鄱阳湖湖畔及长江白水湖一带。由紫红色砂岩、砂砾岩及砾岩组成。属陆相建造，厚度不详。

(十三) 新生界第四系(Q)

分布广泛，岩性复杂，成因多样，因地貌部位不同而不同。

1. 下更新统(Q_1)

出露于十里铺-长江边一带，为黄色、棕黄色砂砾层、棕红色砂层、灰白色砂质黏土层、灰白色含黏土砾石层，局部夹有铁磐。

2. 中更新统(Q_2)

山上山下均有分布，山上多分布于谷地中，山下出露广泛，多组成岗丘。一般为网纹砂砾层，砾石以石英砂岩和长石砂岩为主，多巨砾，大小悬殊，呈次圆、次棱角状。厚度不等。

3. 上更新统(Q_3)

分布同上。分为上、下两部，下部为棕黄色巨砾砂黏土层，上部为棕黄色亚黏土层。山下多为棕黄色砂砾层或亚黏土层。

4. 全新统(Q_h)

分布于现代江河沟谷中，多为河湖相。

二、岩浆岩

岩浆岩主要分布于庐山南部及东部地区，主要以晋宁期和燕山期的侵入岩为主，以及与侵入岩有成因联系的脉岩。各期侵入岩特征如下。

(一) 晋宁期岩浆岩

晋宁期岩浆岩可分为喷出岩和侵入岩两部分。

1. 晋宁期侵入岩

观音桥绿帘石花岗岩体。该岩体多呈伟晶岩脉状或呈指状侵入星子群变质岩中，且在岩体边部可见少量大小不等的扁豆状、透镜状的片岩和变粒岩捕虏体。绿帘石花岗岩呈灰白色，中-细粒花岗结构，局部为条痕状构造。主要矿物为石英、更长石和微斜长石，三者含量之和大于90%。暗色矿物为角闪石、黑云母和绿帘石。主要分布于观音桥、玉京山、白鹿洞、东牯山一带。单颗粒锆石U-Pb定年法测得其绝对年龄823 Ma(李武显等，1998)。

2. 晋宁期喷出岩

原喷发物以酸性流纹岩为主，边缘偶有基性玄武岩，为间歇性海底火山喷发形成。经后期变质改造为变流纹岩，变玄武岩。变流纹岩呈灰至灰青色，变余斑状结构，呈片麻状构造，斑晶以斜长石(11%)、更长石(4%～7%)、石英(2%～5%)为主，基质为长石、石英、黑云母、绢云母等。变玄武岩呈灰黑带绿色，具斑状结构杏仁构造，斑晶主要为角闪石(50%)、斜长石(35%)、绿帘石(5%)等。

(二) 燕山期侵入岩

是区内较新的一次岩浆活动产生的，主要在庐山南部，受星子断裂控制。中生代花岗岩侵入，包括东牯山的黑云母花岗岩、海会的黑云角闪斑状花岗闪长岩、五里的淡色花岗岩(Lin et al.，2000)。为燕山晚期，按侵入顺序可分两个阶段。

1. 第一阶段(127 Ma左右，白垩纪早期)

主要分布在海会一带，主要岩性为中细粒斑状黑云二长花岗岩，主要造岩矿物：斜长石(50%)、石英(25%)、黑云母(7%)(邓必荣和胡肇荣，1997)。

2. 第二阶段(100 Ma，白垩纪晚期)

以高垄石背山—王家垄黑云母花岗闪长岩体为代表。岩体受星子断裂控制，为北东向延伸的岩株，长约6 000 m，宽约250～1 100 m，面积约5 km^2。岩石以黑云母花岗闪长岩为主体，边缘带为细粒花岗岩和细粒白云母花岗岩。呈深灰、灰白和浅肉红色。主要造岩矿物：斜长石(41%)、钾长石(26%)、石英(27%)、黑云母(5%)，副矿物以磁铁矿为主，以及锆石、磷灰石、独居石、辉钼矿、石榴石等。

岩体沿星子断裂东北段在高垄—威家一带侵入，围岩分别是西部的莲沱组上部和东部的西峰寺群、王音铺组、观音堂组。东部接触带具矽卡岩化、铅锌钼矿化。北部接触带具硅化。

三、地质构造

本区构造较复杂，形迹清晰，主要有北东、北北东、北西向构造。

(一) 挤出构造

庐山曾被认为属于变质核杂岩构造(项新葵等，1993)，或隆起-滑脱构造(毕华等，1998)。最新的研究表明，庐山属于挤出构造(Han et al.，2021)。庐山的东南、西北两侧分布着边界断层，西北侧是莲花洞正断层，东南侧是星子逆断层，两者的断层面均倾向 NWW。庐山被夹持于边界断层之间，成为断层的上升盘而被构造抬升。通过对海会附近星子逆断层两侧的地层对比，估计星子逆断层的垂直断距约 1 100 m。庐山的挤出构造形成于北西-南东向的挤压应力场中。新的构造样式表明，庐山并非原先认为的地垒。

现有资料表明，挤出构造的形成分为两个阶段，分别是白垩纪的雏形阶段与中新世的成形阶段。星子逆断层沿线有岩浆岩分布，沿断层侵入的花岗岩表明断层形成于距今 100～110 Ma(Lin et al.,2000)。庐山不同岩石的$^{40}Ar/^{39}Ar$年龄集中在距今 100～140 Ma，说明白垩纪时庐山发生过一次主要的冷却事件(Lin et al.,2000)。在此期间，庐山的挤出构造初具雏形。

江西境内的赣江断裂可以视为郯庐断裂的南延(吴根耀等,2007)，庐山边界断层正好位于赣江断裂带北端。郯庐断裂未切穿中新统火山岩，表明郯庐断裂带在中新世以后停止了明显的活动，而对磷灰石裂变径迹数据的模拟显示，距今约 10 Ma 郯庐断裂出现快速抬升(王先美等,2007)。按庐山东麓近百万年来的剥蚀速率估算，将星子逆断层上盘剥蚀至目前的高度，至少需要 13 Ma(Han et al.,2021)。上述研究表明挤出构造在中新世最终成形。

(二) 褶皱构造

受印支运动、燕山运动的影响，庐山地区三叠纪以前的地层发生挤压褶皱，形成了庐山背斜以及山体内部的、山体外围次级的褶皱构造。

从区域构造上看，庐山实际上是一个巨型背斜的一部分。该背斜从湖北通山县的九宫山一直延伸到庐山，并在庐山逐渐倾伏。庐山背斜的核部位于东牯山—玉京山一线，出露上古界星子群。受边界断层以及后期剥蚀的影响，庐山背斜的形态已不完整，背斜转折端遭受强烈侵蚀，出露了背斜核部的星子群。星子群之上的南华系及更新的地层被侵蚀殆尽(Han et al.,2021)。庐山背斜核部有岩浆岩分布，岩浆侵入与褶皱构造大致同步发育。同构造的花岗闪长岩年龄表明庐山背斜形成于 127～133 Ma(Lin et al.,2000)。

1. 虎背岭—大马颈倒转背斜

呈北东-南西向延伸，为近线状背斜，轴面倾向南东，北西翼在月弓堑—虎背岭一带被断裂错断。核部出露莲沱组下段地层。

2. 大月山背斜

近线状背斜，走向北东。由莲沱组组成，核部出露莲沱组下段地层。

3. 五老峰背斜

走向北东，为近线状背斜，核部出露莲沱组下段地层。该背斜南东翼已被长期侵蚀剥蚀掉，仅保留了北西翼，其东北端被温泉断裂断开。

4. 东谷—王家坡向斜

呈北 45°延伸，为线状向斜(长宽比大于 10)，中段的日照峰一带受断层影响而被抬升翘起。核部出露的地层主要是莲沱组的中、上段地层。

5. 青莲寺向斜

走向北东，近线状向斜。核部出露地层为莲沱组上段地层。连同前述四个褶皱组成复式褶皱。

6. 马祖山向斜

北北东向，短轴向斜，由寒武系地层组成。

7. 赵家山向斜

北北东向，短轴向斜，由王音铺组和西峰寺群组成。

(三) 断裂构造

1. 莲花洞断裂

由一组近北东向弧形正断层组成，断裂带内岩石硅化、角砾化，发育断层崖、断层谷。西南段有石英闪长岩侵入。

2. 星子断裂

属于逆断层，走向近北东向，呈弧形。断裂由破碎带与角砾岩构成，断裂带厚度巨大，在数十米以上。断裂带内岩石硅化，有岩浆岩侵入。

以上两条弧形断裂合称为九江-德安断裂带。可能形成于印支运动，其后燕山运动、喜马拉雅运动时期都有活动。

3. 剪刀峡断层

右旋平移断层。有错开山嘴、构造不连续、地层错位等断层证据。时代不详。

4. 捉马岭—梭子岗—红石崖断层

左旋平移断层，北东向，地层不连续。时代不详。

5. 铁船峰断层

为弧形正断层，大致走向北北西，北东盘为上盘，相对下降。形成时代不详。

6. 九奇峰断层、犁头尖断层

为两条左旋平移断层，北西走向。断层两侧莲沱组地层不连续。

7. 庐山垄断层

北东向正断层，北西盘为下降盘。

8. 赣江断裂带

主要由三条断层组成：一条是鄱阳湖南侧的湖口—老爷庙断层；一条是鄱阳湖北侧蛤蟆石—火焰山断层；还有一条就是星子断层。前两条导致了北东向的鄱阳湖湖口段(古赣江河谷)的断陷。

9. 节理构造

除断层以外节理随处可见。大的节理密集带常与断裂有密切关系，是其派生构造。伴褶皱而生的节理也较明显，主要有纵节理、横节理、X节理。横节理常组成节理密集带。

四、矿产资源

1. 花岗岩

主要分布于庐山东南麓，东牯山、海会产出较好，主要是灰白色中细粒花岗岩，节理发育较少，出材率高。除可做板材外，还可以做石雕(刻)材料。现已形成产业。

2. 陶土

主要分布在海会排头山—温泉一带的伟晶岩脉的风化壳中。主要是长石风化为高岭土的产物，岩脉中长石含量越高则形成的陶土越好。但储量不多，呈零星状产出。

3. 石灰岩、白云岩

分布于庐山北部山麓丘陵一带。主要作为建筑材料。

4. 板岩

主要分布在庐山西北部的双桥山群中。是制作金星砚台的原料。

5. 型砂矿

主要分布在沙山、老爷庙一带鄱阳湖湖岸。由于主要组分是砂，砂粒均匀，石英含量高，是铸造型砂的上等材料。

6. 温泉

主要出露点在庐山南部的温泉和石背山处，以温泉镇的温泉最为著名。庐山温泉不仅水温高，而且还含有许多微量元素。据调查，此处温泉含有铍、硅、钾、铜、镁等元素三十余种，以及氡、铀、镭等放射性元素，属低矿化度的“淡温泉”。泉水平均温度为62℃左右，最高温达72℃。1953年在此修建了温泉疗养院。

第二节　地质学野外实习基本方法

一、地质罗盘的使用

（一）磁偏角的校正

罗盘在使用之前必须进行磁偏角校正。磁偏角东偏刻度盘向右转，西偏则向左转。

(二) 目标物方位的测量

用罗盘北端(N)对着目标物,南端(S)对测量者,进行瞄准,使目标物、觇板小孔、反光镜中线在一条直线上。同时水泡居中,待指针静止,指北针的读数便是目标物相对测者的方位。

(三) 测产状

1. 走向

罗盘长边放平靠紧层面,使水泡居中,指针读数为走向(有两个)。

2. 倾向

罗盘北端指岩层倾斜方向,南端紧靠岩层,圆形水泡居中,指北针读数为倾向。

3. 倾角

令罗盘直立,使其长边紧靠岩层并垂直于地层倾向,沿着层面左右移动罗盘,同时用手指拨动罗盘底部的活动扳手,使长方形水准器泡居中,悬锤中央端所指最大读数即岩层倾角。

4. 数据记录方式

数据记录方式有两种:一种是方位角记录,如测量出某一岩层走向是330°,倾向为240°,倾角为50°,则记录为NW330°/SW∠50°,或330°/SW∠50°,或简记为240°∠50°;另一种记录为象限角记录,需把方位角转换为象限角即360°−330°=30°,240°−180°=60°,记为N30W/SW∠50°或S60°W∠50°。

二、读地质图

1. 先读图框外的附件

包括图名、方位、比例尺、图例,了解地层综合柱状图中符号等内容。

2. 读地形特征

如水系特征、山脉走向、相对高差、起伏度等。

3. 读地质构造内容

依次读岩层走向、倾向、新老岩层的大致分布状况。从最老地层入手,垂直地层走向,由此向外扩展至全部。分析单个褶皱的横剖面特征、平面特征、倾伏方向,确定形成时代及褶皱间相互关系。并分析断层的性质、表现、方向及形成时代,各断裂的空间分布规律。分析各地质体的相互关系,包括褶皱与断裂、断裂与火成岩体等方面。

4. 全面认识了解

通过以上3个方面的阅读应对以下情况有较全面的认识了解:① 全区的面

积、范围；② 出露地层的时代、岩性、厚度、岩相、生物化石特征、接触关系；③ 构造空间特征；④ 地质发展简史和地形发育的关系；⑤ 矿产资源。

5. 根据需要作地质剖面图

依据地质图绘制地质剖面图可按照以下几个步骤进行：① 在地质图上选取地质剖面图的起止点，起止点之间的连线即为剖面线；② 在剖面线上选取高程控制点，按比例绘制在剖面图上，然后用平滑的曲线将各点相连，得到地形剖面线；③ 将与剖面线相交的地质界线点投影到地形剖面线上；④ 根据地质界线在剖面线上的产状，在地形剖面图上画出相应的地质界面；⑤ 按地质剖面图饰要求进行图面整饰。

三、绘制地质剖面示意图

在野外工作中，为更好更形象地表示综合地质现象，必须绘制地质剖面示意图。地质剖面示意图中的地形起伏轮廓是目估的，应基本正确。图上内容应包括：① 图名、方位、比例尺、地形轮廓；② 岩层的层序、代号、产状；③ 岩体符号、出露位置、岩性和代号；④ 断层的位置、性质、产状；⑤ 地物名称等。基本方法如下：

1）选取适当比例尺。最好是将剖面图的长度控制在记录薄的长度内。

2）绘地形剖面。目估地形变化、高度、坡角等。按比例尺的要求绘出地形剖面起伏。初学者易将山坡绘陡，30°的山坡人已很难攀登了。

3）填图。在地形剖面的相应点上，按实测产状画出地层分界面、断层面与火成岩体的位置，再画出界面、断面的倾向和倾角，相当层用连接线相连以反映褶皱的断面特征。

4）标注。标注地层及岩体的花纹、断层的动向、地层和岩体的符号、化石产出部位等。

5）整饰。修饰已成的草图，并写上图名、比例尺、方向、地物名称，绘制图例、图号及图注。剖面图要力求线条花纹细致、均匀、美观，字体要工整，各项注记的布局要合理。

思考题

1. 如何用罗盘测量地层产状？
2. 如何用罗盘测量方位、坡向、坡角？
3. 如何判定层位？
4. 为何说庐山是扬子古陆的“窗口”？
5. 挤出构造有何特征？
6. 如何识别断裂构造？

7. 野外如何判定褶皱构造?
8. 节理有哪几种类型? 如何识别?
9. 分析莲沱组的岩性。
10. 试述古生代庐山地区的古环境特征及其演化。
11. 试述中生代庐山地区的古环境特征及其演化。
12. 庐山的变质岩有哪几种? 有何特征?
13. 庐山的矿产资源有哪些?
14. 庐山的边界断层有何特征?
15. 试读庐山地区地质图。
16. 分析庐山地区的地质应力场特征。
17. 分析断裂、节理、褶皱之间的关系。
18. 庐山的第四纪地层有何特征? 古环境如何?

第四章　地貌学野外实习

第一节　庐山地貌野外实习基本内容

一、构造地貌

庐山山体的构造地貌，按照类型和空间规模，可以分为以下四个等级：① 断块山与断层崖；② 褶曲构造地貌；③ 断层(裂)谷地貌；④ 节理构造地貌。

(一) 断块山与断层崖

从整体而言，庐山是一个断块山。庐山的东南侧为星子断裂(星子逆断层)，西北侧为莲花洞断裂(莲花洞正断层)，此二者大体构成庐山山体范围的边界，故称之为边界断裂(图 4－1)。在中新世，庐山主要沿这两条边界断裂大幅抬升。山体受边界断裂控制，总体走向呈北东-南西向延伸，与边界断裂走向大体一致。由于边界断裂向北东方向收敛，加之南部星子断裂的断层面不断崩塌后退，因此，庐山山体在平面上呈中间宽、两头尖的纺锤形。西北侧边界断裂为正断层，东南侧边界断裂为逆断层。庐山主体处于上升盘，从而形成断块山。边界断裂附近则形成陡峭的山崖，为断层崖或断层崖崩塌后退形成的陡坡。

庐山山体由前震旦系地层构成，其中山体北部为上元古界南华系沉积岩，南部为上元古界变质岩，而边界断裂以外的丘岗均由古生界及更新的地层构成。整个山体表现为两侧山坡较陡峭、山体顶部岭谷起伏较平缓的地貌特征。

庐山山体抬升量以中部最大，分别向北东方向和南西方向递减。尽管两侧的断层崖因不断崩塌后退而多不存在，但从山体顶部的老地面可以判断：东南侧秀峰寺—海会一带抬升高度超过 1 000 m，向北东端逐渐降低，最后降至山麓夷平面；西北侧石门涧—莲花洞一带的抬升高度也在 1 000 m 左右，也向北东方向递减，直至完全绝迹。

庐山的断层崖，因遭到长期的剥蚀和山间河流的切割，已面目全非，只有局部还保留少量的断层三角面，大部分是离开断层一定距离的山体陡坡。

由于两侧的边界断裂分别是由一系列断层组成的，受其控制，断块山的山坡也

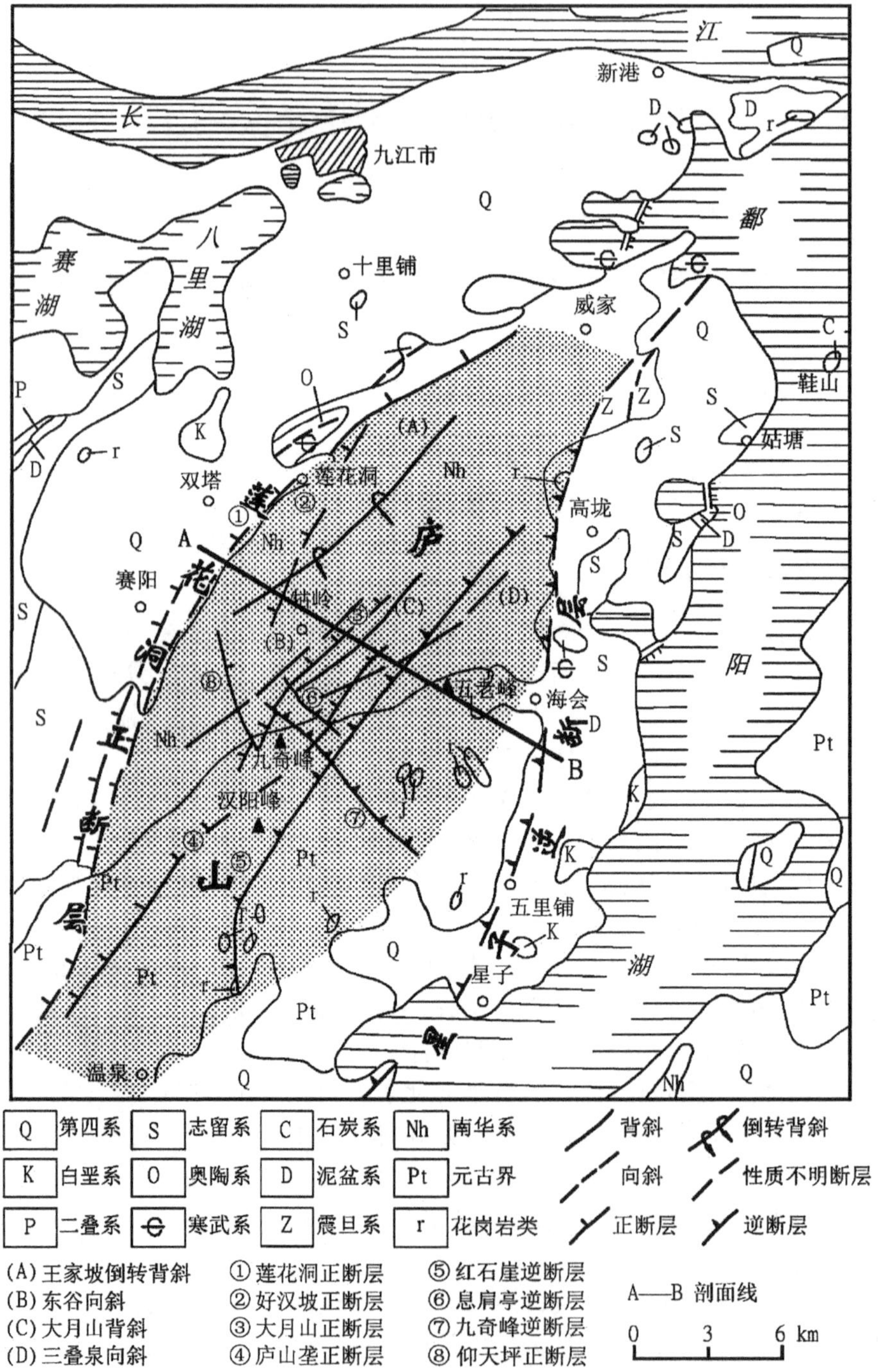

图 4-1　庐山断块山的边界断裂示意图

具有阶梯状的形态特点，表现为横向上从高到低呈现台阶状，纵向上为一层层近于等高的山岭次第有序排列。如好汉坡一带可明显分为 2 级台地，由好汉坡正断层与莲花洞正断层共同形成，在锦绣谷外侧大林峰一带则发育了明显的 5 级台地。

(二) 褶曲构造地貌

以庐山中部的九奇峰断裂为界，庐山山体可分成南北两段。褶曲构造地貌主要发育于庐山北段。庐山北段的地貌形态主要受复背斜构造控制，以南华系下统莲沱组(Nh_1l)地层为主，形成三个背斜和两个向斜，从西北往东南依次是虎背岭背斜、东谷向斜、大月山背斜、三叠泉向斜和五老峰背斜等褶曲构造(图 4－2)。受“三背两向”构造的控制，加之地层间岩性变化造成的差异侵蚀的影响，发育了多条近于平行展布的山岭和谷地(图 4－2)，从而形成了庐山北部“横看成岭侧成峰”的地貌特征。其主要类型如下。

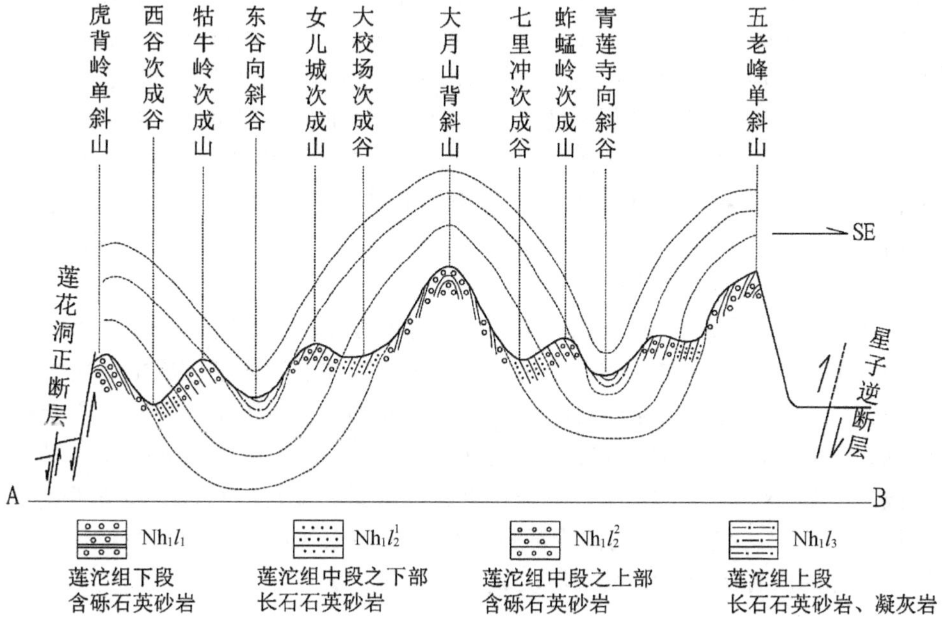

图 4－2　庐山北部褶皱构造地貌剖面示意图(按图 4－1 中 A—B 剖面线)

1. 背斜山与单斜山

背斜山：大月山背斜山形成庐山北部地区的最高峰岭——大月山(1 453 m)，背斜山发育典型，形态完整。大月山背斜山由大月山背斜的核部构成，出露的地层主要是莲沱组下段(Nh_1l_1)石英砂岩和含砾石英砂岩。由于受背斜构造的控制，山体大致呈北东-南西向延伸；因中部上升量最大，故该背斜山分别向北东-南西端倾伏。

单斜山：虎背岭背斜、五老峰背斜与大月山背斜的地质特征基本一致。虎背岭—大马颈一带的山体，主要是受虎背岭背斜控制形成，出露地层也是莲沱组下段(Nh_1l_1)石英砂岩和含砾石英砂岩。受莲花洞边界断裂的影响，虎背岭背斜的北西翼被错开断落，核部的山体被切割、侵蚀，从而在虎背岭—喇嘛塔一带发育成单斜山地貌。与此相类似，五老峰背斜受星子断裂的影响，东南翼因断层崖侵蚀后退而被破坏，从而在五老峰—梭子岗一带发育形成庐山最典型的单斜山地貌。单斜山的顺向坡坡度较缓，与岩层倾角相近，一般在20°～30°；逆向坡较陡，一般在40°～50°，局部甚至可达80°。

2. 向斜谷

庐山北部共发育了两列典型的向斜谷，即东谷—王家坡谷地和青莲寺谷地。东谷—王家坡向斜谷受构造线控制呈北东-南西向展布，因庐山中部上升量最大，在日照峰一带隆起，致使王家坡向斜谷和东谷向斜谷分别向北东端和南西端倾斜。东谷向斜核部主要由莲沱组上段(Nh_1l_3)长石石英砂岩和凝灰岩组成，岩性松软，易受侵蚀，故保留的地层较薄。而王家坡向斜谷莲沱组上部地层已被剥蚀殆尽，出露的是莲沱组中段地层(Nh_1l_2)。东谷向斜谷在乌龙潭以上形态发育较好，而向西南牧马场—碧云庵一带受到次一级河谷切割向斜谷地形态不明显，局部甚至出现地形倒置——形成向斜山。青莲寺谷地也是受三叠泉向斜控制而形成的向斜谷，谷地在青莲寺一带发育最为典型，而出三叠泉向东北至明火山一带出现地形倒置形成山岭。

3. 次成山与次成谷

在背斜构造的翼部，相间出露了坚硬的石英砂岩和软弱的长石石英砂岩，岩性的差异导致了差异性侵蚀，在背斜山-向斜谷的地貌基础上发育了次成山和次成谷。

在大月山背斜两翼岩性相对软弱的莲沱组中段之下部($Nh_1l_2^1$)长石石英砂岩出露处，分别形成大校场和七里冲两个次成谷(图4-2)。而在有相对坚硬的莲沱组中段之上部($Nh_1l_2^2$)石英砂岩、含砾石英砂岩出露的女儿城和蚱蜢岭等地则形成次成山(图4-2)。同样，在虎背岭背斜与东谷向斜之间，发育了与大校场、女儿城位置相对称的西谷次成谷和牯牛岭次成山(图4-2)。

(三) 断层(裂)谷地貌

在庐山沟谷主要有三种发育模式：一是向斜形成的向斜谷；二是岩性软弱易侵蚀形成的沟谷；三是沿断裂、节理密集带侵蚀形成的沟谷。野外地质工作中有句俗叫"逢沟必断"，意思是野外沟谷大多是发育在断裂的基础之上。尽管这句话有些绝对，但却有一定的代表性。庐山主要的断层谷有以下几条。

庐山垄谷地：又名筲箕洼、桃花源等，谷地主要是沿北东向庐山垄断裂形成的，但谷地上游则偏离断裂构造，走向偏北东东。

捉马岭—梭子岭—红石岩谷：受北东向捉马岭—梭子岭—红石岩断裂控制。该谷地发育不连续，分别被望瀑岭、梭子岭、白鹤涧、红石岩错断，TM影像图上反映较为明显。谷地形态发育较好的有：思德谷（位于三叠泉东北部）、青莲寺谷地（青莲寺至五老峰大门段）、红石谷（红石岩至白鹤涧段）。

剪刀峡：该谷地主要受剪刀峡断裂控制。

白鹤涧：该谷地受多条断层影响，多条断裂在此相会，但谷地主要受北西向断裂控制。

（四）节理构造地貌

节理构造地貌的发育主要受不同节理组合和构造部位控制。在背斜核部发育纵节理、张节理和X节理，节理切割近水平的硬岩层，局部发生岩块崩落而在陡坡上形成凸出的岩块以及凹陷的“洞”或“穴”，如佛手岩、仙人洞。而在背斜核部的某些部位，因纵节理和张节理发育密集，尽管有坚硬岩层保护，也会被不断剥蚀侵蚀形成地形倒置现象，如芦林湖。若近水平岩层受多组节理切割，岩块周围被侵蚀崩塌，中部剩余部分形成“塔状”地貌。在与褶皱构造线相垂直的横节理密集带，因岩石破碎、易遭侵蚀，常发育横截背斜山或次成山的峡谷，如天桥嶂谷、汉口峡、老虎口等。著名的五老峰中的“五老”就是指垭口之间五座耸立的单斜山峰，垭口是由于横向节理密集带易侵蚀形成的嶂谷源头。三叠泉也是主要受横向节理密集带控制而发育形成的大型嶂谷或峡谷。著名的锦绣谷主要是沿虎背岭背斜核部的斜交节理侵蚀而形成的。

二、流水地貌

庐山之前形成的夷平面因中新世构造运动而大幅抬升，此后遭受了长期的流水作用，山上、山坡、山麓不同地带形成了不同的流水地貌类型。庐山的河流地貌保留了河流演化、构造抬升的信息，形成了不同于其他地区的流水地貌特征。

（一）宽谷、峡谷与裂点

庐山的河谷形态自山上到山下，在不同地段有不同的特点。就庐山本身的河谷而言，可分为4段：上段表现为宽谷；中段为宽谷中套有V形谷（谷中谷）；下段表现为峡谷；出口段大部分为深宽谷，个别为峡谷。上段与中段之间形成了旋回裂点。

宽谷：宽谷多与地层或构造线走向相一致，谷地形态一般谷底宽浅、谷坡平缓，其间多发育一、二级谷阶，形态保存较好，谷地里普遍覆盖第四纪堆积物，代表了河流谷地发育的老年或壮年阶段，属于庐山抬升前的老谷地。西谷即属于典型的宽谷，它位于河流的上游，是发育在莲沱组长石石英砂岩上的次成谷地。西谷的上段，无论是谷底或坡麓，普遍覆盖棕黄色或棕红色堆积物。西谷的中、下段与上段有所不同，棕红色堆积物覆盖的老谷，曾遭受侵蚀切割，出现一级平台或谷肩。位于谷地底部的这级平台，其上主要残留棕红色堆积物，而谷坡上的同级平台，其上部除保存棕红色堆积物以外，表层还覆盖来自谷地两坡的棕黄色堆积物。庐山山上发育的宽谷多分布在海拔 1 000 m 以上。谷底形态虽受到抬升后的改造，但还是基本保持了老谷地的骨架。

谷中谷：这是抬升山体中河谷常有的地貌形态。其地貌形态是宽谷中发育有"V"形谷地，河床纵剖面上两者相接处便是溯源侵蚀形成的旋回裂点，代表了山体抬升后河谷溯源侵蚀切割山体的最高、最内位置；在裂点下的河谷横剖面上，两者的交汇处便形成谷肩。随着 V 形谷河床的下切和谷坡的不断侵蚀后退，谷肩后的老谷地平台(阶地)不断缩小，最终消失形成单一的 V 形谷，即峡谷，代表了河谷幼年向青年发育的过程。如大校场谷地出口处的谷中谷、王家坡中庙庵一带的谷中谷、东谷庐山大厦附近的谷中谷等。

峡谷：峡谷横剖面多呈"V"形，谷地深切，谷坡陡峭，河谷纵比降大，发育多级裂点和瀑布，显示青年河谷的特征。如果峡谷两坡近于直立，并且深度大于谷地宽度，则叫作嶂谷。它的发育是地壳上升、河流强烈下切并溯源侵蚀的结果。如山南的庐山垄谷地，在筲箕洼以下，谷深达 400～600 m，3 km 水平距离内下降超过 700 m。庐山西侧的石门涧谷地，部分河段河流迂回曲折，成为深切河曲，刻入基岩 300～600 m，在四五千米距离内降 800 余米，沿途有黄龙潭、乌龙潭、石门涧谷地，部分河谷段受节理的影响，形成悬崖峭壁，残留的谷地平台高悬在陡崖之上，清晰可见。庐山东侧的七里冲—青莲寺宽谷以下的三叠泉峡谷，谷壁悬崖直立，深切 300～650 m，形成著名的三叠泉，因受岩层水平层理和垂直节理的影响，分三级跌水，形成总高度约 300 m 的三叠瀑布。三叠泉以下河谷段发育了较为典型的嶂谷。牯岭窑洼以下的剪刀峡峡谷，至峡口海拔下降约 700 m。庐山的东北部地形向东北方向递降，谷地的切割深度也相应递减。如天花井宽谷下面的 V 形谷，深度不足 200 m。许多峡谷沿着南东-北西向的断层或节理密集带发育，横切地层，故与上游宽谷呈直角相交。如东谷宽谷向西南延伸，至乌龙潭则转向西北直至其下西北向的石门涧峡谷；青莲寺宽谷向东北延伸，至三叠泉以后转向东南。

如果峡谷进一步发育，谷坡不断侵蚀后退，河床下切到一定深度则停止下切，开始转向以侧蚀为主的河谷展宽过程，此时河谷便到了壮年时期。如剪刀峡、锦绣谷近出口处的谷地。

裂点：庐山的河流裂点根据成因，可以分为三种类型：一是旋回裂点；二是构造裂点；三是岩性裂点。旋回裂点也叫轮回裂点，是庐山山体上升，山地河流的基准面相对下降，河流溯源侵蚀形成的。间歇性的山体抬升可行成不同期次的旋回裂点，同期的旋回裂点在山体谷地中的高度一般相近，如代表庐山最早抬升的裂点，东谷裂点、大校场裂点的海拔多在 1 000 m 左右。构造裂点为河谷下切中遇到横截河谷的断裂或节理密集带急剧侵蚀形成的裂点，由于此种裂点波折落差大，常形成瀑布或跌水，如乌龙潭瀑布、三叠泉瀑布、一滴泉瀑布、王家坡双瀑等。岩性裂点则是由河谷上、下段的岩性软硬不同形成的，也可以形成叠水瀑布，如秀峰龙潭瀑布、观音桥的玉渊瀑布等。

（二）水系及其演变

本区河流水系的空间分布整体上受构造线和抬升中心控制，大致存在两个分水中心（岭）：山体北部较明显，以虎背岭—牯牛岭—日照峰—大月山—梭子岭一线为中心，主要河谷分别呈平行状向北东、南西展布；山体南部则不明显，分水岭形态以仰天坪—小汉阳峰—汉阳峰一线为主，呈之字形。庐山三大谷地（庐山垄、白鹤涧、王家坡）中庐山垄、白鹤涧谷地分别呈近羽状和树枝状展布于两侧。先期发育的河谷主要走向北东或南西向，随后其支流则多呈北西、南东向发育，有的已袭夺先成河而成为主河谷。

在庐山北部，河谷的发育主要受褶皱构造和岩性的影响，主要的河流大致沿北东-南西向、南东-北西向延伸。如王家坡谷地，大致顺向斜谷向北东方向延伸，其支流受倾俯褶曲的影响，与主流呈锐角相交，形成树枝状水系。青莲寺谷地的河流沿向斜构造向北东方向流，青莲寺以上呈树枝状，向下为主干状，但至三叠泉以后，河流突然折向东南，沿断裂线发育，兼有直角状水系的特征。由于东谷、锦绣谷、剪刀峡、石门涧、三叠泉河谷位置相对较低，发育在这些主谷的支流溯源侵蚀，在合适时期便产生河流袭夺现象，导致水系由平行状水系演变为网格状水系。

如位置较低的锦绣谷河流在如琴湖大坝处袭夺了位置相对较高的西谷河流。西谷的河流理应顺宽谷流向西南，经花径—动物园注入石门涧谷地。然而，目前却从西谷右侧的天桥流出，这是河流袭夺的结果。袭夺的主要标志有：① 花径风口。花径原是西谷的自然延伸部分，保存老河谷形态，而由于锦绣谷的河流强烈下切、溯源侵蚀，致使西谷河流由天桥流入锦绣谷，而原西谷河流上的花径成为风口。在风口处还保存棕红色堆积物及棕红色、具典型网纹的基岩风化壳。从风口的特征和堆积物来看，与西谷下段相似。② 天桥袭夺弯。西谷的河流原来沿着宽谷流向西南，因后来被锦绣谷河流袭夺，以致在天桥附近，河流突然向西北拐弯，形成一个极不自然的呈直角的河湾，即袭夺弯。如琴湖河流袭夺时代较晚，因为袭夺后裂点还上溯不远。

青莲寺谷地的河流，原先流向东北。三叠泉谷地河流沿断裂和垂直节理迅速下切、溯源侵蚀，在三叠泉附近袭夺了青莲寺谷地的河流，使河流呈直角转弯。由于袭夺后形成的裂点已上溯 2 km 之远，下切深度已达 150～200 m，因此，其袭夺时间应早于如琴湖河流袭夺。

从上述河流袭夺的案例可以看出,流向南东或北西的河流袭夺流向北东或南西的河流,并使水系发生了变化。产生这种现象的原因是:山体上升之前,宽谷顺构造线和较弱岩层发育,故流向呈北东或南西向;当山体大量上升以后,流向南东或北西的河流因流路短、比降大,沿断裂或垂直节理溯源侵蚀,以致袭夺北东或南西流向的河流。

另外,在庐山上还有小规模河流袭夺现象。如东谷的河流由于位置低,溯源侵蚀,切穿了女儿城次成山,袭夺了大校场谷地的河流。河流袭夺产生了一系列地貌标志,如袭夺弯、断头河、风口等。从不同时期形成的谷地及其覆盖物分析,其袭夺时代在中更新世之前。

庐山南部的河流水系,主要受断裂构造和岩性控制,缺少河流袭夺现象。仰天坪一带的河流以仰天坪为中心呈辐射状发育。庐山垄的河流沿断裂发育,支流与其直交,形成羽毛状水系。白鹤涧谷地受多条断裂控制形成树枝状水系。

庐山山下的水系与山上的截然不同。河流出山口后,流动在扇形地或砾石滩上。扇形地上河流呈放射状,而目前主要河流位于扇形地的两侧。在扇形地形成过程中,河道多变,遗留下来不少古河道和风口。砾石滩上河流改道频繁,发育了辫状水系。这种水系的成因主要与河流出山口比降的变化和砂砾层的覆盖有关。至河流的下游,逐步过渡到沉溺河段。在此过渡段,河流受湖水的顶托,沉积细泥,覆盖在砾石滩上,并使谷底变得特别平缓。再往下游,就是与江、湖会合的溺谷段。

(三)长江九江段河流地貌

1. 长江九江段河势

长江在九江一带呈现分汊—微弯—分汊河床的组合型河道,是在九江凹陷构造(受襄樊—广济和郯城—庐江断裂影响)的基础上发育起来的,目前仍处于下降阶段。其基底是白垩系南雄组砂砾岩,富含石灰岩砾石和钙质胶结物,易形成地下洞穴。基岩之上为"九江砾石层",为黏土-砂砾层,呈互层状,共有八层。黏土层呈土黄色、浅黄色、灰白色、棕红色等,常具白色斑块或条纹;含有石英岩和硅质岩小砾石;较坚实;厚几米至十几米。砾石层为含黏土砂砾层,呈棕红色、灰白色,半胶结;砾石主要成分为石英岩、硅质岩,底部含有石灰岩,次圆、次棱角状;厚几米至十几米。向南倾覆。时代约为第三纪。其上为 Q_{1-2} 的棕红色网纹砾石层,胶结较好。

上游分汊河床中发育的江心洲为单家洲。河道分汊比悬殊,右汊道占绝对优势,河势不稳定,单家洲有靠左岸的趋势。其实在其江岸的左侧,从 TM 图可以分析出全新世以来已有数个江心洲并岸。

下游分汊河床中发育有张家洲。河床左汊占 47%,右汊占 53%。张家洲形成于明朝永乐年间，其主要是受鄱阳湖湖水的顶托，江水流速下降，泥沙沉积而形成的。清代以来，先后又发育了同心洲、叶家洲、团洲等，并相继并入张家洲。另外还出现了官洲、新洲、龟洲和邓洲。总体说来，张家洲主要向北岸（左汊）和下游发展，北汊已逐步发育成弯曲河床，南汊保持顺直河床。这与两岸的边界条件有关，南岸主要由网纹砾石层组成，相对坚实稳定，北岸则为近代松散沉积物，相对松软易被侵蚀而后退。

中间则是微弯河床。河床南岸为凹岸，凹岸顶点在九江煤炭码头处。此河段以锁江楼与小池口之间江面最窄。九江港的诸码头皆分布在该江段的凹岸，目前是长江的天然良港之一。此岸段历史时期受凹岸主泓线的冲刷侵蚀，岸线不断南移，曾建锁江塔以期“锁之”。但侵蚀到南岸岸坡网纹砾石层，便基本稳定下来，近一百年以来基本稳定。但是如果离开了网纹砾石层的保护，岸线则处于不稳定状态，1998 年九江大堤决堤便说明了该问题。

长江九江段历史最高水位出现在 1998 年 8 月 1 日 24 时，为 23.03 m，超出 1954 年记录 0.83 m。而最低水位在 1999 年 2 月 18 日，为 6.85 m（黄海高程）。

2. 河流工程地貌

九江大桥是京九线的主要桥梁，其建造选址问题是河流工程地貌问题。当时大桥选址共有三个方案可供选择：

1）金鸡坡方案：位于九江河段下游，紧靠张家洲头，河面宽，近 2 000 m，水浅，地基稳定。但是建桥后可能会对张家洲的稳定产生影响。

2）白水湖方案：位于九江白水湖处。江面宽度在 1 600～1 800 m，水深在 15 m 左右，基底基岩（白垩系南雄组）出露高，但有小溶洞（实际采用方案）。

3）锁江塔方案：位于锁江塔河段。江面最窄（1 200 m 左右），但水深（超过 15 m）。造桥后可能对主泓线及港口造成影响。

三、庐山“冰川”地貌之争

20 世纪以来，许多中外地质、地貌研究者，对中国东部，特别是庐山地区是否存在第四纪冰川、冰期发生的时代以及涉及的范围进行了广泛研究，并发表过许多有争议的见解。围绕我国东部第四纪是否有冰川问题，逐渐形成了两个学派：以李四光教授为代表的冰川学派认为中国东部中低山区第四纪发生过冰川活动，并形成诸多冰川地貌遗迹；另一派是以施雅风院士、李吉均院士为代表的一批学者，他们对李四光教授的冰川观点进行了挑战。双方争议的关键地区是庐山，争议的焦点是地貌成因、沉积物成因以及冰川发生的古气候条件。

1. 冰川学派观点

地质学家李四光教授从 20 世纪 20 年代起，对我国东部地区的第四纪冰川问题进行了大量研究，于 1937 年写成《冰期之庐山》的科学论著，系统论述了庐山第四纪冰川，并确立了冰期、间冰期系列，从而建立了中国第四纪冰期理论。他根据冰川作用遗迹，确定庐山在第四纪曾发生过三次冰川，并依次划分为三个冰期，即鄱阳冰期、大姑冰期和庐山冰期。其中以鄱阳冰期为最老，庐山冰期为最新。鄱阳冰期冰川到达山下，冰川作用遗迹因受长期破坏而保留无几。大姑冰期亦到达山麓，形成冰汛，形状如肺叶。

按照李四光教授的观点，庐山冰蚀地貌分布于山上，集中在北山，主要有：① 冰斗，如大月山西北坡的大坳冰斗(底部海拔 1 200 m)，汉阳峰附近的鼓子寨冰斗、五乳冰斗；② U 形谷，如王家坡 U 形谷、七里冲 U 形谷、大校场 U 形谷；③ 冰窖，冰川发源处储存冰雪的凹地，如窑洼、东谷、西谷、天花井、箵箕洼等；④ 冰川悬谷，如莲花谷等；⑤ 羊背石，如白石嘴的羊背石等。

李四光教授认为，庐山第四纪冰川遗迹的发现始于山麓广布的红色泥砾堆积物，这些红色泥砾堆积物大小混杂、漂砾远扬、被认为具条痕石和冰溜面，这些均被认为是冰川作用的特点。庐山山下的冰碛物，被认为主要为大姑冰期的产物。在冰碛物之前，又有冰水沉积环绕分布，它们与山上冰蚀地貌遥相呼应，因此，相关研究者提出庐山山上的冰蚀地貌主要由冰川塑造。"庐山冰期冰川活动"被认为仅限于山上东北部数处，认为在王家坡谷地留有前碛三、四道，并形成侧碛。冰川学派认为庐山周围还有很多冰川搬运所形成的"漂砾"，大者粒径 2～3 m，分布于鄱阳湖畔的上青山、长岭等地，最远的见于鞋山。另外，在星子附近的大岭、金锭山等地也可见到，九江附近偶有发现。

2. 反冰川学派观点

20 世纪 80 年代初，以施雅风等为代表的学者对中国东部第四纪冰川问题提出了与李四光学派截然不同的新观点，并于 1989 年出版《中国东部第四纪冰川与环境问题》，对李四光的冰川学术观点进行了全面而系统的反驳。反冰川学派认为：① 中国东部只有太白山、长白山以及台湾中央山脉等海拔 3 500 m 以上的高山存在古冰川遗迹，其他都缺乏可靠的证据；东部地区第四纪冰期系列，除大理冰期外，其他冰期都缺乏根据。② 中国东部冰期气候以干冷为特色，不利于古雪线的大幅度下降和冰川的发育。③ 东部山区被当作冰川作用主要证据的泥砾、漂砾、条痕石等，多数为泥石流或冻融泥流所产生；所谓的"冰斗""冰川 U 形槽谷"及"冰川刻痕"等，缺乏具有鉴别意义的特征指标。④ 中国东部山地的所谓"冰川遗迹"，可以用新构造运动、地质构造和岩性影响下的地貌发育和泥石流的模式进行合理的解释。

"冰蚀"地貌成因问题，争论的中心是王家坡"U 形谷"及其东南侧的大坳"冰斗"。反冰川学派认为：冰川长期侵蚀的谷地，多成对称的槽形谷地。而庐山的冰川谷地多与构造相一致，不是典型的冰川槽形谷。如王家坡"U 形谷"状如喇叭向下游开口，上源反倒变窄，这和山岳冰川 U 形谷上游为粒雪盘，下游收缩变为峡谷（显示冰舌末端因消融加强则变窄变薄，侵蚀能力减弱）的规律是全然不协调的。更加费解的是巨大的王家坡"U 形谷"仅有小得可怜的"大坳冰斗"和莲花谷作为补给区。大校场"U 形谷"实为一向北西倾斜的不对称的次成谷，不具典型冰川谷的特征。而且，上段谷底与其旁的分水岭女儿城相对高差只有几米、十几米，这样高悬在山坡上的浅谷，不可能装下几十米厚的冰川，并形成冰川谷。如若冰层不厚，冰层就不可能运动，也就不存在冰川侵蚀作用和形成冰川谷的问题。"大坳冰斗"被冰川学派学者认为是庐山冰川典型的冰蚀地形证据，而反冰川学派学者则对此进行了反驳。他们认为：首先，该"冰斗"的位置值得注意，它位于大月山背斜的西北翼上，处于张节理发育的地方，有利于砂岩在机械风化（特别是冷期或冬季的寒冻风化）下发生快速的块状剥离。当集水漏斗中有较长时期的积雪时，雪蚀作用会迅速使后壁扩大呈半圆形，形成雪蚀洼地。"大坳冰斗"之所以封闭度较高，和褶曲背斜正好通过"冰斗"出口处有关，因为它提高了该处的抗蚀能力。"大坳冰斗"既无岩盆、冰坎，也达不到发育冰斗冰川的必要空间范围。因此，它不具备鉴定古冰川的意义。

关于沉积物成因问题，争论的焦点是对广泛分布于庐山地区（如山上大校场谷口，庐山西北麓羊角岭、新桥，庐山东南麓白石咀、姑塘镇等地）的以泥砾为代表的混杂堆积的成因持有截然不同的观点。冰川学派认为是典型的冰碛物，而反冰川学派则认为是泥石流为主的多种成因的混杂堆积，包括泥石流堆积、寒冻风化作用形成的倒石堆、石河和冻融泥流堆积，坡积物堆积、古河道冲积物堆积等。如大校场谷地的混杂堆积剖面，李吉均等提出从下至上可分为沉积特征与成因各不相同的三层：① 橙黄色巨砾层；② 暗棕色砂砾层；③ 棕黄色土层及块砾层。橙黄色巨砾层中的巨砾直径达 1 m 以上，棱角钝化，具凹形面，显示撞击及水流的冲击作用；有的砾石表面有橘红色黏土薄膜包裹（"泥包砾"）；同时砾石的组构测量结果为 a 轴无优势定向，符合泥石流组构特征，而与冰碛物 a 轴定向（平行于冰川流向）明显、ab 面倾向离散的特征不合；同时巨砾层中提取的黏粒组分的硅铝比反映的沉积物风化源地为红壤环境是湿热气候下由洪水-泥石流堆积形成的。暗棕色砂砾石层粒径明显减小，以棱角和次棱角状为主，较大砾石集中成层，形成明显石线，是土体发生蠕动的标志；碎屑物质主要来自女儿城而不是大月山，因女儿城次成山面临大校场谷地，地面处于逆向坡，在寒冻风化等作用下产生大小不等的岩块，在重力作用下向谷地中心输送。该层为坡面岩屑和土体蠕动所堆积。棕黄色土层及块砾层层厚 1～2 m，块砾集中于表层，且具明显的叠瓦状排列，加上此层的显微结构以及该层孢粉分析结果，认为是末次冰期寒冷气候条件下，女儿城砂岩因强烈的霜冻作用崩解坠落，然后在山脊下沿谷坡发生冻融泥流作用，逐渐蠕移到谷地中心堆积。

四、夷平面

庐山山上和山麓都存在夷平面或古地面，为便于叙述，分别称为山上夷平面和山麓夷平面。在夷平面形成之后，地壳上升，抬升的夷平面遭受侵蚀切割，但夷平面分布仍比较广泛。

庐山山顶诸河溯源侵蚀所未达到的地方保留着两片老年期和壮年期地面。一片位于庐山电视台所在的仰天坪一带，面积约 2 km^2；另一片为牯岭街所在的，包括西谷、东谷、芦林盆地以及大校场、七里冲和青莲谷等在内的地方，总面积约 16 km^2，是庐山最主要的风景及建筑区。

在庐山南部仰天坪一带，虽受岩性和断裂的影响，地面差异风化、剥蚀比较强烈，但夷平面仍有保存，平均海拔 1 300 m，地面波状起伏，被侵蚀成浑圆的馒头状低丘，相对高差仅 30～50 m，其峰顶齐一，夷平面形态保持尚属完好。突兀于夷平面上的山峰(如电视台所在处)仅高出百余米，可视为夷平面上的蚀余山。实际上，汉阳峰亦是一个蚀余山。仰天坪夷平面因组成岩石为不耐侵蚀的双桥山群变质岩，庐山东西两侧河流溯源侵蚀形成的裂点已十分接近。西侧为黄龙庵裂点，海拔 1 250 m，水流西去经黄龙庵、碧云庵出朱家山至金家桥。东侧为仰天坪裂点，海拔亦为 1 250 m，水流东去经阮家棚并汇合白鹤涧之水出观音桥、码头镇，绕玉京山之西而入鄱阳湖。上述二裂点相距仅 1 km，彼此如此接近，则仰天坪夷平面已岌岌可危，从地质眼光看，稍假以时日，此残余夷平面必将被侵蚀殆尽。

庐山山顶保留最广的古地形面为牯岭镇所在地区，在庐山北部的虎背岭—芦林盆地周围一带均有保存。它们向石门涧延伸，与铁船峰等地的夷平面相对应，海拔已降到 1 000 m 左右。由于是莲沱组 Nh_1l_1 或 $Nh1l_2{}^2$ 等比较坚硬岩层，河流溯源侵蚀不易，壮年期地形得以大片保留。溯源侵蚀形成的裂点包括：交芦桥裂点、东谷裂点、天桥裂点、窑洼裂点等。

山麓夷平面分布在山麓地带。在庐山周围呈带状分布的丘陵，就是山麓夷平面的残留部分，海拔大多在 300～400 m，峰顶齐一，切割不同地层和构造。庐山东南麓的夷平面微微向东北递降，从海拔 300～400 m 降到数十米，因受岩性的影响，切割较破碎。庐山西北麓的夷平面，沿山麓呈带状分布，切削南华系和震旦系西峰寺组、王音铺组岩层，夷平面向东北由平缓变为微缓倾斜，海拔由 350 m 左右降到几十米。

山上夷平面与西北侧的山麓夷平面被莲花洞正断层形成的断层崖相隔。因此，山上夷平面和山麓平面实际上原是同时形成的统一的夷平面，后来为断裂的复活作用所错开。东南侧的山麓夷平面的形成晚于山上夷平面，是抬升后的夷平面被剥蚀而形成。

上述夷平面的变形、高度变化，同样说明庐山经历过强烈构造抬升，上升量以中南部为最大，向东北方向递减，西南侧上升量也较小。

五、湖滨地貌

（一）鄱阳湖

鄱阳湖是中国第一大淡水湖泊，其湖面浩瀚万顷，水天相连。2000～2015 年最大水域面积为 3 600 km^2，约是最小水域面积 482 km^2 的 7.5 倍(孙芳蒂和马荣华，2020)。湖的外形像一只歪把的葫芦。都昌以北湖面狭窄，好似葫芦的"颈"，是连通长江的水道；都昌以南，湖面辽阔，烟波浩渺，是湖的主体。鄱阳湖流域面积达 16.1 万 km^2，纳江西省修水、赣江、抚河、信江、饶水五大河流的来水，经湖口转泄入长江，年平均来水量为 1 500 亿 m^3，1954 年最大来水量为 2 300 亿 m^3。而每年注入长江的水量约占长江干流大通站年水量的 1/5，由于鄱阳湖流域的汛期多出现在 4～6 月，长江湖口的汛期多出现在 7～9 月，因此鄱阳湖对长江中下游的水文情势特别是增水削峰作用有重要影响。

鄱阳湖年平均水位为 15.02 m，最高水位为星子站(1998 年 8 月 2 日)22.52 m，超 1954 年记录 0.59 m，湖口站 1998 年 7 月 30 日最高水位为 22.59 m，超 1954 年记录 0.79 m；星子最低水位为(2004 年 1 月 8 日)8.78 m，湖口水文站历史最低水位为 1963 年的 5.90 m。年内水位变幅多在 5 m 以上，绝对水位变幅达 13 m。由于水位变幅大，所以湖泊面积变化也大。常以"夏季一大片，冬天一条线"来形容鄱阳湖的水位变化。夏季汛期水位上升，湖面陡增，水面辽阔；冬季枯期水位下降，洲滩裸露，水流归槽，湖面仅剩几条蜿蜒曲折的水道，不足 1 000 km^2。

鄱阳湖饱经沧桑，经历了漫长岁月的变化。鄱阳湖湖盆主要是继承燕山期断陷盆地的基础，后期受九江—德安—南昌—抚州、湖口—都昌—波阳—抚州菱形断陷影响，相对坳陷形成平原洼地，继而成湖，成湖年代只有 1 000 多年。根据沉积物钻探资料分析，鄱阳湖出口处的梅家洲与湖口之间，在基岩之上、近代冲积层之下，有一层厚 60 m 左右的黏土-砂砾层，最底层约 −77 m，砾石成分以石英砂岩、石英岩与黑色硅质岩为主，说明来自庐山及其山麓，砾石呈圆形、次圆形，砾径一般为 2～10 cm，大者 20～40 cm，含砂粒达 30%～40%，下部普遍含少量灰白色细泥(黏土)，同时，有数层胶结层，胶结物为硅质和铁质，坚硬如砾岩。此层为河流沉积夹少量湖积物，时代与十里铺、九江一带的砂砾层相当。在汉代，现今的鄱阳湖湖滨还是赣江下游的冲积平原(鄱阳湖底可见到当年的汉城遗址)。大约在宋初(公元 960 年左右)长江主流南移，湖口梅家洲形成，阻碍了赣江水流的排泄，遂使古彭蠡泽不断向南扩张，其水越过松门山，从而形成了辽阔的鄱阳湖。湖泊自形成后，由于入湖河流所挟带的泥沙不断在湖内淤积，再加之对湖滨滩地的围垦，使湖面日益缩小。

(二) 湖滨地貌及其形成演化

鄱阳湖的形成与扩张，使湖滨出现了沉溺现象，塑造了一系列独特的湖滨地貌。庐山东麓向东到达鄱阳湖的西北岸，丘陵起伏，湖水侵入谷地形成沉溺型湖湾、岬湾折曲的湖岸和湖岸半岛及湖中孤岛。鞋山位于姑塘镇的东北方，呈鞋形，海拔约 90 m，兀立于湖心，是一个典型的湖岛。湖岬受到湖水的不断冲蚀，形成湖蚀崖(有人认为主要是古赣江侵蚀的产物)。湖湾内部发育宽广的湖滩。但因湖泊水位变幅较大，在低水位时，湖岬部分也会出露沿湖蚀崖分布的狭长形湖滩。这种湖滩往往是由多条平行分布的砾质沿岸堤组成的。它们反映不同时期湖水位及强大的湖浪作用。相反，在高水位时，湖湾部分的湖岸也可能受到湖浪的侵蚀发育低矮的湖蚀崖。有时湖蚀崖被冲开，蚀余的一部分兀立在湖边成为湖柱，如白石嘴附近的蛤蟆石。蛤蟆石由黄龙灰岩构成，高约 16 m，向湖一面因受波浪侵蚀和溶蚀，下部已向内凹退，底部已形成岩洞，因此，上部向湖中突出，整个湖柱，状如蛤蟆，故名蛤蟆石。湖面扩展形成的湖岛，有的因湖滩逐渐堆积增长而与湖岸相连，如姑塘镇附近。白石嘴原是湖中小岛，后发育野猫颈沙嘴，成陆连岛。

湖岬、湖湾岸线的发育演化，可以在廖花乡的下岸角—型砂厂一带的湖岸线窥见一斑。网纹红土(或上覆沙丘)组成的湖岬在湖浪的作用下侵蚀后退形成湖蚀崖和湖蚀平台，湖湾处则不断向湖淤长，目前湖岸线已基本顺直。

六、沙山地貌

庐山山下鄱阳湖湖滨地带，有一些主要由松散砂粒组成的岗岭和丘群，当地人以及一些学者把它们称为“沙山”。它们的海拔多在 40～50 m，有的达到 70～90 m，甚至 140 余米。鄱阳湖湖滨沙山在空间上的分布主要集中于三个地带：一是北部长江以南沿岸地带，即彭泽—湖口沿江一带；二是中部星子—都昌水道沿岸地带，沿水道两侧及南缘分布有星子县沙岭、都昌县老爷庙、永修县松门山、吉山等沙山，构成规模最大的沙山群；三是南部新建县—丰城市赣江西侧沿岸低山丘陵地带，如厚田街、龙王庙等地的沙山(图 4-3)。

上述沙山分布均有以下共同的特点：一是均分布于现代的江滨湖岸地带；二是沙山砂层覆盖在不同时代、不同成因的基岩或堆积物组成的、遭受过侵蚀切割的古地面上；三是多数沙山分布的地貌部位为一面靠山，一面临水，夹于山水之间呈条带状展布，并有向山爬高的趋势，高处砂层呈披覆状分布；四是沙山丛中单个沙山呈长脊状，相互之间近乎平行排列，长脊之间为横剖面呈弧形的谷地，有的为封闭的圆形洼地；五是沙山表层受现代风力作用较强，常形成宽谷与缓丘相间分布，在星子县沙岭，沙山的迎风坡上发育槽形风蚀坑、风蚀垄、风蚀残墩等风蚀地貌。

对沙山中的泥质夹层或古木化石进行了年代测定，^{14}C及TL年代数据表明，沙山属于末次冰期的风沙堆积。高精度的光释光测年表明，沙山的风成砂堆积发生于7个时期，对应北大西洋的海因里希事件(Heinrich event)或其他格陵兰的冷期，可能是东亚夏季风减弱(冬季风相对增强)引起的极端干旱导致的。

图4-3　鄱阳湖湖滨沙山的分布
(据王云飞等，1997)

末次冰期时的东亚古环境研究表明，由于北半球高纬的大冰盖发育和扩张以及青藏高原作为该时期的寒冷源，大大增强了冬季风的强度和影响范围。寒潮频频南侵，当时我国东部年平均温度比现今低约10℃，长江流域的年降水量减少至600 mm左右，我国北方和长江下游地区广泛发育了风成黄土沉积。而鄱阳湖区由于赣江、抚河、信江等河流的中上游均有大片岩浆岩分布，沙源丰富。在末次冰期时，因全球海面大幅下降，长江和赣江等入江河流发生强烈溯源侵蚀形成深槽。长江中下游干流水位在冰期中大幅度下降，又导致沿岸湖泊的疏干与湖底被河网切割，至今，鄱阳湖底还留有古赣江下切的遗迹。赣江下游平原的河流相沙体高出河床约15～20 m，从而造成滩地大片出露，为风力作用提供了丰富的沙源。强劲的偏北冬季风，沿长江河谷向南侵袭，刮过大片出露的河滩与湖滩，吹扬起滩地砂粒，落积在湖滨-山前地带与湖中基岩岛上。久而久之，形成了超覆于不同地层之上的沙山。

第二节　地貌野外调查基本方法

一、地貌调查基本方法

地貌调查法是研究地貌形态及其分布规律的一种手段，它具有明确的目的性，它为找矿、找水、防治自然灾害、改造自然环境以及国防建设等提供地貌依据和基础资料。

地貌调查主要调查区内地貌形态和分布规律，查明地貌与地质构造、岩性之间的关系，地貌发育与第四纪地质发展史和第四纪沉积物成因类型的关系，根据地貌发育阶段确定地貌年龄，地貌动态分析与制图及考古等方面的联系，从地貌标志分析可以确定新构造运动性质和幅度。

(一) 地貌调查的内容

地貌调查，主要着重于地貌形态分析、地形要素成因分析、现代地貌过程(动力)分析和实验研究等方面。

1. 地貌形态分析

地貌形态主要反映在形态特征(定性描述)、形态测量(定量描述)两个方面。

(1) 地貌形态特征观察和描述

观察时要对不同规模的形态特征分别进行描述。因为地貌形态(单元)有大有小，有简单也有复杂。如果所研究的形态仅是某些基本形态要素，如阶地面、阶地坡等，就应着重描述其几何形态、剖面特征、物质组成及其结构等。如果研究的形态是由多种地貌形态组成的规模巨大、类型复杂的形态组合，如山地、河谷、盆地和平原等，这些形态组合包括了很多地貌形态和地形要素。对于这类地貌形态组合，必须在宏观上从平面轮廓、地表起伏和空间分布等多方面加以比较、分析，找出它们的分布界限，并对各种形态特征分别进行描述。有选择、有重点地用摄影、素描和画剖面图等方法加以记录，附以简洁的文字叙述。同时要将各种地貌形态的空间分布界限圈定在地形图(或航片)上。

(2) 地貌形态测量

在野外观察时，除对地貌形态特征进行上述观察和描述，还要尽可能地直接测量其形态要素，主要测其长度、宽度、相对高度、坡度等，并用文字和图表予以记录。如阶地高出附近河流平水面以上多少米，低山丘陵高度(一般指海拔)等。

地面切割状况反映地貌发育程度和切割程度，主要通过切割深度和切割密度来确定。前者可以通过剖面来了解，即从地面起伏度来解决；后者可以从计算每平方千米面积上切割的总长度来表示，即以 m/km^2 计。

2. 地形要素成因分析

地貌成因是一个极为复杂的问题，并在不同时空里不断变化着。因此分析方法也应根据调查实情不断变更，采用不同手段进行多维分析。因为任何一种地形要素都是内外营力相互作用的结果，故在地貌调查中必须重视地貌成因分析，查明它的形成原因。为此必须进行地质背景(构造、岩性等)、地貌形态特征及其物质组成、地貌分布规律、地貌形态之间相互关系以及地貌组合、古地面变化等分析。

(1) 地貌成因的地质背景分析

地貌的形成无不与一定地质构造和岩性有着密切的关系。有的受构造运动影响,有的与岩性有关。例如许多谷地生成,常与构造带相适应,于是就有向斜谷、断层谷等;但也有某些谷段与构造不相适应,如先成河谷、叠置河谷等。一条河流经过不同的岩性区,因受差别侵蚀影响,在坚硬岩段出现阶梯或陡坎,松软岩段形成盆地或洼地。也有些河流顺沿软弱岩层发育,则形成次成河谷等。因此在考察中需仔细测量岭谷排列方向,并与区域构造和岩层走向进行对比,查明它们之间的因果关系。

(2) 地貌形态特征的成因分析

一定的地貌形态与特定的动力作用是分不开的。在调查中可以从地貌形态特征来判断其形成的动力作用。例如河流地貌与流水作用有关;地下河与洞穴的生成,既受流水冲蚀,又与水溶蚀作用相关;滑坡、崩塌等现象则与重力作用相联系;沙丘是由风力堆积;冰川地貌是冰蚀冰积作用的结果。这些直接与动力作用有明确关系的地貌形态,可以较快查明其成因。然而对于那些具有"多解性"的地貌形态,如果单从其形态特征来确定其动力作用或因果关系,有时会判断错误。在这种情况下要进行详细的形态组合及其空间分布规律的研究,必要时进行较大比例尺填图以及航片解释工作,否则很难说明其成因。

(3) 地貌物质组成的分析

对多种堆积地貌研究,除了研究其形态标志外,着重进行沉积物成因类型分析,虽然成因类型是一个复杂问题,但它能反映动力过程,确定成因机制,只有确定了物质组成的成因机制,才能确定地貌形态成因问题。如对不同性质阶地的划分,就是根据其组成物质成因类型来确定的。

但是有的地貌形态因受长期剥蚀,缺乏沉积物覆盖,在这种情况下,除认真研究形态特征外,要寻找其相关堆积物。如对古夷平面进行研究,就必须重视相关沉积的研究。研究相关沉积时,特别要重视研究其物质来源和年代。这样不仅可以判定是否为夷平面,而且还可确定夷平年代。

3. 现代地貌过程的分析

现代地貌过程是指现代地形的改造进程、强度以及改造的方向。即现代地貌发展趋向或过程,如水流的侵蚀与冲刷,岸坡的崩塌、滑坡,黄土中的塌陷现象等。对这些现代地貌过程必须详细观测地貌形态特征,确定其成因机制,测量各种形态数据。

(二) 地貌剖面研究方法

1. 谷地纵横剖面研究法

谷地成因类型及其与构造关系的确定,是谷地研究中应首先解决的重要问题。由于谷地所处构造单元和地区不同,其形态特征和成因类型亦各有别。谷地形成常与构造有关,如沿褶曲轴向延伸的谷地称为纵向谷,它包括向斜谷和单斜谷(即次成谷),还包括沿断裂带或断层线发育的谷地。横向谷指谷地横切褶曲轴向排列的谷地。横谷可分顺向谷(单面山的顺坡河谷)、逆向谷(单面山的逆坡河谷)等。还有斜切构造的斜向谷,它既不与褶曲轴向一致,又不横切褶曲轴,而是斜切地层走向发育的谷地。

不论谷地类型和成因如何,任何谷地的纵横剖面形态特征都是有所区别的。

2. 山地剖面研究法

(1) 分水岭

分水岭是由山脊线与山坡两部分所组成的,因此在调查中必须分析分水岭成因与山脊线形状,测量分水岭两侧山坡坡度,分析两坡后退快慢和分水岭移动方向与降低情况。

(2) 夷平面

它是准平原地面被抬升后遭受侵蚀的残余地面。现在大面积保存极少,表现为峰顶齐一,或由山脊恢复的平坦面,或为起伏不大的台状地面,亦可为宽厚的山岭,但它均为削平构造和各种岩层的地面,并有相关堆积层分布于邻近的凹陷区,夷平面上仅保存少量古代残丘或极少的古老砂砾石,且普遍发育了残积物和零星的矿砂点。

(3) 山坡

山坡位于分水岭两侧斜坡到坡麓,是山地主要组成部分。一般的山坡可分上、中、下三部分。不同的山区其形态特征是不一致的。在调查中必须垂直于层状地面进行考察,考察夷平面的形态特征、产状、相对高度、海拔、规模大小、分布规律等有关问题。

3. 典型地貌剖面研究法

(1) 阶地研究法

阶地是早期河床或河漫滩在海面下降、或陆地上升、或水动力改变影响下,河流下切的产物。它是高出洪水位以上,顺沿河谷分布的一级级平台。每级平台都由阶地面和阶地斜坡两个主要部分组成的。由于阶地形成要经过堆积与侵蚀两个阶段,两者的速度和幅度又有差异,因而形成不同类型的阶地(侵蚀、基座与堆积阶地)。在阶地调查时,应逐级系统地进行描述和形态测量,研究其形成时代(相对时代)、分布规律、保存和变形等。

(2) 冰川地貌研究法

冰川在运动中对地表和底床基岩进行侵蚀,并将侵蚀下来的物质搬运到不同部位堆积下来,形成各种堆积地形。在冰川侵蚀-堆积过程中塑造了多种冰川地貌或微形态,前者如冰斗、羊背石、冰川槽谷、粒雪盆等;冰川运动时在基岩表面留有磨光面、擦痕、颤痕、新月形裂口等,或在岩块和岩屑表面保留擦面、擦痕和磨光面等，这些微形态也有助于古冰川地貌遗迹的判别。

(3) 古河道研究法

古河道是水系变迁过程被遗弃的河流故道，如废黄河等。古河道分布地带，第四系地层比较发育，泥炭亦较丰富，有利于农业生产，特别在平原地带，古河道埋藏了丰富的地下水资源，因此对古河道的研究具有重要意义。对古河道调查除研究其中阶地和第四纪地层外，还应该注意分析以下问题：

1）古河道形状、规模、结构及其所处地貌部位和相对、绝对高度；

2）砾石排列方向及阶地或谷底变形情况；

3）离堆山的形状、高度及顶部残留冲积层的特点；

4）古河道形成与构造运动的关系。

4. 地貌综合剖面研究法

地貌综合剖面可以反映某一地区或某一典型地段的各种地貌及地貌组合的形态、物质组成、结构、构造、成因、时代及其相互之间的接触关系。此外还应把剖面线上缺少的某些地貌形态及其物质组构等，从剖面线以外地点平行推导到该剖面线上相应的位置来，以充实地貌综合剖面的内容。

地貌综合剖面是通过地貌调查资料编制而成的，多用于大比例尺制图，常放在地貌图图框外下方，或作为说明书中的插图。

二、第四纪地质调查方法

（一）第四纪地质调查内容

第四纪地质调查的内容很多，如第四纪时期的构造运动及其性质、幅度、主要标志和时代等；第四纪沉积物的岩性和成因类型及其地层划分和时代的确定；第四纪古气候和古环境的分析及其研究手段，以及第四纪气候、古生物演化、土壤发育、沉积韵律等影响；第四纪年代和分期、第四纪人类发展和文化遗迹等。本节主要着重对第四纪沉积物类型和划分、第四纪地质调查方法及第四纪地质图编制等内容加以讨论和说明。

（二）第四纪地质调查方法

1. 考虑路线及观察点的布置

(1) 考察路线的布置

第四纪地质考察路线应根据工作性质和精度要求合理布置，如 1∶5 万区域测量任务，要求路线的间距一般为 1 200～2 000 m 布置，每条路线观察点间距为 600～1 000 m，对特殊地段，如第四纪地层多变地段，点距则适当加密，以便能控制地层变化。但是线距和点距的疏密还要根据工作任务要求、工作区第四纪地质复杂程度和填图要求来确定。

考察路线选择的原则应以穿越法为主,即路线应尽量穿过工作区主要地貌单元和第四纪地层,以便能掌握全区第四纪地层分布规律及其与地貌单元之间的关系。为此,在河谷地区进行路线考察时,应沿河谷进行,了解谷地沿途的第四纪地层、新构造运动标志,以及它们与地貌之间的关系,辅以穿越分水岭至谷底的若干条辅助路线进行考察。在平原地区,由于河谷宽阔,河漫滩平原发育,如长江中下游平原区,应选择穿越主要河谷、古河床和分水岭高地的考察路线。在山麓地带,应在山口附近布置穿越平原和山地的路线,对两者交接地带进行重点观察。滨岸考察路线应与岸线垂直。岩溶区路线,除在主要河谷平原适当布置垂直于河谷的路线外,应横切大型岩溶洼地布线和观察地下溶洞的考察路线。对于特殊的地貌、第四纪地质现象,如风景点的地貌、第四纪地质现象、古冰川遗迹等,可另布置一定数量的追索路线,以便准确圈定。对于某些含砂矿沉积物分布区,也要布置专线考察,必要时布置浅井或人工揭露剖面工程。

(2) 观察点布置与观察的内容

a. 观察点布置

第四纪地质观察点,一般都选在第四纪地层露头良好、层次较全、层厚较大、分层明显、岩性特征较鲜明、沉积体形态清晰、分布较广,并具有代表意义的地点或剖面。但对那些在研究第四纪事件有一定意义、虽地层不全、厚度不大的露头或剖面,也要布置一些辅助观察点。以补充主要观察点或剖面的不足,使区内第四纪地质研究更充实、更完善。

b. 观测的内容

观测的内容包括地理位置、天气、标高、附近地貌类型(包括微形态)、剖面或点下部的基岩岩性、时代、产状和构造,第四纪地层特征、厚度、颜色、粒度、结构和构造、风化程度、胶结程度、地层命名、所含化石以及与基岩接触关系等。并测量剖面的长、宽、高和坡度,剖面方向以及其他变动情况等。

(3) 点面结合调查方法

路线填图中基本层序调查,一是调查基本层序消失、尖灭和变化,二是调查第四纪地层成因类型和分布规律,三是调查地层稳定性及标志层等,为 1/5 万填图提供基础资料。

点上研究应着重在地层韵律、旋回分析,表格式记录登记、描述其差异和变化,典型层序采样(矿物、粒度、生物化石、年代等)以及填制 1/5 万剖面块段第四纪地质图等。

2. 考察内容的观察、描述和记录

第四纪地质调查时,应充分利用各种天然露头(如沟壁、陡坎、陡崖、土坑)和人工露头(井、挖坑、挖方、地坎等)进行观察,尽可能控制人工露头数量(应根据规范和具体任务要求来定),但在厚层覆盖的平原或盆地区,地表极少露头时,要利用钻孔(包括机钻、手摇钻)、坑探、物探、电测等方法,查明地下第四纪地层和地面特征。

(1) 观察和描述

根据我国《区域地质调查总则》的规定,1/5 万区域调查中第四纪地质包括以下内容。

a. 内容观察

查明区域第四纪沉积物类型、地层厚度、物质组成、接触关系和分布范围;查明第四纪沉积物与地貌条件的关系。根据物质成分及其所处的地貌部位,划分地层单位,建立地层层序;调查第四纪地层可能赋存的砂矿、古风化壳、古土壤和古文化层,研究各类第四纪沉积物形成时代及其年代地层单位的对应关系等。根据这些内容,在调查中必须作下列描述。

b. 内容描述

1) 第四纪地层分层描述。在调查中把观察的地层按宏观和细微特征描述其厚度、产状、颜色、成分、结构和构造、层理、交错层、凸镜体、粒度、接触关系、剥蚀状况等,特别对地层中有重要研究价值的现象,如地层中出现冰碛层、纹泥、融冻褶曲、泥炭化石层、火山灰层、人类活动遗迹(石器、灰烬层、遗址残迹等)、海相或陆相(海相沉积中)夹层、含矿层、含水层等,一定要详细描述,并将它们记录下来。

2) 分层测量。对第四纪地层要进行各种数据的测量和统计。如对砾石层中的砾石要测其大小、倾角、倾向,统计测量的数据,描述砾石表面特征及砾石外形,砾石分布的部位等。对地层中发现的化石和石器,要统计它们的件数,描述各件特点,鉴定它们的类别和可能的科属种及石器时代等。

3) 矿层描述。发现地层中含有砂矿层要描述其分布部位、层位、与底床关系,矿层厚度、富集情况,矿层时代以及矿层围岩特征等。如果能达到开采要求,则将进一步详查。

(2) 记录

a. 记录基本要求

1) 客观性。野外原始记录属第一手材料,必须做到客观地反映所观察的现象,不能任意取舍。

2) 准确性。记录一定要准确,能定量的尽可能定量,定性描述要使用统一的理论、概念和术语体系。

3) 完整性。不仅总体内容要完整,单项内容也要完整。

4) 连续性。经过的每条路线沿途全部内容都应该记录下来,决不能只记观察点的内容,忽视沿途现象。考察记录最终目的是为综合分析、研究服务的,因此记录要保持简明、清晰,便于查阅、参考和长期保存。

b. 记录格式

1）表格化。为了使考察记录更完备、更简练,可以采用表格化记录格式。表格化的记录易于室内查阅、整理,便于系统提取某项信息。

除了表格外,还要编制一套图示和图例。

2）摄影、素描与目测

摄影。在考察中常常对各种地形要素、第四纪地质剖面,除直接观察外,摄影可将形态特征摄取下来。因为摄影能真实地反映所观察的地形形态和剖面特征,它最客观地反映了全部客体,正因如此,它不能区分客体主要和次要内容,只起充当插图的作用。也正因背景主次不分,许多地貌形态和第四纪地质现象失真,所以须加素描。

素描。透视素描是分析和观察地貌或剖面的最有效方法之一。只要描绘者登高眺望,就可以把广阔的地景绘于一幅素描图上。素描图可作报告中的插图,它把考察区主要地形轮廓、地貌概况(如谷地、分水岭、夷平面、峰顶、鞍状山脊、冰川地形或岩溶地貌、风沙地貌或海岸侵蚀形态),乃至阶地和更小的微型态以及地貌与构造关系,第四纪地质某些现象等全部反映出来。

目测。对少数特殊的或不了解的地形形体进行目测,以便查明它们的成因和编录。对于某些堆积地形,如冲积锥、滑坡、泥石流、沙丘、吹蚀洼地、终碛垄、冰斗、喀斯特漏斗等中起伏或微起伏的地形,多半采用大比例尺目视测量。如果有大比例尺的航片,可以不用目测办法,因为航片比目测更准确。

(三) 第四纪地质剖面图的测制方法

第四纪地质剖面图的测制,也是野外调查收集资料的一个重要手段。它直观而清晰地把第四纪地质主要内容,如第四纪地层剖面特征及其变化规律等,通过图面形式全面地反映出来,以减少冗长的文字叙述,补充文字叙述之不足,故常纳入正式报告,作为插图或附图。

在报告或论著中经常见到的第四纪地质图有实测剖面图、信手剖面图、柱状剖面图、综合示意剖面图和素描剖面图等。

(1) 实测剖面图

在野外调查中,发现区内有代表性的、第四纪地层连续出露的、厚度较大并含有区域对比的化石等特点的剖面,应进行详细的实测工作。实测剖面的实测方法和内容如下:

① 露头剖面选好后,确定剖面方向,如 NE300°或 SW600°等。

② 选定适当比例尺,一般来说垂直比例尺大于水平比例尺,以满足各分层需要为原则。

③ 按选定的方向和比例尺勾绘地形轮廓,使地形高低起伏基本与实地相符。

④ 将各分层界线按层次厚薄标在剖面图上。

⑤ 按通用的花纹符号或代号，标明地层或分层的岩性、产状、成因、构造和时代，其中岩性一般用花纹符号表示，成因和时代则用文字代号表示。同时还要标出地层产状、化石和文化遗物产出的部位。

⑥ 标出图名、比例尺（垂直比例尺和水平比例尺）、图例、方向和剖面所在的地貌单元（部位）的成因名称（如河流阶地）。

⑦ 剖面图应当表示基岩地质、第四纪地质和地貌三方面内容，如果第四纪地层是薄层，按比例尺不易表示其详细构造、结构特征或局部特征很难分清时，可将剖面中局部层次或局部构造现象放大比例尺，另作辅助图附在实测剖面图的适当部位，以做补充说明。

（2）信手剖面图

信手剖面图是指在调查中由于时间紧、剖面内容又不完备，为了收集原始资料，作为划分地层、查明地层接触关系以及堆积物和地貌相关关系等的参考，在实地用步测距离、目测剖面高度和各层厚度所绘制的第四纪地质剖面图。其绘制的方法和内容与实测剖面图相同，只以观察所得随手勾画而成，其精度较差，仅能突出重点轮廓，如果结论正确，信手图也可作为正式报告的插图。

思考题

1. 庐山作为断块山有何特征？
2. 庐山北部岭谷相间的地形是怎样形成的？
3. 如何分析王家坡谷地地貌的成因？
4. 试述庐山的山间河谷形态特征及其成因。
5. 试述庐山的河谷水系空间演化特征。
6. 如何分析剪刀峡断裂的存在？
7. 举例说明河流袭夺的地貌表现。
8. 分析庐山边界断裂的地貌表现。
9. 分析鄱阳湖湖滨沙山地貌的成因。
10. 分析芦林湖的成因。
11. 分析现代坡地地貌的发育特征，如何防治滑坡地貌灾害？
12. 分析谷中谷和新构造运动的关系。
13. 分析鄱阳湖湖滨地貌的特征及其演化规律。
14. 简述鄱阳湖的形成过程。
15. 举例说明裂点的分类和成因。
16. 从地质地貌角度分析庐山自然景观的成因。

第五章　气象学与气候学野外实习

地球是太阳系中的一个行星，太阳辐射是地球最重要的热量来源。由于万有引力作用，地球周围聚集着一个气体圈层，构成了大气圈。人类就生活在大气圈底部的“下垫面”上。大气圈是地理环境的重要组成部分，太阳辐射需要经过大气圈到达地球表面。大气圈中所发生的一切物理、化学现象和过程，除受制于大气本身的性质外，都直接或间接地与太阳辐射和下垫面有关。因此，气象学可以被定义为研究大气现象和过程，探讨其演变规律和变化，并直接或间接地用于指导生产实践、为人类服务的科学。气象侧重于瞬间或短时间内气象要素（风、温度、湿度、气压等）和天气现象（雾、云、降雨等）综合显示的大气状况，即口头所说的天气。其主要研究方法有四种：观测、理论、数值模拟与实验研究。

气候是指由太阳辐射、大气环流、地面性质等因素及其相互作用共同决定的多年（≥30a）大气平均状态或统计状态特征的概括，是某地区多年常见的和特有的天气状况的综合。气候学是研究气候特征、形成、分布和演变规律，以及气候与其他自然因子和人类活动关系的学科。它既是大气科学的一个分支，也是地理学的一个组成部分。气候是人类生活和生产活动的重要环境条件。人类最初只能适应气候，随着科学技术的进步，人类已逐步掌握气候的分布和变化规律，在合理利用气候资源、有效防御气象灾害等方面取得了很多成就。目前，气候学的研究也有了长足发展，并形成了物理气候学、天气气候学、综合气候学、应用气候学、卫星气候学、年轮气候学等分支学科。

第一节　庐山地区气象气候基本概况

我国位于亚欧大陆东部、太平洋西岸，海陆热力性质差异显著。夏季亚欧大陆低压连成一片，东南季风从北太平洋副热带高压西伸北进，带来丰沛的降水；冬季强大的蒙古高压散发出来的西北季风，寒冷干燥。因风向切变符合季风条件，故为典型的季风气候。庐山地区地处我国中东部，属亚热带湿润季风气候。受太阳辐射（纬度地带性）、下垫面（海陆分布、地形）、大气环流和气象系统（大气圈）的影响，庐山地区具有多种气候类型。在大气候背景下，庐山地区基带属典型的东亚季风气候下的中亚热带季风气候。考虑大范围地形因素，具有平原气候特征。受山地地形影响，又有明显的非地带性规律，即形成了庐山山地气候、谷地气候等局部小气候，其中山地气候又包括山地北亚热带、山地暖温带和山地温带气候。考虑同纬度庐山山下城市（九江市、庐山市）的影响，又具有城市气候。受大面积水体（鄱阳湖）的影响，又呈现水域气候特征。

简单地说，庐山气候类型可以简称为“一带七种”。“一带”是指基带，即大范围上的东亚季风气候带，“七种”是指中亚热带气候、平原气候、城市气候、水域气候、山地气候、谷地气候、局部小气候。它们具有明显不同的气候现象和气候特征，共同组成了庐山地区相对丰富的气候资源。实习内容主要包括三个方面，即庐山地区气象学与气候学基本特征、气象学与气候学实习基本内容、庐山地区典型气候类型与分析。

一、纬度气候带与山地垂直气候带分布规律

地球是一个球体，其接受太阳辐射的时空分布受地理纬度制约。同一纬度的天文辐射日总量、季总量、年总量都相同。即太阳辐射总量具有与纬线圈平行、呈带状分布的特点，这是形成气候带的主要原因，又称纬度气候带，或水平/天文气候带。根据太阳天文辐射的空间分布，通常可把地球上划分为 7 个纬度气候带，即赤道带、热带、副热带、温带、副寒带、寒带和极地带（图 5－1）。

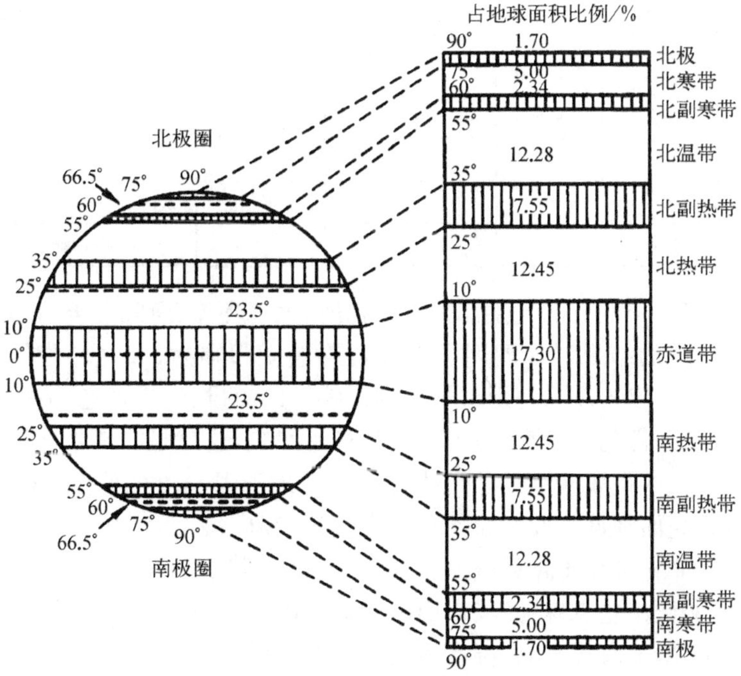

图 5－1　地球气候带划分（伍光和等，2000）

我国自南向北，气候带跨越赤道带、热带、亚热带、温带和寒带，以及山区高寒气候带。由于地形错综复杂，地势相差悬殊，致使我国气候类型多种多样，气候带的划分非常困难。气候学家对于我国气候带的划分进行了大量的研究工作。1959年中国科学院自然区划工作委员会把全国划分为东部季风区、西北干旱区、青藏高寒区三个大区。又根据温度指标，把我国东部地区划分为赤道带、热带、亚热带、暖温带、温带、寒温带6个气候带。《中华人民共和国气候图集》(1979)将中国东部地区划分成南、中、北热带，南、中、北亚热带和南、中、北温带9个气候带。

我国通常采用积温划分温度带。积温是指作物生育期内某种指标温度持续期的逐日平均温度总和。在各种积温(0℃、3℃、5℃、10℃、15℃)中，使用最广泛的是日平均温度≥10℃稳定期的积温。基于积温和积温持续日数，参照自然景观和作物分布情况，把全国划分为6个温度带和青藏高原区。其中，亚热带气候带，因南北跨越10个纬度，覆盖范围广，自然生态环境变幅较大，据生物气候特征又细分为三个亚带，即北亚热带、中亚热带、南亚热带(表5-1)。

表5-1　我国东部地区气候带、积温及主要特征

温度带	≥10℃积温	亚温度带	≥10℃积温	作物熟制	范　围
寒温带	<1 700℃			一年一熟	黑龙江北部、内蒙古东北部
中温带	1 700～3 200℃			一年一熟	东北、内蒙古、新疆北部
暖温带	3 200～4 500℃	两年三熟或一年两熟			黄河中下游、新疆南部
亚热带	4 500～8 000℃	北亚热带	4 500～5 000℃	一年两熟或一年三熟	秦岭—淮河以南，青藏高原以东
		中亚热带	5 000～6 000℃		
		南亚热带	6 000～8 000℃		
热带	8 000～9 000℃			一年三熟	云南、广东、台湾的南部和广西
赤道带	>9 000℃				南海南部海域

当然，任何一个地方的气候都是太阳辐射、大气环流、海陆差异、地理因子等多种因素综合作用的结果。地理因子是通过影响太阳辐射、大气环流作用于气候。在庐山地区，则突出表现为地形对气候的影响。即海拔、地表形态、方位(坡向和坡角)等影响水热条件的再分配，从而对气候产生影响，这就是非地带性规律。

山地垂直气候带属典型的非地带性规律。地形对温度的影响，主要表现在气温随着海拔升高而降低。在对流层自由大气里，高度每上升100 m，气温平均下降0.6℃，这一规律被称为气温直减率。高大山体阻碍气流运行，不利于寒潮或热浪推进，使山地两侧温差悬殊，尤其以山体南坡与山体北坡温差最为明显。高耸的山体从山麓到山顶，随海拔升高，温度和气压逐渐降低，风速和太阳辐射逐渐加强，降水量一般先逐渐增加随后又趋减少。这些因素的综合作用，使生物群落和土壤自下而上沿着环境梯度连续发生变化，出现了不同植被或生态系统随海拔升高而呈带状依次分布的规律，叫垂直地带性。

每个山地的各个垂直带由下而上，按一定顺序排列形成的垂直带系列叫山地垂直带结构或垂直带谱。不同山地由于所处经度或纬度位置不同，环境差异明显，所以位于不同自然地带的山地具有不同的垂直带谱。山地海拔不同，其垂直带谱也不同。一般来说，由低纬到高纬，山地垂直带的数目逐渐减少；在北半球，同一垂直带的分布高度，南坡略高于北坡。

二、庐山地区主要气候类型与气象特征

划分气候带主要的参考标准是热量指标。庐山地区的基带位于我国中纬度中亚热带东部湿润型季风气候区域。冬半年主要受西伯利亚冷高压影响，以干冷的偏北风为主；夏半年则受亚洲低压和太平洋副热带高压的双重影响，以暖湿的偏南为主。大气环流在一年中随东亚季风变化而转换明显，气候亦随之而变，表现为：冬季气温低、降水少；夏季气温高、降水多。

庐山自山麓至山顶，随山地高度不断增加，各气候要素垂直变化非常明显，形成了东亚湿润季风气候控制下由中亚热带气候向山地北亚热带、山地暖温带、山地温带逐步过渡的气候特征（图 5－2）。在山地上部海拔 1 000 m 左右的牯岭镇，属

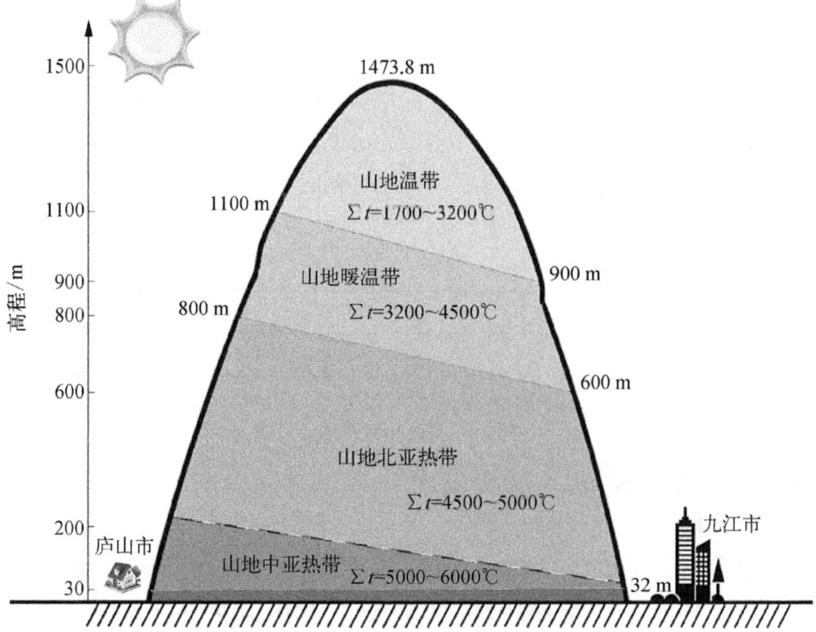

图 5－2　庐山山地垂直气候带

山地暖温带气候控制区，是以旅游为主体的人类活动中心区。按表 5－1 所示标准，位于庐山山体东南山麓的庐山市(原星子县)≥10℃积温为 5 450.6℃，西北山麓的九江市≥10℃积温为 5 399.8℃，均属中亚热带气候带。依次向上，则分别为山地北亚热带、山地暖温带、山地温带，并发育有对应的土壤类型、植被类型和植物群落。

太阳辐射是地表热能主要来源，是形成气候的主要因素。而海陆差异、海拔、大气环流亦对一个地区气候的形成起至关重要的作用。本次实习主要从热量(太阳辐射、大气温度)、水分(降水、蒸发、云雾)、大气环流(风向、风速)3 个方面来分析庐山地区的气候特征(表 5－2)。

表 5－2　庐山地区与北京市的气象气候特征指标

		庐山市	九江市	庐山牯岭镇	北京市
高程/m		37.1	32.2	1 165	43.5
纬度(N)		29°28′	29°45′	29°35′	39°56′
温度带		中亚热带	中亚热带	山地暖温带	暖温带
太阳辐射/[kJ/(cm²·a)]		444～477	428～477	460～586	470～571
年均日照时数/h		1 931.7	1 875.0	1 623.9	2 778.7
气温/℃	多年年均气温	17.57	17.58	11.91	11.6
	多年最冷月气温	4.9	4.8	0.5	−4～−5
	多年最热月气温	29.1	29.6	22.5	26
	气温年较差	24.2	24.8	22.0	30～32
	积温($\sum t$)	5 450.6	5 399.8	3 295.2	3 813.4
多年平均降雨量/mm		1 463.0	1 446.2	1 991.6	640
多年蒸发量/mm		1 781.3	1 502.6	1 017.8	—
降雨天数/d		—	148	190.4	46
云雾天/d		4.2	8	196.9	—
风	年均风速/(m/s)	3.8	3.9	5.4	2.3
	≥8 级大风天/d	13.1	45.3	120.8	13

多年气象气候资料数据时段：庐山牯岭气温、降水时段为 1955～2018 年，蒸发时段为 1955～2013 年；庐山市、九江市的所有数据时段均为 1981～2010 年；北京市数据来自百度、文献等。

1. 热量：太阳辐射、大气温度

(1) 太阳辐射

国家气象台站多年统计资料显示，江西、湖南一带多年平均太阳辐射总量为 418～502 kJ/(cm²/a)。其中，鄱阳湖地区(包括庐山市)为 444～477 kJ/(cm²/a)，九江市为 428～477 kJ/(cm²/a)，庐山牯岭为 460～586 kJ/(cm²/a)。庐山山下的平原区域，山南（庐山市）获得的太阳辐射总量大于山北（九江市），庐山山体上部的太阳辐射总量高于山下，为三者最多，符合太阳辐射热能变化的常规规律。即一般来说，太阳辐射总量随着海拔的增加呈上升趋势。当地天气状况变化（多云雾）时，会破坏太阳辐射总量随海拔增加而上升的变化规律。

（2）气温

1）受海拔影响，大气层持热能力有所变化，山顶与山麓的气温变化特征明显。

一般来说，随海拔增加，大气密度减小，空气洁净度增加，单位体积空气中持有大气长波辐射的物质减少，导致大气层持热能力降低。因此大气温度逐渐降低，出现山体上的气温垂直递减变化。即在湿度较大的区域，海拔每升高 100 m，气温下降约 0.6℃。需要注意的是，气温垂直递减率因季节、天气、高度差异等而不同，变化范围在 0.4～0.9。一般来说，气温垂直递减率夏季大于冬季，晴天大于阴天，凝结高度以下大于凝结高度以上。山地受不同地形部位影响，经常出现与常规理论不同的变化现象。如在半山亭，气温垂直递减率在凝结高度以下小于凝结高度以上。

气象台站气温观测资料显示（表 5-3），冬季，我国大部分地区常受亚洲高压冷气流影响，气温较低，山体上部更是如此。庐山牯岭（1 月）多年平均气温比山下同纬度地区约低 4.5℃，庐山西北坡麓的九江市（4.8℃）比东南坡的庐山市（4.9℃）低 0.1℃。而位于庐山山麓带不同方向的九江市、庐山市，7 月平均气温九江市（29.6℃）比庐山市（29.1℃）高 0.5℃。

夏季，受南方暖湿气流影响，我国普遍进入雨热同期。尤其 7～8 月太平洋副热带高压加强西伸后，处于副高中心地带的长江流域出现酷暑天气。山下的长江河谷、盆地地区因空气密度大，相对湿度高，空气不易发生对流，更是异常闷热。此时牯岭（7 月）平均气温比山下同纬度平原约低 7℃。夏季最热月最高温，山下九江市、庐山市分别可达 40.9℃、38.9℃，庐山牯岭仅为 31.8℃，山上比山下约低 8℃。

2）山体不同高度的积温随海拔升高而变化，形成了从基带中亚热带到山地北亚热带、山地暖温带、山地温带的山地垂直气候带谱。

不同大气层的气温随高度的变化而变化，具有一定的规律性。根据气温直减率，庐山牯岭海拔为 1 165 m，多年年平均气温 11.91℃，比山下的九江市（17.58℃）、庐山市（17.57℃）约低 4℃（表 5-2）。夏季山上山下的温差基本符合随海拔升高气温呈递减变化的规律，而冬季温度表现不明。从而导致全年平均温差并不太符合气温垂直递减率。

庐山牯岭多年年平均气温 11.91℃，纬度为 29°35′N，与北京（39°56′N，平均海拔 43.5 m）年平均气温 11.6℃基本一致。这相当于将庐山牯岭的水平纬度带向北推移了 10 个纬度（水平距离北推 1 110 km）。北京的气候为暖温带气候带。这表明庐山在山麓基带-中亚热带气候带上，随海拔增高在北坡 800～1 100 m 范围出现

表 5-3 庐山牯岭、九江市、庐山市累年平均气温、降水、蒸发资料

站名	纬度	海拔/m	1月/℃	2月/℃	3月/℃	4月/℃	5月/℃	6月/℃	7月/℃	8月/℃	9月/℃	10月/℃	11月/℃	12月/℃	年平均/℃	年较差/℃	年总量/mm
庐山牯岭	29°35′N	1 165.0	T-0.5 P-68.8 E-40.6	2.2 98.0 41.6	6 157.8 59.3	11.9 215.9 86.5	16.4 262.7 101.8	19.6 298.2 104.6	22.5 233.7 143.1	21.7 257.7 117.7	17.9 155.3 96.8	13.1 102.4 89.3	8.1 85.4 68.2	3.0 56.2 54.2	11.91	22.0	P-1 991.6 E-999.18
九江市	29°45′N	32.2	T-4.8 P-73.1 E-46	7 92.2 56	11 139.1 73.3	17.3 177.2 106.9	22.6 186 156.1	25.9 223.4 156	29.6 154.8 222	28.7 125.4 204.1	24.6 71.5 158.9	19.2 84.5 117	13 74.4 76	7.2 44.6 61.1	17.58	24.8	P-1 446.2 E-1 433.4
庐山市	29°28′N	37.1	T-4.9 P-64.2 E-65.6	7.2 83 73.3	11 131 91.1	17.2 190.8 121.1	22.4 206.5 157.7	25.6 239.1 155.7	29.1 164.9 211.3	28.7 149.4 226.1	24.9 70.7 202.8	19.5 64.6 167.4	13.1 64 107.5	7.2 34.8 84.6	17.57	24.2	P-1 463.0 E-1 664.2

注：① 气温(T)、降水(P)、蒸发(E)

	庐山牯岭	九江市	庐山市
② 历年极端最高气温/℃	31.8	40.9	38.9
历年极端最低气温/℃	−16.7	−5.9	−9.5

③ 庐山牯岭多年气象气候资料数据时段为1955～2018年；庐山市、九江市数据时段为1981～2010年。

了山地暖温带气候带(牯岭 $\sum t \geqslant 10℃$ 为 3 290℃)。此垂直气候带各自所占面积中,中、北亚热带面积最大,山地暖温带次之,山地温带最小。

3) 城市气候(热岛效应)、山体焚风效应、水域气候(鄱阳湖水域调节)、长江河谷地形等多因素影响,在庐山山麓平原地带形成了复杂多样的气候类型。

表 5-2 可知,以九江市、庐山市为例,7 月平均气温九江市(29.6℃)比庐山市(29.1℃)高 0.5℃,1 月平均气温九江市(4.8℃)比庐山市(4.9℃)仅低 0.1℃,这是城市热岛效应、地形、水域调节和人为因素共同作用所致。即:盛夏季节,九江市位于庐山背风坡,城市热岛效应、焚风效应现象显著,又因处长江河谷,散热缓慢,会进一步增加炎热程度。庐山市处于迎风坡又位于宽阔的鄱阳湖水域边,气温受水体调节明显;隆冬季节,庐山市旁鄱阳湖水域的调节作用对沿岸气温稍有提升。

夏季来临时,庐山牯岭的气温受气温直减率影响出现规律性变化,山地上部的地形利于散热,使其成为山下广大平原地区的凉岛和避暑中心。山下九江市,受城市热岛效应、焚风效应(夏季东南暖湿气流背风坡)和长江河谷散热缓慢等共同作用,增加了夏季的炎热程度。山下庐山市,虽处在夏季迎风坡,但气温受宽阔鄱阳湖水域的水体调节作用,充足的水汽供给消耗了一定潜在热能,气温增高现象没有九江市明显。

上述情况表明山地地形对辐射、气温影响较大。山上太阳辐射、气温变化较山下平原复杂;山下平原地区,山南、山北太阳辐射变化不大,但不同下垫面会影响到局部气温差异。而辐射、气温变化的共同作用,对庐山山地气候、自然生态系统、生态环境起着重要影响。

2. 水分指标:降水、蒸发、云雾

(1) 降水

庐山地区降雨量丰富,以锋面雨、地形雨为主。每年 4～9 月是庐山地区的雨季。降雨类型为华南、江淮两个准静止锋控制下的锋面雨。另外,来自山下的湿热水汽沿地形抬升,抬升过程中气温下降,湿热水汽凝结,易形成地形雨。山地降水的垂直分布规律:在一定高度范围内,在山地迎风坡有随海拔升高而递增的趋势,达最大降水高度后又随海拔增高而递减;山地背风坡,随海拔降低出现降水骤减和焚风效应。因此,一般情况下山上的降水比山下多,迎风坡降水比背风坡多。

庐山牯岭多年平均降水量 1 991.6 mm,1974 年曾达 3 034 mm(表 5-3),月降雨量最大值出现在 1975 年 8 月,达 1 100.1 mm。其中,4～6 月受静止锋天气影响时各月的降雨量在 200～300 mm,总降水量为 776.55 mm,占全年总降雨量的 39.0%。夏半年丰水期(4～9 月)的降水总量为 1 423.42 mm,占全年总量的 71%。冬半年枯水期(10 月至次年 3 月)的降水总量为 568.20 mm,占全年总量的 29%。

九江市的年降雨量为 1 446.2 mm,庐山市为 1 463.0 mm。两地多年平均降水量约 1 455 mm，较山上约少 500 mm。其中，受 4～6 月静止锋天气影响的三个月降水总量超 600 mm，约占年总量的 42.9%。而夏半年丰水期(4～9 月)的降水总量为 950 mm，占全年总量的 67.9%；冬半年枯水期(10 月至次年 3 月)的降水总量为 400 mm，仅占全年总量的 32.1%。此外，庐山牯岭≥0.1 mm 降雨日的多年平均值为 167.7 天，比山下九江市、庐山市两地的 138 天多 30 天。

(2) 蒸发

庐山地区的下垫面性质不同是造成水分收入、支出差异的主导因素。由表 5－3 可知，气温、降水(水分收入)、蒸发(水分支出)三个因素密切相关，气温是决定降水量、蒸发量并反映水分收、支状况差异的主要影响因素。

受地形因素影响，山上、山下降水量与蒸发量存在一定差异。庐山牯岭海拔高，降水量大，气温低，年蒸发量比降水量少近 1 000 mm。全年各月除 10 月份收支平衡外，其余各月水量均有盈余，表现为气候较湿润。相对湿度全年均值为 78%，较山下九江市(75%)、庐山市(77%)高一些。山下海拔低，气温高，降水量不如山上多。九江市、庐山市两地蒸发量为 1 433.4 mm、1 664.2 mm，分别比降水少 12.8 mm、多 201.2 mm。全年中，2～6 月水分有盈余，其余各月水分稍有不足。尤其 7、8 月，梅雨季后副热带高压控制长江中下游一带，进入伏旱连秋旱的高温季节，蒸发量明显大于降水量，出现季节性干旱。而位于庐山南坡的庐山市受鄱阳湖水域调节，虽蒸发量比九江市大，但空气中水汽含量高，消耗了一定的潜在热能，使全年平均气温与九江市相差仅为 0.1℃，但降水量小于九江市。

山地降水的垂直分布，一般在迎风坡一定高度范围内有随海拔升高而递增趋势，达最大降水高度后又随海拔增高而递减。最大降水量所在的高度(最大降水高度)主要取决于空气中水汽含量、气流运动和露点温度等条件。庐山属隆起于平原之上的断块山，山下鄱阳湖水域和长江水系均为它提供了良好的水汽来源，但主要水汽仍是来自印度洋上空的暖湿气流，所以山地的谷地开口处，如王家坡、剪刀峡、锦绣谷、三叠泉峡谷，含鄱口等垭口处，为潮湿气流抬升通道，在一定高度内很快凝结产生降水。庐山植物园资料表明，在庐山南坡方向的含鄱口一带的降水量最大，最大降水高度约为 1 300 m。

气温随地形的变化也会导致庐山山上、山下降水量与蒸发量间存在一定的差异。庐山牯岭海拔高，气温低，露点温度低，水汽饱和点亦低，更有利于水汽凝结产生降水。因此，庐山山地上部海拔约 1 000 m 左右的牯岭镇，年降水量与年蒸发量间的水分收、支现状是：全年各月除 10 月份收、支平衡外(降水量与蒸发量基本平衡)，其余各月均有盈余，即降水量多于蒸发量，表现为较湿润的山地气候特征。如相对湿度，庐山牯岭多年年平均为 78%，分别比九江市(75%)、庐山市(77%)高 3 个和 1 个百分点(表 5－4)。因此，建设水库既可储存大气降水，又为庐山旅游业发展提供水资源保障。

表 5-4　庐山牯岭、庐山市、九江市各月平均相对湿度(%)

站　名	1月	2月	3月	4月	5月	6月	7月	8月	9月	10月	11月	12月	全年
牯　岭	67	74	79	83	81	82	83	81	82	77	75	70	78
九江市	70	72	78	81	80	81	79	75	71	70	73	74	75
庐山市	72	75	79	81	79	80	75	75	75	75	76	76	77

在山地背风坡，随海拔降低出现降水骤减和焚风效应现象，在庐山山麓九江市和鄱阳湖一带表现明显。冬季，位于庐山西北向山麓的九江市虽为迎风坡，但受冬季东亚季风寒冷气流的影响，水汽含量低于夏季，降水量较小，加之城市热岛效应、长江河谷作用，1 月的月降水量与蒸发量基本相当。位于庐山东南坡麓的庐山市地处背风坡，虽有鄱阳湖水域的大量水汽供给，但猛烈的偏北风带来更高的蒸发效应，导致 1 月的月降水量小于月蒸发量。7 月，九江市、庐山市在背风坡的位置与冬季相反，虽雨热同季，但蒸发旺盛，两地蒸发量均比降水量多。由此造成庐山不同坡向山麓带均出现季节性干旱。尤其是庐山市，全年中除 3～6 月的月蒸发量小于降水量外，其余各月月蒸发量均大于月降水量；其中，8～9 月的月蒸发量比月降水量多 140 mm，导致庐山市形成了与其所在的中亚热带基带不相吻合的沙漠化气候生态景观。

(3) 云雾

庐山因海拔升高导致气温偏低，更有利于水汽凝结，所以在有利地形的配合下，在庐山山地的中部、上部可形成壮观的云海和云雾。多云雾天气是庐山一大特色。牯岭每年有雾日达 196.9 d，最高年份(1961)达到 221 d。尤其在 3～5 月，平均有雾日可达 19.9 d，即使在有雾日最少的 7 月，平均有雾日也有 12.4 d。与九江市、庐山市分别只有 8 d 和 4 d 形成鲜明的对比。有时庐山上浓雾的能见距离只有 5～10 m，庐山云雾线高度通常位于海拔 700～800 m，年平均相对湿度达 78%，4～9 月则超过 81%。

由于相对湿度大，山谷地形相对封闭，蒸发水汽不易扩散，上升气流往往凝结形成云雾。当云雾天气在庐山出现时，在云雾线以下的山下平原地区，便出现阴天或下雨天气。而 1 000 m 以上的庐山耸立于云雾、云层之上，游览者可在此时看到波浪翻滚的云海奇观。当潮湿气流越过山岭后，有时因运动速度快，云雾会随气流沿斜坡迅猛下滑而形成云瀑布。庐山上观赏云海最佳之地为山地垭口处的上部地带，如喇嘛塔、仙人洞、含鄱口等处。因气温气流变化亦会形成云雾、云海、降水。

又由于山地上部空气密度小，空气与地面热交换过程快，早晚更显凉爽。庐山有利的气候资源形成的宜人天气和气候，给长江中下游等炎热地区酷热难当的人们提供了良好的避暑、疗养、休闲旅游的气候环境。在每年初秋的庐山气候实习中，通过各项气候要素的现场观测值和已有的气象台站观测值及相应的湿度查算、图表绘制结果，均能看出庐山地区(山上、山下)的温度和水分差异。

总之,庐山地区在以地形因素变化为主的多种因素综合影响下,表现出气温、降水、蒸发三者间的相辅相成和相互影响,以及水分收入与支出间的差异化特征。同时在不同下垫面作用下亦形成了各种天气现象,使庐山增加了在原有自然旅游资源上叠加的新旅游景观,为庐山增添了气候自然要素在自然地理实习中的可观性、知识性与趣味性。

3. 大气环流:风向、风速

(1) 风向

风在一定程度上表征了大气环流的运动状态。庐山地区受东亚季风大范围气流活动影响,盛行风向随季节的转换十分明显,但山上、山下有较大差别。

从庐山牯岭、九江市、庐山市的风向频率(表 5-5) 可知,庐山上部冬季以偏北风为主,夏季以偏南风为主,风向变化超过 120°。九江市、庐山市在东亚季风大气候控制下,总体上与庐山上部的冬、夏季节风向基本特征一致。说明东亚季风的冬、夏大气环流方式,是控制庐山地区风向、风速大小的主要因素。

表 5-5 庐山牯岭、九江市、庐山市累年各月最多风向及频率(%)

站名	1月	2月	3月	4月	5月	6月	7月	8月	9月	10月	11月	12月	年最多风向及频率
庐山牯岭	NNE 16	NNE 14	NNE 12	S 17	S 13	S 16	S 28	S 17	NNE 17	NNE 17	NNE 16	NNE 13	S 1
九江市	NE 21	NE 25	NE 26	NE 20	C NE 18 16	C NE 21 12	C SE 21 11	C NE 19 17	NNE 27	NNE 23	NE 24	NE 22	NE 20
庐山市	NE 33	NNE 38	NNE 32	NNE 26	NNE 22	C NNE 16 14	SSW 19	NNE 23	NE 40	NNE 40	NNE 34	NNE 33	NNE 29

九江市、庐山市实测资料显示(表 5-5),两地全年除 7 月份盛行偏南风外,其余各月多以偏北风为主,此种非常规现象与地形变化密切相关。庐山山体呈北东-南西走向,北面是北东向的长江河谷。长江河谷在九江市附近由西北向转折成东北向,于是九江市以下长江河谷段走向与庐山山体走向(NE)基本一致,沿长江河谷走向的运动气流则顺应地形变化,在庐山市长年以 NNE、NE 风向为主,九江以 NE 风向为主。

(2) 风速

平原之上突兀隆起的庐山山地,使运动气流遇山作动力抬升,又因山上近地表摩擦力小于山下、气流流线较山下密集,造成牯岭大风天和风速分别比山下的九江市、庐山市多和大。据国家设定的庐山牯岭、九江市、庐山市三气象台站统计资料(表 5-5、表 5-6)显示,≥8 级大风日数,庐山多年平均为 120.8 天,分别是山下九江市(45.3 天)、庐山市(13.1 天)的 2.7 和 9.2 倍。多年平均风速:牯岭 5.4 m/s,比九江市(2.7 m/s)、庐山市(3.9 m/s)分别大 2.7 m/s 和 1.5 m/s。而庐山市位于鄱阳湖边，北东向瓶颈状地形的影响，产生狭管效应，广阔水域对运动气流的阻力减小，气流得以加速，因而庐山市各月平均风速都高于九江市。

表 5-6　庐山牯岭、九江市、庐山市各月平均风速(m/s)比较

站　名	1月	2月	3月	4月	5月	6月	7月	8月	9月	10月	11月	12月	全年
牯　岭	4.7	5.7	5.8	6.2	4.9	4.5	6.0	5.1	6.1	5.4	5.5	4.5	5.4
庐山市	4.1	4.7	4.1	3.9	2.9	2.9	3.4	3.3	5.1	4.3	4.1	4.3	3.9
九江市	2.9	3.1	3.1	3.0	2.7	2.7	2.2	2.1	3.1	2.7	2.9	2.8	2.7

由以上分析可知，局部地形变化可以带来局部的大气环流改变，直接导致其影响区域形成与同海拔、同纬度地区其他地方不一致的风向变化，进而形成特定局部区域的特殊小气候和小气候环境下的地质、地貌、水系、植被、土壤等自然环境因素的系列改变。

第二节　气象学与气候学野外工作方法

一、气象气候实习的目的与要求

1. 气象数据的代表性、准确性、可比性

地面气象观测是对地表一定范围内的气象状况及其变化过程进行系统、连续的观察和测定，为天气预报、气象情报、气候分析、科学研究和气象服务等提供重要依据。气象观测要求在自然条件下进行。大气作为湍流介质，导致气象要素值在空间分布上不均一，在时间上具有脉动性。因此，要求气象台站收集的气象资料在分散性的基础上，可以准确代表一个地区的气象特点。同时，要求数据具有可比性。即气象数据需具有代表性、准确性和可比性。

气象台站是取得观测资料的主要来源。在按照一定密度分布的基础上，根据自然条件设置国家级地面气象观测站、区域自动气象站，在自然条件不方便的地方设置自动观测无人气象站等。所有具有地方代表性的气象台站组成气象观测网络。目前我国已建设有各类气象台站近万个，以及国家气象科学数据中心(www.nmic.cn)，可以为团体或个人提供气象数据产品和服务。气象数据准确性的最基本要求是可以满足实际工作精度要求，所测得的要素值能反映当时的客观特征。数据的可比较性是不同测站之间，同一测站不同时间所获得数据的可比性。一般来说，如果使用同一类型仪器，相同的观测方法、观测程序和记录处理方法，则数据的可比性最好。

2. 观测场地的基本要求与观测仪器

一般来说,在气候调查开始时需要判读地形图,并踏勘气候观测的线路和观测点。气象站点的设立,应尽可能减少特殊地形的影响,以便取得具有代表性的气象资料,能够较好地反映当地较大范围气象要素的特点。观测场地宜选在四周无任何遮挡物的开阔地,无高大建筑物、树林、大水池等。布设观测场地还要考虑地形因素的影响,一般来说,山区密于平原;同一座山体,山下密于山上,南坡密于北坡。

标准气象观测场的大小主要有两种:一种是 25 m×25 m,四边与东西南北方向一致;另一种是 20 m(南北向)×16 m(东西向)。对于有辐射观测的站点,可再向南扩充 10 m;而对于高山站、海岛站和无人站等,观测场的大小可依地形调整。就场地来说,要求场地平整,有均匀草被覆盖(草高度≤20 cm)。主要观测仪器要求自南向北,仪器高度由低到高,东西成行。各类仪器安置的高度、深度、纬度、角度等都有不同要求,具体请参考《地面气象观测业务技术规定(2016 版)》。

气象观测场的主要观测仪器有百叶箱通风干湿表、干湿球温度表、最高温度表、最低温度表、温度计、湿度计、雨量器、虹吸雨量计、翻斗式遥测雨量计、小型蒸发器、地面最高/最低温度表、曲管地温表、直管地温表、日照计、风速器、风向器、水银气压表(定槽、动槽)、气压计等。

3. 气候基础资料的观测、记录与数据分析

广义的气象资料内涵非常丰富,包括地面资料、高空资料、海洋资料、农气资料、数值预报、辐射资料、雷达资料、卫星资料、气象灾害、科考资料以及历史气候代用等。其中气象地面资料是指用各种观测手段获得的近地面气象观测资料及其综合分析衍生资料,不含单独用卫星、雷达、模式分析、科考等方式获得的地面资料。高空气象站定时值观测资料则包含国家气象信息中心通过国内通信系统获取的近百个中国探空观测站点的数据,规定等压面的层位势高度、温度、露点温度、风向、风速等。

地面气象观测有人工观测和自动观测两种方式,基本任务是观测、记录处理和编发气象报告。基本观测的目的之一是为了积累气象资料而进行的定时观测。自动观测可以每天进行 24 次定时观测。人工观测则按每天 02、08、14、20 点进行 4 次定时观测。各台站均需观测的项目主要有云、能见度、天气现象、空气的温度和湿度、气压、风向和风速、降水、日照、蒸发、地面温度、雪深。由国务院气象主管机构指定台站观测的项目还包括浅层和深层地温、冻土、电线积冰、辐射、地面状态等。

气候调查资料由野外实地自行设定的观测点和国家设定的气象台站多年观测资料两部分组成。在进行基础研究时,本次实习要做到以下几点:

1) 本实习在喇嘛塔、半山亭两个地点进行同步观察。采用山上、山中对比分析法。主要观测项目:海拔,干、湿球温度,气压、相对湿度、露点温度、照度、风向、风速、云等。

2）所有资料按研究目的进行整理归并（即查算，计算），绘制相关图件，制作相应表格。图件要求：图名、图例、比例尺、绘图人和制图时间。图名一般置于图下方，图例、比例尺、绘图人一般置于图右下方。表格要求有表名、表内容的表示单位。表名一般置于表上方。

3）分析大气候格局控制下具有的各种气候特征。

4）分析各项气候资料（辐射、气温、气压、湿度、云、风、天气等），在不同地形（高度、坡向等）、天气、时间等条件下，各气候要素间差异的规律与非地带性原因，及与特殊地形地貌等条件基本相当（海拔、地区）条件下，引起气候发生变化或差异方面的规律与非规律性特点。

5）最终获得庐山山地气候调查区域（或研究区域）的总气候特征报告。

需要掌握的名词及定义如下。

湿度：表示大气干燥程度的物理量。在一定温度下，一定体积的空气中含有的水汽越少，空气越干燥；水汽越多，空气越潮湿。简单地说，空气的干湿程度叫作"湿度"。湿度有三种基本形式，即水汽压、相对湿度、露点温度。水汽压，又称为绝对湿度，表示空气中水汽部分的压强，单位为百帕（hPa）。相对湿度用空气中实际水汽压与当时气温下的饱和水汽压之比的百分数表示。露点温度是表示空气中水汽含量和气压不变的条件下冷却达到饱和时的温度，单位为摄氏度（℃）。气温越接近露点温度，空气越接近饱和。

干球温度：由普通的水银温度计或酒精温度计测得的环境温度即干球温度，简称温度。

湿球温度：用湿润细纱布裹住水银温度计的感温包，就成为湿球温度计。用湿球温度计测得的温度即湿球温度，它反映了湿球纱布上水的温度。

干球温度、湿球温度与空气中湿度的关系：空气中水蒸气的含量越少，湿球温度越低，干球温度与湿球温度的差值越大，表明空气越干燥。反之，干湿球温度的差值越小，表明空气越潮湿。

气温年较差：一年中最高月平均气温与最低月平均气温之差，称为气温年较差。气温年较差的计算公式是：气温年较差＝全年最高月平均气温－全年最低月平均气温。一般来说，受大陆性影响的地区（主要位于中纬度大陆腹地），气温年较差较大；气温年较差随纬度的增高而增大；陆地大于海洋；少云雨区大于多云雨区；平原大于山区；裸地大于植被覆盖区；山区海拔越高，气温年较差越小。

4. 气象气候教学实习基本要求

通过气象气候教学实习，掌握气候野外踏勘与观测方法、基本数据的计算整理及相关图表绘制与制作，并能用基本理论阐述实习区域的各气候要素值分布、变化与不同地形条件间的相关关系、气候在自然环境中的独特作用，初步具备独立考察、分析、总结的综合能力。具体要求如下：

1）学会野外气象、气候各要素值的观测与采集方法。

2）基本气候数据、图件的处理与计算、查算。

① 绘制庐山牯岭、九江市、庐山市累年各月气温、降水、蒸发水分平衡图(表 5－3)。

② 绘制庐山牯岭、九江市、庐山市三地风玫瑰图(表 5－7)。

表 5－7　庐山牯岭、九江市、庐山市累年年平均风向频率与年平均风速资料

风　向	平均风向频率/%			风　向	年平均风速/(m/s)		
	庐山牯岭	九江市	庐山市		庐山牯岭	九江市	庐山市
N	8	4	2	N	3.9	2.4	2.5
NNE	10	8	24	NNE	5.8	3.7	7.4
NE	9	20	19	NE	8.6	4.6	5.3
ENE	6	8	2	ENE	9.2	3.6	3.1
E	5	5	2	E	7.6	2.4	2.3
ESE	2	3	1	ESE	5.2	2.6	2.1
SE	4	5	1	SE	5.9	2.8	2.3
SSE	8	1	5	SSE	6.9	2.3	3.7
S	13	2	8	S	6.8	2.1	3.3
SSW	8	3	1	SSW	5.1	2.5	3.3
SW	5	6	5	SW	3.6	2.5	2.7
WSW	3	4	1	WSW	2.8	2.7	2.4
W	3	5	1	W	2.7	3.3	1.8
WNW	2	4	1	WNW	2.9	3.5	1.8
NW	3	3	2	NW	3.5	2.6	1.9
NNW	3	1	2	NNE	3.8	1.9	2.2
C	10	19	17				

③ 计算气温垂直增减率 γ(表 5－8、表 5－9)。

表 5－8　×年 9 月 4 日九江市、半山亭、喇嘛塔气候实测资料

地　点	海　拔/m	时　间	天　气	风向、风速/(m/s)	气　压/hPa	干　球 T/℃	湿　球 T'/℃
九　江	32.2	08:00 14:00	露、轻雾、晴 晴	ENE　5 E　3	1 010.5 1 008.3	23.9 22.1	23.8 23.8
半山亭	850	08:00 14:00	晴 阴	S　1.1 静风　0	884 893.3	20.5 21.2	18.0 20.4
喇嘛塔	1 120	08:00 14:00	晴 多云	ESE　2.3 ESE　1.6	853 852	19.5 20.4	16.4 18.6

表 5-9　×年 9 月 5 日九江市、半山亭、喇嘛塔气候实测资料

地　点	海　拔 /m	时　间	天　气	风向、风速 /(m/s)	气　压 /hPa	干　球 T/℃	湿　球 T'/℃
九　江	33.2	08:00 14:00	露、轻雾、晴 晴	SSE　3 NNW　2	1 008.2 1 005.7	24.8 30.5	23.3 24.5
半山亭	850	08:00 14:00	晴 晴	E　0.2 NNE　0.5	877 877	20.1 24.3	18.1 21.8
喇嘛塔	1 120	08:00 14:00	多云、晴 多云、晴	WSW　0.6 WNW　0.4	850 870.7	21.5 22.3	18.6 20.1

④ 湿度查算[水汽压(e)，相对湿度(r)露点温度(τ)](表 5-8、表 5-9)

3) 正确分析庐山地区(包括庐山牯岭、九江市、庐山市)季风气候、山地气候(山上山下辐射、气温、降水、云雾、湿度、风等各气候要素垂直变化)、局部地形(或下垫面)变化小气候特征(城市小气候、黄龙寺谷地小气候、沙山与水域小气候等)。

4) 以庐山地区的气候特征，分析气候资源开发利用与旅游资源的保护问题。

5) 总结和编写气象气候野外教学实习报告。

二、气象气候调查的基本方法

随着微型计算机、通信、传感器等技术的发展和推广应用，现代自动气象观测技术日臻成熟。目前，现代气象台站可以观测多种气象要素，并可根据需要增减观测项目；采用集成电路，具有体积小、重量轻，可便携式移动的特点；电源工作时间长，使用寿命长；还可以利用卫星中继通信或自动电话联系，使获得的观测资料被迅速集中利用。因而现代气象台站已经成为一种能够自动收集、处理、存储或传输气象信息的装置。

本实习所用的便携式自动气象站由传感器、数据采集器、通信接口和系统电源 4 部分及相关软件组成。自动气象站主要通过传感器感知气象要素的变化，传感器由敏感元件和转换器组成，它能感受被测气象要素的变化，并按一定的规律转换成可用输出信号(表 5-10)。

表 5-10　自动气象站常用传感器及技术性能

测量要素	常用传感器	测量范围	自动采样速率
气　压	振筒/膜盒式电容	500～1 100 hPa	6 次/min
气　温	铂电阻	−50～50℃	6 次/min

续表

测 量 要 素	常 用 传 感 器	测 量 范 围	自动采样速率
湿　度	湿敏电容	0～100%	6 次/min
风　向	单翼风向	0°～360°	1 次/s
风　速	风杯风速	0～60 m/s	
降雨量	翻斗式	0～4 mm/min	1 次/min
蒸发量	超声测距	0～100 mm	—
辐　射	热电堆式	0～2 000 W/m^2	6 次/min
地　温	铂电阻地温	−50～80℃	6 次/min
日　照	双金属片直接辐射表	0～24 h	1 次/min

1. YGY－QXY 手持气象仪

YGY－QXY 手持气象仪，又称手持式气象站，可观测、记录并存储风速、风向、气温、相对湿度、大气压力等多种气象要素。仪器带有机械式风向标、自动指北装置，可以方便、直接地读取 16 方位风向数据。主操作界面如图 5－3 所示。内置大容量芯片可存储气象数据，并有 USB 通信接口，使用配套的气象站软件将数据下载到电脑，方便用户对气象数据进行室内处理分析。该仪器可广泛应用于气象、环保、农林、水文、军事、仓储、科学研究、教学等领域。

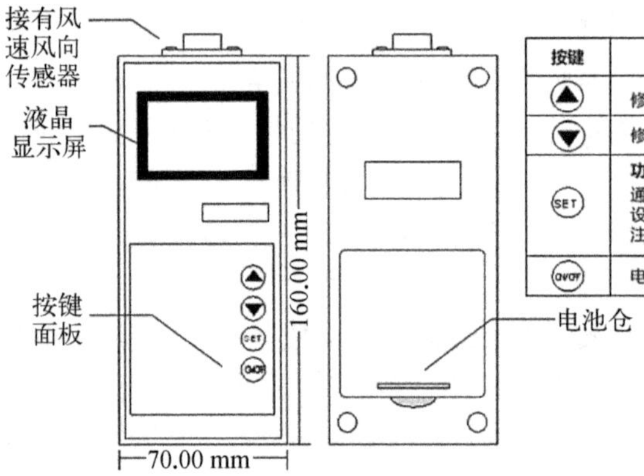

按键	功能描述
▲	修改参数键：预设置参数值加1。
▼	修改参数键：预设置参数值减1。
SET	**功能切换键：** 通过此键可进入“时间设置”、“本机地址”、“存储间隔”、“语言设置”、“参数复位”等设置界面；该键还用来切换当前可操作参数。 注：所有参数修改完毕，切换至主界面时修改后的参数自动生效。
ON/OFF	电源开关键：电源开启和关闭。

图 5－3　YGY－QXY 手持气象仪操作界面及功能描述

手持气象仪开机之后，将显示如图 5－4 所示的主界面(界面一)。该界面显示当前时间以及各传感器采集的实时数据。电池标志显示的是仪器的剩余电量。按“▲”键进入界面二，可查看相关的数值信息，再按“▼”键可返回界面一(图 5－4)。主要气象指标与精度参数如表 5－11 所示。

11/12/05 15:00:44	一
温度:	12.9℃
湿度:	70.5%RH
电量:	81.5%

界面一

11/12/05 15:00:44	一
风速:	0.0m/s
气压:	1010.5hPa
版本号:	V120303

界面二

本机地址	【 1】
存储间隔	【 10】
语言设置	【中文】
参数复位	【 否】

设置界面

年	月	日
11	12	05
时	分	秒
15	32	47

时间设置界面

图 5－4 YGY－QXY 手持气象仪操作界面及主要设置

表 5－11 YGY－QXY 手持气象仪主要气象参数及技术性能

测量要素	测量范围		分辨率	单 位
风速	0～30	±(0.3＋0.03 测量风速)	0.1	m/s
风向	16	±0.5	1	方位
气温	—40～80℃	±0.5	0.1	℃
湿度	0～100	±3	0.1	% RH
气压	500～1 100 hPa	±0.5	0.1	hPa

2. H199519 袖珍气象追踪系统仪

由于科技发展，观测仪已向小型化、便携式、高性能、组合性、合理化方向发展，使观测仪器具有易操作、简便等特点，同时观测值更具准确性，提高了数据的可靠性与可信度。H199519 袖珍气象追踪系统仪，可以测定风速、风的寒度、热量指数、干球温度、湿球温度、相对湿度、露点、大气压力（或位置压力一所在位置的大气压力）、海拔、密度海拔等多项指标。

仪器使用简单，只要按动相关的按键或启动开关，即可获得所需气象与气候的各观测要素值，并能同时显示与保留当前测量时的最小、最大、平均 3 个观测数据，以及此前 3 个时段的观测值。

此外，还有 RHAT－301 型风速/温度表，观测太阳辐射能量大小的照度仪，专门观测温度、湿度的仪器，GPS（可测量观测点的经纬度、海拔）仪等。

第三节 庐山地区气象气候典型现象及分析

在山地中，受当地总体地形格局影响，局部改变了热量、水文等自然要素的垂直分布与水平分布，从而形成了与地带性规律截然不同的自然生态环境，即山地气候，即局域小气候。而局部地形变化又造成与垂直或水平自然带不相符的小气候特征。这里以庐山东谷的黄龙寺和山下庐山市鄱阳湖边的沙山为例，简要阐述局地小气候现象。

一、黄龙寺谷地小气候

黄龙寺位于庐山东谷向斜谷底部,海拔 900 m 左右。按山地垂直自然带划分,该高度应属山地暖温带气候。但此地生长有中、北亚热带气候的植被,如红茴香、毛竹、油茶等,也发育有中、北亚热带气候下的山地黄壤,出现与山地暖温带气候明显不同的植被、土壤类型。究其原因,主要是黄龙寺谷地地形引起的小气候现象。黄龙寺谷地小气候的形成,与地形(围椅状地貌)、谷口朝向、岩性、水系等密切相关。

1) 地形因素:黄龙寺谷地开口于西南方向,为坐东南朝西北的围椅状(或 Ω 形)谷地。整体谷地走向为 NE - SW。受牯牛岭延伸山体(海拔 950 m 左右)的阻挡,形成一个与河谷相通的山间盆地。周边山体有龙首崖(880 m)、仙人洞(1 001 m)、日照峰(1 313 m)、大月山(1 451 m)、太乙峰(1 228 m)、犁头尖(1 300 m)、玉屏峰(1 071 m)、九奇峰(1 294 m)等高峰组成北-东-南走向的合围状天然屏障。

2) 岩性:谷地中的岩性为长石石英砂岩,质地软,容易侵蚀风化,故风化壳较厚,土壤发育程度高,易于植被生长和储藏裂隙水。

3) 水系:汇聚到黄龙寺谷地的水系有三条,分别是东谷水系、大校场水系和玉屏峰-九奇峰水系。三条水系最终汇入谷地断层上发育的乌龙潭、黄龙潭两个瀑布潭。

夏季,来自鄱阳湖水域的大量水汽可与携带暖湿气流的夏季风一起,沿谷地开口进入,并随地形抬升至海拔 900 m 左右。因重力作用影响,水汽难以翻越背后的围椅状高山,因此滞留于谷地中。谷地气温升高,亦导致蒸发量增大,因此,空气中湿度很大,但很难降水。在该高程范围内,地形因素造成气温和湿度均高于周边同海拔山体,降水量少,夏季湿润闷热。冬季,因四周山体阻挡,一般强度的寒冷偏北风不易进入谷地。即使有较强大的寒冷气流或寒潮翻越山体进入谷地,在顺谷地山坡下滑过程中亦会产生焚风现象,气流在下沉过程中温度会升高。与同坡向、同海拔的其他山体相比,气温稍高。而大量裂隙水的存在以及三条水系的汇入,又给谷地带来了充沛的水汽。

与同海拔的其他山体相比,黄龙寺谷地本应生长山地暖湿带气候环境下的常绿与落叶阔叶混交林。但由以上分析可知,由于谷地水、热状况因地形影响都有变化,表现为生长有中-北亚热带气候带的常绿阔叶林、马尾松林和杉木林。相应的,在本应发育山地黄棕壤的地带,由于丰富的水、热资源,在原地带性山地黄棕壤上转化发育了山地黄壤,亦属中-北亚热带气候带下的土壤类型。因此,就该谷地来说,无论冬夏,水分、热量均较高,达到中-北亚热带的温度指标,故属山地中-北亚热带气候带。

类似于黄龙寺谷地的小气候现象,在山下庐山市秀峰寺内的碧龙潭等局部地方，也出现了与中亚热带基带大气候背景不符的南亚热带小气候现象（温度、湿度条件更好），以及该气候环境下发育生长的特有植被种类、土壤类型等。

二、沙山与水域小气候

沙山位于庐山东南坡麓的庐山市西南，与老爷庙景区一水之隔。庐山市属中亚热带湿润季风气候，日照丰富，无霜期长，全年多东北风。该地区多年平均气温 17.5℃，一月平均气温 4.9℃，最低温达－9.5℃；七月平均气温 29.1℃，最高温度达 38.9℃，沙山区域可达 55℃。≥10℃的活动积温持续天数为 243 天，无霜期达 259 天，日照时数为 1 931.7 h，其中≥10℃期间为 1 454.7 h。多年平均降水量 1 463 mm，多年平均蒸发量为 1 781.3 mm。全年风向以偏北风为主，风力 4～6 级，全年大风天约为 50～80 天，其中 8 级以上大风天有 33～40 天。庐山市的主要经济活动为农业生产。由于日照和气温适宜，农作物可以一年三熟（两季稻、一季麦），但绝对温度变化差异大，在持续高温下，红壤土层贫瘠，抵御干旱能力较低。

沙山区域的背景气候类型为中亚热带湿润季风气候，又直接濒临鄱阳湖，却出现了连片沙丘，生长有抗旱、抗盐碱的治沙植物单叶蔓荆、马尾松等。这种在中亚热带湿润季风气候控制下，地貌景观类似小沙漠，同时生长有明显不同的植被类型，以沙生植被为主，亦是因地形因素导致的沙山小气候。其主要与地形、常年风速风向、鄱阳湖季相变化、沙源供应等密切相关。

1）地形：与鄱阳湖湖口段相通的长江谷地受淮阳地盾影响，为 NNE 走向。其在鄱阳湖湖口段呈瓶颈状，瓶子的开口在湖口，与长江水相连。庐山市与鄱阳湖边的沙山，正处于瓶颈的最狭窄处，极易形成狭管效应。夏季东南风进入长江河谷后，由于地形的导向作用，使原来的东南风改变了风向，顺应地形变化转变成东北风或北北东向风进入湖口瓶颈段。经过瓶颈段的狭窄通道时，运动气流加速，出现狭管效应，风速明显增加。当冬季西北风进入长江河谷后，受长江边的淮阳地盾地形导向作用，西北风逐渐转变为西南风。同样经过湖口段的狭管效应，以 NNE 方向掠过湖边的沙山，进入鄱阳湖。

2）风向风速：据庐山市气象局的多年风向风速、多年各月最多风向及频率资料统计，沙山除 7 月以偏南风为主外，其余各月均以偏北风占优势，且 NNE 方向风是全年的主导风向（表 5－5），尤其冬半年枯水季节更为明显。该风向频率达 24%，风速 7.4 m/s，比冬季处于庐山西北坡麓九江市的偏北气流（NE）大得多。该区域全年以偏北风为主，全年 4～6 级大风天多达 3 个月。8 级以上大风天多年平均为 33～40 天。

3）水文：鄱阳湖为长江上的大型吞吐型湖泊，季相水文特征表现为“夏季一大片，冬季一条线”。所以在每年枯水期，鄱阳湖水位极低时，水面呈线条型河流状，湖滩上大量泥沙裸露。湖底、湖岸裸露的泥沙在 NNE 向大风的吹送下，沿鄱阳湖的 SW 和 SSW 沿岸缓慢沉降，天长日久，堆积成沙山。

4）沙源：足够的泥沙来源也是此地形成沙山地貌的重要条件，鄱阳湖为长江中游平原地区最大的淡水湖，每年丰富的泥沙在此沉积。这样，较大风速将泥沙吹扬起来，再经风力搬运慢慢堆积到沙山上。

因此，虽然该区域湖面水汽供应充足(降水多)，但受湖面走向等特殊地形影响，蒸发能力十分强大。与九江市、庐山市相比，沙山的年蒸发量均远远大于年降水量，即水分收入远远小于水分支出。基于前面的分析，该地属中亚热带湿润季风气候，本应发育有郁郁葱葱的中亚热带常绿阔叶林，但现实环境却是一大片裸露的沙山、沙丘、沙滩。尤其是冬季，猛烈的偏北风将沿湖带的地表沙化面积迅速增大。

由于沙山的出现，地面辐射增强，近地面气温增高，气候进一步变干。而热能(气温)气候要素变化引起其他的气候系列要素(气压、湿度等)变化，最终反馈于大自然的其他要素(地质地貌、植被、土壤、水等)，直接改变着当地的气候环境。因此在中国最大的淡水湖边，出现了与庐山基带湿润气候环境完全不同，但又与中国中西部干旱地区有着本质不同的沙地、沙山自然景观。这说明局部地形变化也将改变当地气候。

以上两个小气候类型的实例分析表明：局部地形的变化，改变着当地气候，而气候的变化则又改变着原有的本底自然生态环境，他们是互相制约的统一体。即：不同下垫面作用下形成的新气候背景，可以反馈与影响当地原有的本底气候与气候环境，并直接改变(或制约)当地的地质地貌、水系分布、植被与土壤的生境条件和地带性规律。应当指出，一个地方的小气候是相当复杂的，山地小气候尤其如此，局部地形的差别，足以引起小气候变化。

此外，以庐山实习期间某年 9 月 4 日、9 月 5 日两天，在其北部坡向山地垂直带上的半山亭、喇嘛塔及国家设定的九江市观测站三地实测气候资料(表 5-8、表 5-9)，用天气、风向、风速、气压、干球温度、湿球温度等实测气候数值，进一步可验证和加深前文中对庐山山地气候、小气候中的相关内容认识。如：山地气候中温度、大气湿度随山地垂直变化的规律，天气状况与特殊地形带来的非地带性变化现象等。

思考题

1. 划分气候带的依据和各气候带数值标准。
2. 山地气候野外调查的基本原则和方法。
3. 简述气温、降水、风等气象资料的统计与分析方法。
4. 了解自动气象站的工作原理及安置。

5. 简述东亚季风气候特点,为什么大陆东部的亚热带气候资源较中西部丰富?

6. 庐山地区有几种气候类型? 庐山至少存在几个气候带? 为什么?

7. 水平气候带与垂直气候带的相互关系及差异。

8. 试分析影响山地气候的热量、水分、大气环流指标。

9. 试分析庐山山上的太阳辐射值高于山下,但温度却低于山下的原因。

10. 简述半山亭特殊地形对气候要素的影响,什么是凝结高度,并分析该处气温垂直递减率的非规律变化?

11. 大气降水和湿度(e、r、τ)随海拔如何变化? 为什么?

12. 简述九江市、庐山市气候差异及原因。

13. 黄龙寺谷地特殊地形对小气候的影响。

14. 以沙山为例,说明地形对近地表流场、气候环境的影响,及其与西部地区的不同。

第六章　植物地理学野外实习

第一节　庐山植物地理野外实习基本内容

一、庐山地区植被类型及其地带性植被

(一) 植被类型

庐山地区植被类型多样。主要有阔叶林、针叶林、针阔混交林、竹林、竹阔混交林、灌丛、草丛及草甸植被等多个植被型组，各个植被型组中又含有许多群系以及更多的群丛，它们覆盖庐山地区大约45%的面积以及庐山80%以上的山体。使得庐山的自然环境更加优美，成为著名的观光、疗养胜地。其主要植被类型简介如下。

1. 针叶林

庐山地区针叶林类型目前主要有马尾松林、黄山松林、杉木林、日本柳杉林、日本扁柏林等植被类型，它们基本上为人工林，少数为半人工林。其中马尾松林和杉木林主要分布在海拔600 m以下的低山丘陵和岗地，局部可到达800～900 m，其中杉木林分布面积小于马尾松林；黄山松林在庐山山体分布相对最广，从海拔800 m以上直至汉阳峰顶均有大片分布；日本柳杉林大致分布在海拔1 000～1 200 m的区域，多为纯林，主要分布在黄龙寺至牧马场一带，大月山水库周边也有小面积分布；日本扁柏林大体分布在海拔1 000～1 200 m，也基本为纯林。此外，还分布有多种针叶树组成的针叶林等。

上述这些针叶林的群落外貌特征存在差异，在野外可以很好地加以识别。其中：① 黄山松林群落呈均匀的暗绿色，树形轮廓线清晰、呈宽尖塔型，即使在远处仍可见几成水平生长的枝条与树干垂直，层次分明；② 马尾松林群落呈绿色或黄绿色，树形轮廓线总体不够规整和清晰，枝条与树干多呈锐角，层次不分明，近看枝条和松针均相对柔软，“马尾”现象不同程度可见；③ 杉木林呈黄绿色或绿色，在实习区域(如黄龙寺谷地)常因枝条和松针生长稀疏、分布不均而使树形轮廓线不规则，甚至只在树冠顶部分布有枝条和针叶，远处树干也可见；④ 日本柳杉林总体呈黄绿色，由许多密集枝条和鳞叶聚集成“瘤状”，再由这些“瘤状”组成圆锥状树形，

但其轮廓线因“瘤”而略有弯曲；⑤ 日本扁柏林为均匀的翠绿色，圆锥状树形清晰，树干上部枝条总体密集，从远处看不到树干。

2. 阔叶林

庐山地区的阔叶林主要有常绿阔叶林、常绿与落叶阔叶林以及落叶阔叶林三大植被型。其中常绿阔叶林主要分布在海拔 700 m 以下的丘陵，目前在实习地区典型的常绿阔叶林并不多见，在秀峰景区内有小片残留；常绿与落叶阔叶混交林大体分布在海拔 700～1 000 m，通常落叶阔叶树种类的树高高于常绿阔叶树，因此从空中俯瞰，该植被类型比较接近于落叶阔叶林；落叶阔叶林总体分布在海拔 1 000 m 以上的一些区域。阔叶林内种类繁多，主要以壳斗科、樟科、四照花科、野茉莉科等多个科属种类为优势，其群落轮廓通常有小的波状起伏。除常绿阔叶林外另外两类群落季相变化明显。

3. 针阔混交林

由于庐山地区通过人工方式种植了大量针叶林，有些与林内的阔叶树逐步演替成为针阔混交林。这些针阔混交林在庐山地区不同海拔总体不同程度地分布，针叶与阔叶种类因不同海拔的差异而变化。如马尾松与常绿阔叶树大叶栲、苦槠、青冈栎等常绿阔叶树组成的针阔混交林多分布于海拔 600 m 以下的区域，黄山松与短柄枹、茅栗、四照花、灯台树、化香等落叶树组成的针阔混交林多分布在海拔 900 m 以上的山地区域。这些植被类型在外貌上除了表现出波状起伏的阔叶树树冠与总体圆锥状针叶树树冠相间的群落外貌景观外，在群落色彩上也存在明显的差异，不同针叶种类存在深绿、绿和黄绿等颜色差异，常绿和落叶阔叶种类存在绿色和浅绿色差异，同时落叶阔叶树还存在明显的季相变化。

4. 竹林

庐山地区的竹林主要包括毛竹林和玉山竹林两大类，前者主要分布在海拔 900 m 以下的低山丘陵与岗地，多为人工纯林或与杉木等种类组成杉(毛)竹等混交林。毛竹局部可分布到海拔 1 100 m 左右的缓坡地。毛竹林通常高 10 m 左右，地下茎为散生型，个体之间间隔分布明显；玉山竹高通常只有 1.5 m 左右，地下茎为复合轴，个体间分布相对密集。

5. 灌丛和灌草丛

庐山地区的灌丛为不稳定的一些次生植被类型，一般由映山红、蜡瓣花、胡枝子、荚蒾、钓樟等灌木以及山胡椒、短柄枹、白栎、白檀等乔木种类的幼树和芒草、油芒、苔草、莎草、蕨类等草本种类组成。分布范围相对零星，特别是近些年随着庐山地区森林保护力度的加大，这些灌丛群落类型正或已经逐步演替为森林群落，其范围明显缩小。其中在鄱阳湖湖滨的沙山还分布有一定规模的单叶蔓荆灌丛，为人工种植基础上自然演替成目前的灌木群落，群落中还夹杂有小果蔷薇、黄荆、紫珠、野花椒等灌木种类以及狗牙根、黄花蒿、结缕草等草本植物。

6. 草丛

主要分布在鄱阳湖湖滨的沙山和湖滨湿地,其中沙山主要有狗牙根群落、白茅群落、茵陈蒿群落以及多种草本植物组成的草丛群落。这些植物种类普遍具有耐旱特征,如叶小、有绒毛、茎叶肉质化等,这些植物群落基本为原先治沙过程中人工种植、后期经过草丛演替形成。近些年大部分草丛被同样为人工种植的单叶蔓荆灌丛所演替。

(二) 地带性植被

庐山地区地处我国中亚热带,在全国植被区划中,庐山地区为中亚热带常绿阔叶林北缘。又由于庐山为一座中山,水热状况随山体高度的变化而变化,从而导致庐山地区存在较明显的垂直地带性植被分异。庐山地区植被垂直带可分为:中亚热带常绿阔叶林(基带)、山地暖温带常绿与落叶阔叶混交林带和山地温带落叶阔叶林带。其南北坡分布上限大致分别为:常绿阔叶林带 600～800 m、山地暖温带常绿与落叶阔叶混交林带 900～1 100 m 和山地温带落叶阔叶林带 900～1 100 m 以上(图 6-1)。三个垂直地带性植被的主要特征简述如下。

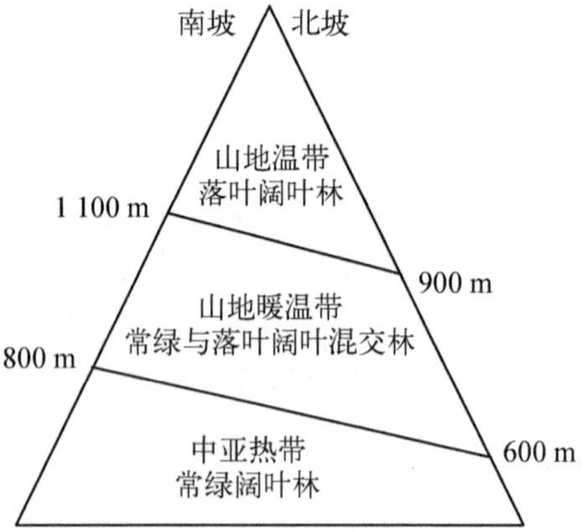

图 6-1 庐山地区自然植被垂直带谱

1. 中亚热带常绿阔叶林

实习地区常绿阔叶林乔木层代表树种以大叶椤、苦槠、石栎、青冈栎和香樟为主,分布在乔木的上层,目前实习区域基本没有非常典型的常绿阔叶林(秀峰局部残留,但林下植被被严重干扰),在乔木层通常还零星分布有马尾松等针叶树以及枫香、短柄枹等少数落叶阔叶树种类;灌木层代表种主要有檵木、天台乌药、马银花、朱砂根、赤楠、米饭花、野山茶等常绿种类,以及荚蒾、映山红等少数落叶灌木种类;草本层通常覆盖度低,种类不多,主要为蕨类、苔草、禾草等一些种类。在林缘阳光充足的地方常分布有铁芒萁等中亚热带常绿阔叶林带的指示种类。该类型群落外貌波状起伏,季相变化不明显,但在春夏季由于许多壳斗科种类雄花序开花使得群落外貌有些呈灰黄色。

2. 山地暖温带常绿与落叶阔叶林混交林

该类型群落乔木层常绿代表种除了有小叶青冈栎、甜槠外,还普遍分布有青椤、青冈栎、云青冈、秦氏樟、天竺桂、白楠、豺皮樟、杨桐、厚皮香等常绿乔木或小乔木种类;落叶乔木种类有茅栗、短柄枹、化香、四照花、灯台树、石灰树、枫香、垂珠花、野茉莉、白辛树、盐肤木、白檀、楤木、野鸦椿、山胡椒、山苍子以及零星分布的檫木、紫树、香果树等落叶种类，种类较多。其中最主要的乔木种类是甜槠、小叶青冈栎两种常绿乔木以及茅栗、短柄枹、化香等落叶乔木，此外，山胡椒、山苍子（山鸡椒）等落叶种类也有广泛分布，但它们总体个体小，多半处于乔木层的下层或与灌木层交织在一起；灌木层代表种有柃木、马银花、檵木、天台乌药、米饭花等常绿种类，以及映山红、满山红、钓樟、荚蒾、蜡瓣花、胡枝子等落叶种类；草本层有蕨类、禾草、莎草等一些不同科属种类，但一般覆盖度低。该类型群落季相变化明显。

3. 山地温带落叶阔叶林

该类型群落乔木层代表种主要有短柄枹、茅栗、四照花、灯台树、化香、白辛树、垂珠花、山胡椒、盐肤木、紫树、三角枫、朴树、椴树、石灰树等落叶种类；灌木层代表种有满山红、映山红、胡枝子、钓樟、荚蒾、庐山乌药、蜡瓣花等落叶种类，同时还分布有上述这些乔木种类的幼树和幼苗；草本层主要为蕨类、禾本科、莎草科等，同样其覆盖度一般也较低。该类型季相变化更为明显。

通常认为壳斗科、樟科和山茶科是组成庐山地区垂直地带性植被最重要的三个科，这三个科的种类（尤其是壳斗科种类）往往是组成该垂直带性植被的建群种或优势种。如壳斗科的青冈栎、小叶青冈栎、大叶椤、石栎、苦槠、甜槠、茅栗、短柄枹等，樟科的山胡椒、山鸡椒、钓樟、天台乌药、庐山乌药，以及山茶科的柃木、野山茶、厚皮香等也常是群落各层中的优势种或常见种。垂直地带性植被往往含有其基带植被种类的烙印，这是垂直带与水平地带性植被不同的一个方面。

目前庐山地区以次生植被为主。在基带有次生的针阔混交林、针叶林（马尾松林、杉木林）、毛竹林、油茶园、茶园、果园、农田等，局部残留有常绿阔叶林；在山地暖温带常绿与落叶阔叶混交林地带分布有常绿与落叶阔叶混交林、针阔混交林、毛竹林、杉木林、杉竹混交林、日本柳杉林、黄山松林、日本扁柏林、茶园等；在山地温带落叶阔叶林地带分布有落叶阔叶林、黄山松林、日本扁柏林、日本柳杉林、短柄枹林、针阔混交林、茶园等。

二、植被演替

植被演替是指某一地段上一个群落被另一个群落代替的过程。庐山植被可分为两大类：一类是在长期人类经济活动影响下，森林植被遭到破坏，致使原生植被不同程度的消退，沦为各类次生林、次生灌丛、草丛等的逆行演替；另一类是经过封山育林、人工栽植以及合理开发利用植物资源等措施，使植物群落朝着复生的方向，即地带性植顶极群落方向的顺向演替。

山地植被的演替现象与立地条件密切相关，随着海拔的升高，气候、土壤也产生垂直变化,导致植被类型垂直分异。因此,它们的演替系列也有差别,根据庐山植被垂直带谱有选择地简述如下。

(一) 常绿阔叶林植被演替系列

1. 常绿阔叶林

该类型是在中亚热带生物气候下形成和发育起来的地带性植被类型。目前仅有小面积残存,在庐山不同生境条件下其主要建群种、优势种各不相同,并形成多种相对稳定的常绿阔叶林。如苦槠林、苦槠+石砾林、甜槠+樟树林、青冈栎林等,在沟谷生境偏湿的地段,樟科树种明显增加,其他地段多以壳斗科种类占优势。该群落类型终年常绿(盛花期因花序导致树冠灰黄色),林冠整齐郁闭,这些常绿乔木种类的幼苗幼树在林内具有天然更新能力,故能形成相对稳定的群落。

2. 常绿与落叶阔叶混交林

当常绿阔叶林遭到砍伐破坏后,林下光线充足,湿度降低,同时温度、通风、土壤等环境因素也发生变化,使林内阳性落叶阔叶树种逐渐增多,与该地段原有的常绿阔叶树混生在一起,组成次生的常绿与落叶阔叶混交林。由于近些年加强生态保护,有望逐步恢复为常绿阔叶林。

3. 针叶林

庐山地区海拔 600 m 以下常分布有较大面积的马尾松林和杉木林,这些针叶林生长总体良好,但由于它们为阳性树种,其总体郁闭的林下环境,使其幼苗总体不发育或发育不良,针叶林难以完成自我更新。反而是群落林下一些常绿阔叶树的幼苗和幼树反而得到很好的生长发育,将逐步成长为大树并与针叶树组成针阔混交林,并在这些针叶树衰退的过程中逐步恢复为常绿阔叶林顶级群落。

(二) 落叶阔叶林带植被演替系列

庐山上部落叶阔叶林带植被演替的成因和系列大致与山下常绿阔叶林带相似,但由于生境不同,植物种类和植被类型与山下有较大差别。落叶阔叶林是其演替的顶极群落。

1. 落叶阔叶林

目前庐山海拔大约 900 m(阴坡 1 100 m)以上分布的落叶阔叶林是经封山育林之后保存下来的地带性植被,主要成分有茅栗、短柄枹、四照花、灯台树、化香等主要种类,林下这些乔木层主要种类成分的苗木能完成自然更新,表明该类植被是相对稳定的顶极群落。

2. 针叶林

庐山上部的针叶林均为人工种植,如黄山松、日本柳杉林、日本扁柏林等。通常在其林下缺乏自然更新的相应幼苗、幼树，尤其是在黄山松林下这种现象更为明显。

黄山松能适应温凉的山地气候，耐寒、耐瘠薄土壤、抗风、适应性强。在土层深厚、排水良好的地段生长更好。由于黄山松为典型的强阳性树种，在郁闭的林下黄山松幼树、幼苗生长不良或少见，甚至完全消失，以致黄山松林难以完成自我更新。但在其林下原来残留的落叶阔叶树的幼苗、幼树生长较好，并且随着林冠郁闭度的增大，林内光照进一步减弱，黄山松幼苗更得不到阳光，难以自然生长。30～40 年后逐步长大的落叶阔叶树与群落中原有的黄山松有望组成针阔混交林，群落更加郁闭后，加速林内黄山松乔木个体的衰退，使得针阔混交林逐渐被更加稳定的顶极群落——落叶阔叶林所取代。

三、植物与环境的关系

植物与环境间存在辩证的生态关系，一方面是植物个体或群体对不同环境的生态适应或环境对植物的塑造作用，另一方面则是植物对环境的改造作用。研究植物与环境间的相互关系是植物生态学的基础。

在庐山地区这两者间的生态关系十分明显，我们也从两个方面来叙述。

1. 植物对环境的适应

庐山地区目前生长的这些植物绝大多数都是长期适应其生存环境的结果。有些植物种类的生态幅较窄，更有利于说明植物对环境的依赖关系。像映山红、满山红、马银花以及蕨类植物薇、狗脊、铁芒萁等通常在酸性土壤才有广泛的自然分布，因此常被用作酸性土指示植物，同时它们还受水热条件的控制，局限于一定的海拔范围；而朱砂根则只在亚热带相对阴湿环境中可见；最明显不过的是鄱阳湖沙山沙丘上生长的单叶蔓荆，它在流动沙丘地段具有匍匐茎，并有许多不定根固定于沙丘，但从流动沙丘过渡到固定沙丘后其匍匐茎逐渐为直立茎所取代，不定根也逐渐消失，说明随着生存环境的改善，用于抵御不良环境的不定根、匍匐茎失去其功能价值而退化。这些都反映了植物对环境的适应以及环境对植物形态的塑造作用。

2. 植物对环境的改造作用

植物对环境具有一定的改造作用，这主要是针对植物群体而言的。如鄱阳湖滨沙山上分布的流动沙丘、半流动沙丘和固定沙丘，就是单叶蔓荆、狗牙根、白茅以及茵陈蒿等为主的固沙植物不同程度固定沙丘的结果。我们通常将植物群落覆盖度小于 15%的沙丘界定为流动沙丘，覆盖度大于 30%的界定为固定沙丘，覆盖度介于二者间的为半流动沙丘。目前在固定沙丘和半流动沙丘上种植的湿地松林对沙丘固定起到了很好的促进作用。可见，植物可以很好地保护环境，改善环境。

第二节　植物地理学野外实习的要求和基本技能

一、植物地理学野外实习的基本要求和主要线路知识点

(一) 植物地理野外实习的基本要求

1) 了解庐山地区植被类型,掌握庐山地带性植被垂直分布规律及其特点;

2) 掌握庐山植被演替规律以及判别方法;

3) 认识植物与环境间的相互生态关系;

4) 掌握植被调查、植被类型遥感目视判识以及植被填图的基本方法;

5) 通过实习,初步理解、掌握如何合理地利用、开发和保护植物资源。

(二) 主要线路知识点

1) 月照松林:掌握植物地理实习的基本技能,如植物识别和群落调查基本方法等。在此基础上,认识庐山地区黄山松林的群落基本特征、庐山地区山地温带落叶阔叶林的主要代表种,以及黄山松林群落演替的野外判别方法。

2) 龙首崖—西谷线:通过沿线植物群落观察与代表种介绍,复习庐山地区落叶种类代表种、认识新的常绿种类代表种,同时考察因海拔变化带来的植被类型梯度变化,了解和认识庐山地区山地暖温带常绿与落叶阔叶林群落包括代表种类组成、群落外貌和空间结构在内的群落特征。

3) 东谷线:考察沿线的日本扁柏林、杉木林、日本柳杉林等针叶林群落;考察黄龙寺周边小生境影响下的植物群落及其群落演替;芦林湖大桥上介绍多种植被类型的外貌特征识别方法。

4) 白鹿洞书院、秀峰:考察中亚热带常绿阔叶林群落以及针阔混交林群落,认识基带常绿阔叶林的基本特征以及主要建群种。

5) 沙山:考察沙山沙生植被特征与主要代表种,分析沙山植被演替规律。了解沙山地区主要经济植物。

二、植物地理野外实习的基本技能

(一) 植物识别软件使用

植物种类主要是根据花、果实、种子和叶、茎、根等加以识别。近年,国内开发

了“花伴侣”、“形色”、“发现识花”和“微软识花”等多款植物识别软件 APP，有些软件还加入了更多信息，包括诗词赏花、花语和植物养护知识、趣味故事等。改变了过去传统上过于专业、难度大的检索、鉴定过程，给植物地理学教学实习中植物种类的识别带来了极大便利。但要注意即使是有了识别软件也并非万能的，在使用识别软件过程中除了选择“花伴侣”等相对专业些的 APP 外，在扫描识别过程中还要注意尽量将代表性的植物主要识别特征扫描进来，以提高识别的准确率。有时甚至需要多扫描几次才能最终确认所鉴定种类的真正名称。

(二) 庐山植物的识别

庐山地区目前已知维管束植物 210 科 735 属 1 720 种，其中种子植物 175 科 662 属 1 571 种，蕨类植物 35 科 73 属 149 种。种子植物中裸子植物占 8 科 29 属 70 种，单子叶植物 32 种 142 属 281 种，而双子叶植物占 135 科 491 属 1 220 种。根据地理学教学实习的目的，我们选择性地认识、掌握几十种对庐山地区植被和生境最有代表性的植物种类。其中壳斗科、樟科和山茶科植物是掌握的重点。下面简要介绍该三大科分布等基本特点、壳斗科的分属检索表及需要掌握的主要植物种类。

1. 主要特点

(1) 壳斗科(Fagaceae)

壳斗科我国有 6 属约 300 种。自然分布于南北各省区，主产于西南及南部。自沿海低丘陵至海拔约 3 800 m 的高山均有生长，常为山地常绿阔叶或针阔混交林以及落叶阔叶林的主要上层树种，山地水源林的重要成分。本科种类木材都有经济价值，也是我国主要的一类造林树种。壳斗科植物多为常绿或落叶乔木，稀灌木。最大识别特征是坚果生于总苞中，总苞呈杯状或囊状，称为壳斗。壳斗半包或全包坚果，外有鳞片或刺，成熟时不裂、瓣裂或撕裂。花单性，雌雄同株，有时同序。

(2) 樟科(Lauraceae)

樟科我国约有 20 属 420 余种，主要分布于云南、四川、广西、广东及台湾等省(自治区)，只有少数落叶种类分布较北。大多为山地森林的重要成分。樟科大多为乔木或灌木。果实为浆果状核果。樟科经济植物繁多，用途很广，大多为珍贵用材树种，一些还可提供轻工和医药上用的芳香油以及生产樟脑。

(3) 山茶科(Theaceae)

山茶科我国约有 15 属 400 余种，主要产于长江以南各地。多为常绿乔木或灌木。单叶互生，常革质，羽状脉。花大整齐。蒴果、或不开裂的核果和浆果。该科具有很高的经济价值，多为著名饮料、油料、观赏和用材树种。

2. 庐山地区壳斗科主要属分属检索表

(1) 雄花序直立，每壳斗内有 1～3 坚果

1) 落叶;小枝无顶芽;壳斗球形,完全包围1～3坚果
………栗属 *Castanea*
2) 常绿;小枝有顶芽;壳斗内有1坚果
3) 叶二列,基部两侧不对称,壳斗几乎全部包围坚果
………栲属 *Castanopsis*
4) 叶螺旋状排列,基部两侧对称,壳斗部分包围坚果
………石栎属(柯属)*Lithocarpus*
(2) 雄花序下垂,每壳斗内有1坚果
1) 壳斗上鳞片轮生,结果时结合成同心环带,叶常绿
………青冈栎属 *Cyclobalanopsis*
2) 壳斗上鳞片螺旋状排列,结果时不成同心环带;落叶
………栎属 *Quercus*

3. 主要植物认知

(1) 茅栗 *Castanea seguinii* Dode(壳斗科)

形态特征:落叶乔木。叶互生,薄革质,多为长椭圆形,边缘具锯齿,叶背面褐黄色,具鳞状腺点。雄花序直立,腋生;雌花序常生于雄花序基部。壳斗近球形,苞片尖刺状,每壳斗有坚果一般3个,坚果较小,扁球形,花期5月,果期9～10月。

生境:分布在华东地区海拔2 000 m以下地区,喜温暖或温凉湿润的气候条件及肥沃的酸性土,干旱瘠薄土也能生长。庐山地区主要分布在海拔700 m以上的区域。

用途:坚果含淀粉,可生、熟食和酿酒;壳斗和树皮含鞣质可作丝绸的黑色染料;木材坚硬耐用,制作农具和家具;苗可作板栗的砧木。

(2) 锥栗 *Castanea henryi* (Skan) Rehd. et Wils.(壳斗科)

形态特征:高大落叶乔木。树干比同属的板栗和茅栗通直。小枝紫褐色,无毛。叶缘疏生锯齿,具刺毛状尖头,叶下面微有星状毛或无毛。每一总苞内有坚果1个。花期6月,果熟期10月。

生境:分布在华东地区海拔600～2 000 m,温凉湿润的气候条件及肥沃的酸性土。庐山地区零星分布,不多见。

用途:是我国重要木本粮食植物之一,果实可制成栗粉或罐头。木材坚实,可供枕木、建筑等用。壳斗木材和树皮含大量鞣质,可提制栲胶。

(3) 苦槠 *Castanopsis sclerophylla* (Lindl.) Schott.(壳斗科)

形态特征:常绿乔木,树皮深灰色,纵裂。幼枝无毛,小枝绿色,略具棱。叶厚革质,椭圆形,长7～14 cm,顶端渐尖或短尖,基部楔形或圆形,边缘或中部以

上有锐锯齿，背面苍白色，有光泽，螺旋状排列。花期 5 月，10 月果熟。壳斗杯形，幼时全包坚果，苞片三角形，顶端针刺形，排列成 4～6 个同心环带；坚果褐色，有细毛。

生境：耐阴树种，喜温暖湿润气候及酸性土壤，在干旱瘠薄环境中也能生长。中亚热带低山丘陵分布，庐山地区主要分布在海拔 500 m 以下森林中。

用途：园林绿化、沿海防风林及工厂区绿化树种。材质致密坚韧，有弹性，可供建筑、机械等用；坚果含淀粉，浸水脱涩后可做豆腐，颜色呈淡红色，供食用，称“苦槠豆腐”。

(4) 甜槠 *Castanopsis eyrei* (Champ.) Tutch. (壳斗科)

形态特征：常绿乔木，大树树皮纵深裂，厚达 1 cm，块状剥落，小枝皮孔甚多，枝、叶均无毛。叶革质，基部明显偏斜，壳斗顶部的刺密集而较短，通常完全遮蔽壳斗外壁。花期 4～6 月，果期 9～11 月。

生境：耐阴，喜温暖湿润气候，及酸性、肥厚湿润土壤。在庐山地区主要分布于海拔 500～900 m 地带。

用途：果实生食；木树坚硬，可供工业用材；树皮和壳斗含鞣质。

(5) 大叶栲 *Castanopsis megaphylla* Hu (壳斗科)

形态特征：常绿乔木。幼枝被绒毛，小枝及花序轴密生淡褐色皮孔。叶革质，椭圆形或长椭圆形，顶端短钝尖，基部近圆形或宽楔形，背面淡褐色，二次侧脉明显。总苞连刺直径 3 cm，苞片短针刺形。

生境：中亚热带成分，在庐山地区主要分布于海拔 500 m 以下群落中。

用途：用材树种。

(6) 石栎 *Lithocarpus glaber* (Thunb.) Nakai(壳斗科)

形态特征：常绿乔木。树皮灰褐色、平滑。一年生枝密生灰黄色绒毛。单叶互生，叶片倒卵状长椭圆形或椭圆形，全缘或顶端有 2～4 个小齿。壳斗碟形或碗形，外壁小苞片呈鳞片状。坚果翌年 9～10 月果熟。

生境：分布基本同大叶栲。

用途：庭荫树。

(7) 短柄枹 *Quercus glandulifera* var. *brevipetiolata* Nakai (壳斗科)

形态特征：落叶乔木。单叶互生，叶片长椭圆状披针形或披针形，叶边缘具粗锯齿，叶集生在枝条顶端，叶柄短或几无柄。花期 4～5 月，果实次年 10 月成熟。

生境：长江以南地区荒山常见树种，生长于海拔 60～2 000 m 山地杂木林中。阳性，喜温暖湿润的气候条件及肥沃的酸性土。在庐山地区从山下到山上均有分布，但主要分布于海拔 600 m 以上的森林群落中。

(8) 青冈栎 *Cyclobalanopsis glauca* (Thunb.) Oerst. (壳斗科)

形态特征：常绿乔木。叶互生，革质，椭圆形，叶中部以上有锯齿。花期 5 月，果熟期10月,花黄绿色。壳斗杯状,包围坚果1/3~1/2,苞片合生成同心环带5~8条,坚果卵形或椭圆形。

生境:亚热带树种,是我国分布最广的常绿阔叶树种之一。在庐山地区主要分布于海拔900 m以下的丘陵。

用途:木材质地坚硬耐腐,一般用来做铁道枕木,也用来制造家具和器皿等。

(9) 小叶青冈栎 *Cyclobalanopsis gracilis* (Rehd. et Wils) Cheng et T. Hong (壳斗科)

形态特征:与青冈的主要区别是叶较窄,边缘锯齿细小或基本无锯齿。

生境:在庐山地区主要分布于海拔600~900 m范围。

(10) 青栲 *Cyclobalanopsis myrsinaefolia* (Bl.) Oerst. (壳斗科)

形态特征:常绿乔木,小枝无毛,叶长椭圆形,通常叶缘1/3以上有锯齿。壳斗同样有同心环带。

生境:在庐山地区主要零星分布于海拔600~900 m。

(11) 香樟 *Cinnamomum camphora* (L.) Presl (樟科)

形态特征:常绿乔木。叶卵形或椭圆状卵形,顶端短尖或近尾尖,基部圆形,离基三出脉,近叶基的第一对或第二对侧脉长而显著,背面微被白粉,脉腋有腺点。球形的小果实成熟后为黑紫色;花期4~5月,果期10~11月。

生境:在庐山地区主要分布于600 m以下山地。

用途:特种经济林重要树种。木材耐腐、防虫、致密、有香气,是家具、雕刻的良材;除了用来提炼樟脑,或作为庭荫树、行道树、防护林及风景林外,樟脑还有强心解热、杀虫之效。

(12) 天台乌药 *Lindera aggregata* (Sims) Kosterm (樟科)

形态特征:常绿灌木或小乔木。叶互生,卵形,椭圆形至近圆形,先端长渐尖或尾尖,基部圆形,革质或有时近革质,上面绿色,有光泽,下面苍白色,幼时密被棕褐色柔毛,后渐脱落,三出脉;花期3~4月,果期5~11月。

生境:生于海拔200~1 000 m向阳坡地、山谷或疏林灌丛中。在庐山分布于海拔1 000 m以下的森林中。

用途:根药用,一般在11月至次年3月采挖,果实、根、叶均可提芳香油制香皂;根、种子磨粉可杀虫。

(13) 天竺桂 *Cinnamomum japonicum* Sieb. (樟科)

形态特征:常绿乔木。叶革质,近对生,卵状长圆形或长圆状披针形,离基三出脉,中脉、侧脉两面凸起,叶背灰绿色,无毛,叶柄无毛,树皮和叶均有香味及辛辣味。花期4~5月,果期7~9月。

生境:耐阴植物,喜温暖阴湿气候。常生于肥沃、疏松、湿润而不积水的地方。生于山坡、谷地较阴湿的杂木林中。在庐山地区主要分布于海拔600~900 m。

用途：庭荫树，作香料或副食佐料。

(14) 山胡椒 *Lindera glauca* (Sieb.et Zucc.) Bl.（樟科）

形态特征：落叶灌木或小乔木；单叶互生，叶薄革质，多为长椭圆形至倒卵状椭圆形，长 3.5～10 cm，宽 2～4 cm，背面苍白色，密生细柔毛。叶全缘，羽状脉，叶片枯后留存树上，来年新叶发出时始落。浆果球形，熟时黑色或紫黑色。花期 4 月，果熟 9～10 月。

生境：喜光照，也稍耐阴湿，抗寒力强，以湿润肥沃的微酸性砂质土壤生长最为良好。在庐山地区主要分布于海拔 700 m 以上的森林中。

用途：果及叶可提取芳香油，作食品及化妆品香精；种子含脂肪油，可制肥皂及机械润滑油；根、枝、叶、果实供药用，有祛风湿、消肿、解毒、止痛之效。

(15) 山鸡椒 *Litsea cubeba* Pers.（樟科）

形态特征：落叶灌木或小乔木。树干枝皮均带绿色或黄绿色，单叶互生，披针形，有香气，纸质光滑。花期 4 月，果熟 9～10 月。

生境：浅根性，常生于荒山、荒地、灌丛中或疏林内、林缘及路边。分布于长江流域。在庐山地区分布同山胡椒。

用途：珍贵芳香油料植物，中药，可治理疏林地水土流失。

(16) 大叶钓樟 *Lindera umbellata* Thunb.（樟科）

形态特征：落叶灌木。叶纸质，矩圆形、倒卵状披针形，背面有棕黄色毛。在庐山地区植株叶片上常见虫眼。浆果球形，熟时红色再黑色。花期 3～4 月，果期 7～9 月。

生境：分布同山胡椒。

(17) 细齿叶柃 *Eurya nitida* Korthals（山茶科）

形态特征：常绿灌木或小乔木，全体无毛；嫩枝有棱。叶矩圆状椭圆形或倒卵状披针形，边缘有锯齿。果实圆球形，直径 3～4 cm。

生境：生于海拔 40～1 300 m 山谷、林地。庐山海拔 1 300 m 以下区域均有分布，也是庐山地区分布海拔最高的少数常绿灌木种类之一。

用途：枝、叶、果实可为染料。

(18) 油茶 *Camellia oleifera* Abel.（山茶科）

形态特征：常绿小乔木。树皮淡褐色，光滑。单叶互生，叶厚、革质，卵状椭圆形，边缘有细锯齿。蒴果球形、扁圆形、橄榄形，直径 3～4 cm。

生境：喜温暖，阳光充足，水分充足，在坡度和缓、侵蚀作用弱的地方栽植，适宜土层深厚的酸性土。

用途：种子含油 30％以上，供食用及润发、调药，可制蜡烛和肥皂，也可作机油的代用品。同时，油茶又是一个抗污染能力极强的树种，对二氧化硫抗性强，抗氟和吸氯能力也很强。

(19) 茶 *Camellia sinensis* (L.) O. Ktze.(山茶科)

形态特征：常绿小乔木或灌木，叶呈椭圆形，边缘有锯齿，微凹。花白色，蒴果圆形或呈3瓣状。

生境：一般分布或种植于通气性、透水性或蓄水性能良好的酸性壤土，光照不能太强也不能太弱，湿度大和充足的紫外线有助于茶叶品质提高，因而高山出好茶。

用途：可制茶，我国为茶叶主产区。

(20) 杨桐 *Adinandra* (Hook. et Arn.) Benth. et Hook. f. ex Hance(山茶科)

形态特征：常绿小乔木。叶肉质，椭圆形，先端钝急尖至钝渐尖，基部楔形或钝形，全缘，叶面深绿色，有光泽，背面淡绿色，两面无毛，叶脉不明显；顶芽较大，有些扁平。花期7月，果期9～11月。

生境：喜温凉湿润气候及酸性土壤。在庐山地区多分布于海拔500～900 m。

(21) 厚皮香 *Ternstroemia gymnanthera* (Wight et Arn.) Sprague(山茶科)

形态特征：常绿小乔木或灌木。叶倒卵形至长圆形，顶端钝圆或短尖，叶全缘，肉质，表面绿色，背面淡绿色，叶脉不明显，叶柄常有些发红；花期7～8月，果期8～9月。

生境：常见于常绿阔叶树下或林缘，喜温暖湿润气候及酸性、肥厚湿润土壤。在庐山地区分布于海拔900 m以下区域。

用途：种子油供工业用；树皮可提栲胶。

(22) 满山红 *Rhododendron mariesii* Hemsl.(杜鹃花科)

形态特征：落叶灌木。上部的小枝常轮生，幼时有黄褐色长柔毛，后变无毛。叶2～3片丛生枝顶，卵形至宽卵形，顶端急尖，基部钝圆，全缘或中部以上有不明显的钝齿，幼时两面有毛。花期4～5月，花紫色，果期7～8月。

生境：亚热带山地，阳性，喜温暖湿润的气候条件，干旱瘠薄土壤也能生长。在庐山主要分布于海拔700 m以上群落中。

用途：花灌木，酸性土指示植物。

(23) 映山红 *Rhododendron simsii* (Planch)(杜鹃花科)

形态特征：落叶灌木。叶椭圆状卵形至椭圆状披针形，先端短尖，基部楔尖，上面有被粗毛，背面更甚。花粉红色。

生境：亚热带山地，阳性，喜温暖湿润的气候条件，干旱瘠薄土壤也能生长。分布与用途同满山红。

(24) 马银花 *Rhododendron ovatum* (Lindl.) Planch.ex Maxim.(杜鹃花科)

形态特征：常绿灌木或小乔木。叶革质，卵形或椭圆状卵形。花期4～5月，花紫白色，单生于枝端叶腋。果熟期9～10月。

生境：生于林下或灌丛中。耐阴种类。在庐山地区分布于海拔1 000 m以下。

用途：花灌木。

(25) 枫香 *Liquidambar formosana* Hance（金缕梅科）

形态特征：落叶乔木，树干挺直。叶薄革质，阔卵形，掌状 3 裂，边缘有锯齿；头状果序圆球形，下垂。

生境：喜温暖湿润气候，性喜光，幼树稍耐阴，耐干旱瘠薄土壤，不耐水涝。在湿润肥沃而深厚的红壤、黄壤和黄棕壤上生长良好。在庐山地区主要分布于 1 000 m 以下区域。

用途：树脂供药用，能解毒止痛，止血生肌；根、叶及果实亦入药，有祛风除湿，通络活血功效。木材稍坚硬，可制家具及贵重商品的装箱。

(26) 檵木 *Loropetalum chinensis* (R. Br.) Oliv.（金缕梅科）

形态特征：通常为常绿灌木，稀为小乔木；小枝有锈色星状毛。叶革质粗糙，卵形，顶端锐尖，基部偏斜而圆，全缘，下面密生星状柔毛；花期 5 月，果期 8 月。

生境：耐阴树种，喜温暖湿润气候及酸性、肥厚湿润土壤。在庐山地区分布于海拔 900 m 以下灌木层。

用途：根、叶、花、果入药，能解热、止血、通经活络；木材坚实耐用；核和叶含鞣质，可提栲胶。

(27) 灯台树 *Cornus controversa* Hemsl.（山茱萸科）

形态特征：落叶乔木。树枝层层平展，形如登台，枝暗紫红色。叶互生，簇生于枝梢，叶广卵圆形。伞房状聚伞花序生于新枝顶端，长 9 cm，白色。核果近球形，花期 5～6 月，果期 9～10 月。

生境：喜温暖湿润的气候条件，及肥沃的酸性土。在庐山地区主要分布于海拔 700 m 以上森林中。

用途：庭荫树、行道树。

(28) 四照花 *Cornus kousa* subsp. *chinensis* Osb.（山茱萸科）

形态特征：落叶小乔木。叶对生，纸质，两面被毛，花黄白色，球形头状花序，由 40～50 朵小花组成，总苞片 4 枚；果序球形，紫红色；总果柄纤细。果序球形熟时红色。花期 4～5 月，果期 9～10 月。

生境与用途：同灯台树。

(29) 鸡爪槭 *Acer palmatum* Thunb.（槭树科）

形态特征：落叶小乔木。叶纸质，5～9 掌状分裂，通常 7 裂，边缘具紧贴的尖锐锯齿。翅果嫩时紫红色，成熟时淡棕黄色。花期 5 月，果期 9 月。

生境：喜阴坡湿润山谷，耐酸碱，不耐水涝，要求湿润和富含腐殖质的土壤。为庐山地区林中伴生种。

用途：庭园观赏树。

(30) 化香 *Platycarya strobilacea* Sieb.et Zucc.（胡桃科）

形态特征：落叶乔木。奇数羽状复叶互生，薄革质，顶端长渐尖，边缘有重锯齿。果序球果状,长椭圆形,暗褐色。花期5～6月,果期7～10月。

生境：阳性树种,喜温暖湿润的气候条件,对土壤没有特别要求。为森林中常见种,庐山分布同灯台树。

用途：根皮、树皮、叶和果实为制栲胶的原料;可供药用。

(31) 黄山松 *Pinus taiwanensis* Hayata (松科)

形态特征：常绿乔木,叶枝暗红褐色,叶2针一束,粗硬,树冠伞形,枝条虬曲儿与主干呈直角。

生境：较耐寒,喜光,喜凉爽湿润气候,耐贫瘠。在庐山地区分布于600～700 m以上区域。

用途：观赏树种,先锋树种,速生用材树种。

(32) 马尾松 *Pinus massoniana* Lamb. (松科)

形态特征：常绿乔木,树干皮红褐色,冬芽褐色,叶2针一束,质软,疏松。

生境：阳性树种,喜温暖湿润的气候条件及酸性土,在干旱瘠薄土壤上也能生长。在庐山地区分布于海拔850 m以下。

用途：观赏树种,先锋树种,速生用材树种。

(33) 日本扁柏 *Chamaecyparis obtusa* (Sieb. et Zucc.) Endl. (柏科)

形态特征：常绿乔木。树冠尖塔形。树皮红褐色,裂成薄片。生鳞叶的小枝背面有白线或微被白粉。鳞叶先端钝,肥厚。

生境：在不干不湿、光照适中的中生环境中生长良好。在庐山分布于海拔800～1 200 m。

用途：作园景树、行道树、树丛、绿篱、基础种植材料及风景林用。木材坚韧耐腐芳香,可供建筑、造纸等用。

(34) 日本柳杉 *Cryptomeria japonica* (L. f.) D. Don (柏科)

形态特征：常绿乔木,树冠圆锥形。树皮暗褐色,侧枝密生。叶锥形,螺旋状着生。

生境：适宜中生环境,稍耐阴,忌干旱,适生于深厚肥沃、排水良好的砂质壤土。在庐山分布于海拔800～1 200 m。

用途：用材树种。

(35) 杉木 *Cunninghamia lanceolata* (Lamb.) Hook. (杉科)

形态特征：常绿乔木,干形挺拔。叶条状铍针形,不着生在同一平面上。雄球花簇生枝顶;雌球花单生,或2～3朵簇生枝顶。

生境：阳性树种,喜温暖湿润的气候条件,及酸性、肥厚湿润、排水良好的土壤,在静风谷地、缓坡和山凹生长良好。在庐山地区分布于海拔800～1 000 m以下。

用途：速生用材树种。

(36) 铁芒萁 *Dicranopteris linearis* (Burm.) Underw. (里白科)

形态特征：叶柄长1～4 m。叶轴有5～8回两歧分枝,叶上面绿色,两面均无毛。

生境：生于疏林的林缘或荒地，喜阳。常小片或成片分布。适合生长于pH 4.5～5.0左右的酸性土壤。

用途：具有水土保持及改良土壤的功效，也是火灾后可以急速复原的植物。全草有清热利尿祛瘀止血之功效。亚热带酸性土壤指示植物。

(37) 紫萁 *Osmunda japonica* Thunb.（紫萁科）

形态特征：叶簇生，直立，柄长20～30 cm；叶片为三角广卵形，顶部一回羽状，其下为二回羽状；叶为纸质，孢子叶沿中肋两侧背面密生孢子囊。

生境：生于林下或溪边。中性至耐阴性，喜温凉湿润的气候条件及酸性肥厚湿润的土壤。

用途：中药贯众，酸性土壤指示植物。

(38) 毛竹 *Phyllostachys edulis* (Carriere) J. Houzeau（禾本科竹亚科）

形态特征：常绿乔木状竹类植物，单轴散生型。秆大型，高可达20 m以上，粗可达18 cm。秆每节2分枝，秆箨厚革质，密被糙毛和深褐色斑点与斑块，箨耳和繸毛发达，箨舌发达，箨片三角形、披针形，外翻。笋期3～5月。

生境：喜温暖湿润气候，在深厚肥沃、排水良好的酸性土壤上生长良好，忌排水不良的低洼地。在庐山主要分布于海拔950 m以下的区域。单独成林或与乔杉木混交。

用途：重要用材植物，食用植物。

(39) 单叶蔓荆 *Vitex trifolia* var. *simplicifolia* Cham.（马鞭草科）

形态特征：落叶小灌木，叶对生，椭圆形，叶片表面光滑，茎直立或匍匐，方形。花期6～7月，果熟期9～10月。根系发达。

生境：耐寒、耐旱、耐瘠薄，喜光，在适宜的气候条件下生长极快。在庐山地区主要分布于鄱阳湖滨沙山。

用途：具有很强的抗风、抗旱、抗盐碱能力，治沙植物。

(40) 黄花蒿 *Artemisia annua* L.（菊科）

形态特征：一年生草本。基部及下部叶在花期枯萎，中部叶卵形，三次羽状深裂。

生境：生山坡、林缘及荒地。

用途：清热解毒，杀虫疗伤，解毒疗疮，解热健胃，优良中药材。

(41) 狗牙根 *Cynodon dactylon* (Linn.) Pers.（禾本科）

形态特征：多年生草本植物，具根状茎或匍匐茎，须根细而坚韧，节间长短不等。穗状花序3～6枚指状排列于茎顶。

生境：阳性植物，喜温暖湿润气候，耐阴性和耐寒性较差，喜排水良好的肥沃土壤。狗牙根耐践踏，侵占能力强。

用途：优良草种之一。

(42) 白茅 *Imperata cylindrica* (Linn.) Beauv. (禾本科)

形态特征：多年生草本，春季先开花，后生叶子。须根，茎节上有长柔毛；根状茎长，叶片主脉明显；花穗上密生白毛。旱地恶性杂草。

生境：适应性强，耐阴、耐瘠薄和干旱，喜湿润疏松土壤。

用途：根茎可吃，也可入药，叶子可以编蓑衣。

(三) 植物群落调查

要了解一个群落的性质及其特点，必须对群落进行调查，调查的方法很多，常用的有路线踏察及样方调查。

1. 路线踏察

就是沿着一定路线对所经过的植物群落进行一般观察，包括群落类型、外貌特征、群落结构、主要种类、生长情况等，同时结合地形变化，了解它们分布的特点和大致分布界限。该方法特点是可在较短时间内快速获得第一手资料，但比较粗略。

有时也做路线调查记载表进行调查。

通常是事前通过植被图、航片判读、当地访问等形式选定几条路线。所选路线上的植被类型可以充分反映当地植被状况或具体工作的要求。

2. 样方调查

选取群落的代表性地段设置样方，样方面积应不小于该群落调查的“最小面积”，分别调查乔木层、灌木层和草本层。规范的样方调查通常每一类型要进行3～5个样方调查。通过样方调查可以更详细地了解群落的性质、特征，更准确地命名植物群落，同时更准确地判定群落的演替方向。样方调查是对群落最好的定量化调查。调查表格如下所示。

植被路线调查记载表

编号：________ 调查日期______年____月____日 调查人：________

地理位置：________省____县____乡________ 海拔：____m。

自然条件：地质：________；地形：坡向____，坡度____；土壤____。

人为及其他因素影响：____________________________

植物群落名称：____________________________

乔木层 郁闭度： ；株行距 m× m

采集号	种 名	植株高度/m			胸高直径/cm			生长情况	备 注
		一般	最高	最低	一般	最粗	最小		

灌木层　覆盖度　　　　(%)

采集号	种名	植株高度/m			分布特点			生长情况	多度			备注
		一般	最高	最矮	单	群	丛		多	少	一般	

草本层　覆盖度　　　　(%)

采集号	种名	一般株高/m	分布特点			备注
			单	群	丛	

立木更新(幼树)

幼树名称	起源		分布特点			备注
	实生	萌生	单	群	丛	

(四) 植物群落演替方向及类型判定

任何一个植物群落由于立地条件的改变、植物繁殖体的散布、植物间直接或间接的作用、新的植物的侵入以及人类活动的影响等均可能使群落处于不断演替中。判定群落演替的方法有多种，指标也多样，但在工作中最常用、也最实用的是以下方法。即在调查植物群落时，除了特别注意群落建群种(即乔木层优势种)和优势种的生长情况，包括生长高度外，还应注意林下幼树幼苗更新情况是否与乔木层建群种种类相吻合。若群落建群种的幼木生长良好，同时数量也占优势，则说明该群落是一个相当稳定的群落。再从生物气候带上检验是否为地带性植被,从而确定是否已达到了顶极群落。若立木更新情况与群落建群种种类不相吻合,则首先要注意立木更新良好且占优势的这些种类,未来往往是这些种类将取代原有的群落建群种,从而演替为另一植被类型;如果群落的生境条件明显恶化,同时群落建群种种类生长不良,并且没有立木更新,则群落将发生逆向演替,向灌丛或草丛方向发展。不同植被、不同生态环境有不同的演替规律,但对于森林地区来说,群落建群种种类生长情况的良好与否、有无立木更新以及立木更新的不同状况,是判别群落演替方向以及下一演替植被类型的最关键指标。当然也要留意这些种类的生态习性是否与其现存的情形相协调,从而更有把握地加以判定。

(五) 植被填图

植被填图就是在一定比例尺的地形图上填入某一地区不同植被类型的分布情况,这种图可以为林业生产、植被区划以及有关的研究服务。一般选定适当比例尺的地形图作为工作底图。

植被填图除了一般填图必须注意的方面外,还有自己的特点:

1) 植被填图一般是在制高点或视野开阔点,并结合地形、海拔特征勾出视野范围内的植被。

2) 看到植被方可填图,不可推测填图。

3) 在填图前,最好先熟悉所填地区的主要群落的外貌特征,以便从远处就可以快速、准确地进行填图。

4) 根据填图精度要求,将小的植被类型合并到边上大的植被类型中。

5) 结合植被遥感影像资料,再核实、调整并最终确定各植被类型的范围边界。

(六) 植被类型遥感解译与制图

利用遥感数据和技术可以解译大范围植被类型及其时空分布信息,通过植被外业调查和内业整理及数据分析,重点掌握以下三方面技能:① 结合地面调查与多源、多时相遥感数据明确典型植被类型的遥感表征;② 基于多时相高分辨率遥感数据目视判识不同植被类型及其空间分布;③ 利用多时相中、高分辨率遥感数据实现植被类型自动分类并制图。

1. 典型植被类型遥感表征

通过建立庐山地区典型植被类型解译标志,如阔叶林(常绿、落叶、常绿落叶)、针叶林(松、杉、柏)、针阔混交林、竹林、茶园、灌木等,明确典型植被类型遥感表征。结合地面调查与室内分析的方法建立解译标志。地面调查时,利用位置测量设备(如 BDG、GPS)和手机地图 APP(如奥维互动地图、百度地图、高德地图等)记录典型植被类型的位置,记录植被类型以及实景照片。室内分析时,根据地面调查记录的位置和植被类型信息，在遥感数据中（包括天地图或谷歌地球中的高分辨率遥感数据和 Landsat、Sentinel 等中分辨率遥感数据）标识地面调查点并据此分析不同植被类型的光谱、纹理、空间结构以及季相节律遥感表征。

2. 植被类型遥感目视判识

利用多时相高分辨率遥感数据（如天地图、谷歌地球），基于庐山地区植被类型遥感表征，掌握典型植被类型遥感目视判识方法，能够从遥感图像中目视判读典型植被的类型及其空间分布。总结归纳不同植被类型的光谱、纹理和空间结构特征差异及代表性特征，并重点利用多时相遥感数据反映的植物季相节律特征，形成植被类型高分辨率遥感目视判识依据，如图 6－2 所示。比如通过竹林在夏季高分辨率遥感图像中的光谱和纹理表征进行判识，通过特有的纹理、形状特征判识针叶林，通过线状结构特征判识茶园，结合夏季、冬季遥感图像判识落叶林等。利用遥感或 GIS 软件绘制典型植被类型空间分布范围、记录类型属性信息并制作典型区域植被类型遥感目视解译结果图。

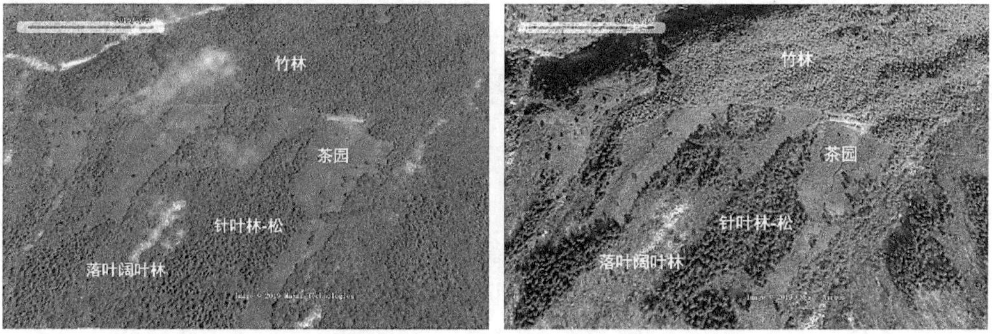

图 6－2　庐山地区典型植被类型多时相高分辨率遥感目视判识依据示例

3. 植被类型自动分类与制图

基于地面调查积累的先验知识、遥感目视判识依据和遥感图像地物分类方法，利用多时相中/高分辨率遥感数据和遥感专业软件（如 ENVI 软件），实践庐山地区典型区域植被类型自动分类与制图。鉴于前置课程中已学习了关于遥感地物分类相关原理与操作方法，此处仅针对植被类型自动分类实践的总体思路和注意事项进行简要说明。

1）选取地面调查点分布集中、植被分布典型的区域作为工作区域。

2）综合考虑工作区域植被分布特点以及遥感解译能力制定分类系统，应涵盖工作区域常见的植被类型，如阔叶林（常绿、落叶、常绿落叶）、针叶林（松、杉、柏）、针阔混交林、竹林、茶园、灌木等。

3）收集多时相卫星遥感数据（如 Landsat、Sentinel 等，下载网址：https://www.gscloud.cn；https://earthexplorer.usgs.gov/；https://sentinel.esa.int/web/

sentinel/home),涵盖年内植被生长重要阶段,进行必要的几何与辐射预处理。

4) 结合地面调查记录和目视判识依据,参照分类系统制备植被自动分类模型所需训练数据。

5) 考虑不同植被类型光谱、纹理、空间结构和季相节律差异,优选并计算多时相遥感图像特征构建分类特征空间。

6) 选取适宜的分类器,经关键参数优化并模型训练后,完成植被类型自动分类,其间根据分类效果不断调整、优化输入特征和分类模型,取得高质量分类结果。

7) 对植被类型自动分类结果进行精度评价并将分类结果制作成专题图。

思考题

1. 试述庐山地区地带性植被的分布规律及其主要植被特征。

2. 庐山地区基带植被类型的主要代表种有哪些?

3. 庐山地区实习中所见壳斗科、樟科和山茶科种类有哪些? 哪些属于常绿种类? 哪些属于落叶种类? 它们在群落中的地位如何?

4. 什么叫植被演替和顶极群落? 在野外如何判断植被演替的方向? 举例说明庐山地区的植被演替。

5. 庐山地区马尾松、黄山松是如何分布的? 它们的分布与气候、土壤的垂直地带性存在怎样的关系?

6. 影响地带性植被分布的主要环境条件是什么? 举例说明。

7. 庐山地区的酸性土指示植物你认识哪几种? 杉木、毛竹分布与自然条件的关系如何?

8. 在野外如何判断常绿乔木与落叶乔木?

9. 在野外如何进行植被路线踏察?

10. 在植被填图中应注意哪些问题?

11. 比较庐山地区植被垂直带谱中植被类型与相应水平植被带群落特征的异同点。

12. 试述鄱阳湖砂山沙生植被与沙生环境的生态关系。

13. 通过实习,你认为应如何更好地绿化、美化庐山?

14. 在植被类型遥感目视判识过程中应注意哪些主要问题?

第七章　土壤地理学野外实习

第一节　庐山土壤地理学野外实习基本内容

一、庐山地区主要成土过程及土壤分布规律

气候、母质、地形、生物、时间和人类活动等因素都对土壤的形成过程产生深刻的影响。土壤形成因素分析是认识成土过程和土壤属性、野外鉴别土壤类型和土壤调查与制图工作的重要手段。

（一）庐山地区主要成土过程

1. 原始成土过程

从岩石露出地表并有微生物着生开始，到高等植物定居之前的土壤形成过程称为原始成土过程。裸露的岩石表面或薄层的岩石风化物上开始着生地衣、苔藓等低等植物和真菌、细菌等微生物，在低等植物和微生物的作用下，有机质开始累积并为高等植物的生长发育创造了条件。

2. 黏化过程

黏化过程是矿物质土粒由粗变细而形成黏粒的过程。但黏粒的形成不仅仅是由于物理性的破碎及化学分解，它还包括矿物分解产物的再合成作用，即次生矿物的形成作用。黏化过程包括黏粒的形成和黏粒的淋溶积聚。在温暖、湿润的气候条件下，土壤形成过程中发生强烈的原生矿物分解和次生矿物生成，形成富含黏土矿物的黏重土层。

3. 脱硅、富铝化过程

热带、亚热带生物气候条件下，矿质土粒的铝硅酸盐发生强烈水解，释出盐基物质，使风化液呈中性或碱性反应。这样，盐基离子不断流失，另一方面，分解产物中的硅酸在碱性风化液中随盐基一起流失。这就是强烈的脱盐基和脱硅过程。而在这一过程中，铝、铁、锰、钛等元素却在碱性风化液中发生沉淀，滞留于土层之中而发生残留聚积或富集。

表示土壤脱硅富铝化属性时，常对土壤黏粒进行全量分析，分别把 SiO_2 和 Al_2O_3 的重量除以各自的分子量，计算二者的分子比。其比值称硅铝率，即 SiO_2/Al_2O_3。红壤、黄壤等土壤的发生，都反映了不同程度的富铝化过程。

4. 腐殖化过程

土壤上部积聚大量有机质不能彻底分解，进行着以嫌气过程为主的转化作用，未彻底分解的有机质及中间产物，在微生物的作用下进行强烈的腐殖化过程，形成了大量的腐殖质，在土壤表层累积为腐殖质层。

5. 潜育化过程

潜育化是终年积水的土壤所常见的成土过程。由于长期处于还原环境，土壤矿质中的铁、锰处于低价状态，土体显青色或青黑色。潜育化可出现于沼泽土，也可出现于高地下水位或排水不良的水稻土中。水稻土的剖面构型中，有所谓潜育层(俗称青泥层)，就是指土层中有潜育化特征的发育。土壤潜育化对旱作和高产水稻的培育都是不利的。

6. 潴育化过程

潴育化是土壤形成中的氧化-还原交替过程。潴育化过程和潜育化过程的共同点是它们都是渍水影响下发生的。但潴育化主要发生在直接受地下水浸润的土层中，由于地下水位雨季升高，旱季下降，土层干湿交替，引起土壤中铁锰物质处于还原和氧化的交替过程。在土壤浸水时，铁锰被还原迁移；土体水位下降时，铁锰氧化淀积，形成有锈纹锈斑，黑色铁锰结核的土层。

7. 土壤熟化过程

人类通过耕作、施肥、灌溉、排水等措施，不断改变土壤原有的性状，使土壤的水、肥、气、热条件更适合作物生长。加速土壤熟化过程的措施主要包括土体构型的改造、土壤中存在的作物生长障碍因素的消除以及土壤水、气、热状况以及养分的调剂与补充。

(二) 庐山地区土壤分布规律

1. 影响土壤形成和分布的主要因素

在上述成土因素和成土过程的综合作用下，庐山山上及山麓呈一定规律分布着几种主要类型的土壤。

红壤广泛分布于山麓地带。水分较好的地形情况下发育黄壤。随海拔增高，气温降低，降水增多，湿度增大，在常绿阔叶林下发育为山地黄壤；在常绿与落叶阔叶混交林下发育为山地黄棕壤；在落叶阔叶林下发育为山地棕壤；在一些山峰的顶部，因风速过大或人为破坏，植被为茂盛的草类，发育着山地草甸土。个别地方地势平缓，局部排水不畅，尚有一些山地沼泽土分布。山麓地带广泛分布着水耕人为土——水稻土；在江湖附近，分布着浅色草甸土。

中新世的新构造运动使庐山沿着断裂上升为相对高度达 1 000～1 400 m 的山地，为土壤垂直地带的形成奠定了基础。山体内部由于外力作用塑造了各种地貌形态；山体外围地势低平，丘陵、阶地广泛分布，丘陵高度一般在海拔 300～400 m。这些地貌特点，在不同程度上影响到土壤性状的差异和土壤类型的分布。

庐山在气候上处于中亚热带的北缘，受东亚季风环流的影响，具有鲜明的亚热带季风湿润气候的特色。同时，随着海拔的增加，山地的水热状况存在着垂直分异并制约着植被的垂直分布，进一步通过影响生物小循环过程而影响土壤形成过程和土壤理化性质。

地貌和水文条件对土壤的形成和发育也起着一定的作用，影响到局部地区土壤发育的方向，形成某些非地带性的土壤，如仰天坪一带地形平缓，地面相对低洼处因排水不畅而多喜湿沼泽植被，普遍发生沼泽化过程，从而发育着山地沼泽土。在江边和湖滨平地，因地下水的影响，往往形成草甸土。

本区成土母质类型多种多样，在山区剥蚀和侵蚀作用强烈，成土母质一般以坡积、坡积-残积为主，其上发育的土壤一般土层浅薄，且多含碎石块。在丘陵和山坡平缓之处，广泛分布着一定厚度的残积母质，其上发育的土壤较深厚，质地较细，向下粗骨部分逐渐增加。在湖滨及河谷地区的成土母质主要是第四纪的沉积物，其上发育的土壤土层深厚。第四纪风积母质分布也较广泛。

庐山海拔 900～1 200 m 处，广泛分布着网纹红土母质。网纹红土形成后，庐山发生强烈的断块上升，中新世的新构造运动使网纹红土抬升到目前这样的高度，残存的网纹红土成为现代土壤的成土母质。本地区岗丘上的水稻土主要由网纹红土发育而成。

2. 庐山地区土壤的垂直分布规律

随着海拔的增加，影响土壤形成的生物、气候条件产生相应的变化，致使土壤的类型分布产生垂直变化的现象，称为土壤垂直地带性分布规律。庐山地处中亚热带，其基带的地带性土壤是红壤和黄壤。庐山土壤垂直带谱是建立在红壤、黄壤这一基带基础之上的。同时，庐山处于我国东部季风温润区内，土壤垂直地带谱属湿润型。庐山相对高度只有 1 400 m 左右，土壤的垂直结构比较简单。自山麓至山顶，依次分布着红壤、黄壤、水稻土，山地黄壤，山地黄棕壤，以及山地棕壤（图 7－1）。

海拔 400 m 以下的山麓及附近岗丘地区属中亚热带，植被为常绿阔叶林、马尾松林及草类，广泛分布着纬度地带性的红壤和黄壤；海拔 400～900(800) * m，气候湿润暖热，植被为常绿阔叶林、马尾松及杉木等，发育着一种具有明显富铝化特征的山地黄壤；海拔 900(800)～1 200(1 100) m，气候温暖湿润，植被为常绿-落叶阔叶混交林，发育着既具有山地黄壤性质、又具有山地棕壤特征的山地黄棕壤；海拔

* 括号内数字为北坡的高度。

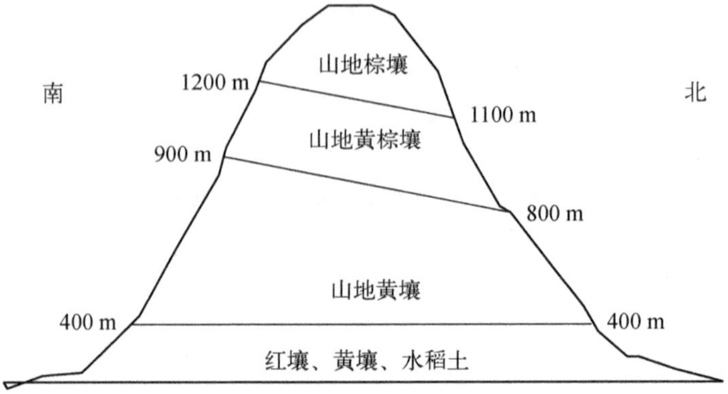

图 7-1　庐山土壤垂直分布示意图

1 200 m 以上的地区，植被为落叶阔叶林和灌丛，分布着山地棕壤；山地顶部由于气温低、风速大、木本植被少、多灌丛，草本植物生长茂盛，形成山地草甸土；局部洼地由于排水不良，生长喜湿植物，形成山地沼泽土。

由上述土壤垂直地带谱的组成和结构可见，基带土壤的上限海拔较低，带幅不足 400 m，山地黄壤分布在海拔 400～900(800) m，带幅达 400～500 m，成为庐山山地土壤的主要建谱类型。山地黄棕壤的带幅虽只有 300 m 左右，但在山地土壤垂直带谱中占有重要的地位。庐山土壤垂直地带均主要由四个地带组成，它们的组成和结构在南北坡之间无明显差异，但是坡向的不同却影响到各个土壤带分布的高度。如山地黄壤带在南坡分布的上限可达海拔 900 m 左右，在北坡的上限在海拔 800 m 左右。山地黄棕壤的上下限与山地棕壤带的下限也有类似的情况，其界限南坡高于北坡约 100 m 左右。从湿润程度来看，南、北坡差别不大，均属于湿润型；但从热量条件来看，南坡向阳，北坡背阴，同一海拔南北坡之间温度存在明显的差异，南坡高于北坡。

二、庐山地区主要类型土壤剖面特征

1. 山地黄棕壤

山地黄棕壤分布于海拔 800～1 200(1 100) m 的各种母质上，植被为常绿、落叶阔叶混交林，或灌木、草本。山地黄棕壤粉砂粒含量较高，黏粒含量不及山地黄壤明显。这与其所处地形海拔较高、气候较冷湿、风化作用较弱有关。但黏粒(特别是<1 μm 黏粒)仍有一定含量，说明山地黄棕壤在夏季炎热的气候条件下，原生矿物的分解与次生矿物的合成作用有一定强度。

山地黄棕壤全剖面呈较强的酸性反应；有机质含量较高，甚至底层土壤含量相当于红壤、黄壤表层的含量；全氮含量也比红壤与黄壤高；C/N 较宽，说明山地黄棕壤随气候的冷湿、生物小循环的速度减缓，形成的腐殖质类型与其他土壤不尽相同；水解性酸随浓度的增加而减少，代换性酸明显降低；代换量不高（表层土仅为21 cmol/kg），土壤酸度以活性铝为主。从差热分析曲线看，山地黄棕壤可能不含高岭石类矿物，但可能含有某些蒙脱类矿物，无定形物质也比黄壤、山地黄壤少。矿物遭受分解、破坏程度也不如山地黄壤强烈。

2. 山地棕壤

山地棕壤分布于海拔 1 200(1 100) m 以上的山地，植被为落叶阔叶林，由于森林植被遭受破坏，目前大都成为灌丛草类，母质主要为砂岩、板岩的残积和坡积物，局部地区以风积物为主。

山地棕壤的主要特点是：有机质含量较高；黏粒下移现象不甚明显；由于山地降水较多，物质有一定的淋溶，土壤呈微酸性反应；土壤代换量不高；代换性酸比红壤、黄壤和山地黄棕壤等要低，吸收性钙的含量远比上述土壤多。

3. 山地草甸土

山地草甸土曾分布在大月一带，现在已逐渐减少。这类土壤分布于山地比较平缓地段，植被为茂密的山地草甸群落。在生长季节中土壤温度并不过低，草本植物生长高大而旺盛，不论地表或地下都积累了大量的有机质，因此土壤形成的生草过程旺盛，但由于暖湿的生长季节不长，土壤经常保持湿润，有机质分解缓慢，较深的土层积聚了大量的有机质，形成暗黑色或灰色的腐殖质层。

山地草甸土的粉砂和黏粒含量均较高，特别是表层。随深度增加，黏粒含量下降，这可能由于表土中矿物黏化过程相当快，但是除表层外，小于 1 μm 的黏粒含量均较其他土壤偏低。

山地草甸土有机质含量很高，可与草原地带的黑钙土相比。随深度增加，有机质明显减少。但到 50 cm 处，其含量仍为 6%左右，至 100 cm 以下约为 3.5%。有机质高的主要是由于海拔高，气温较低，湿度较大，生物有机质积累过程大于分解过程。渗漏水的渗滤及腐殖质的酸性都能促使腐殖质渗入土层深处。因有机质含量较高，土壤具有良好的粒状结构。土壤呈酸性反应。

4. 初育土

坚硬固结的岩石风化而成的土状物质，土体内未经明显的物质移动与累积；或成土母质经水力、风力搬运与沉积，尚无明显剖面发育的土壤，均属初育土范畴。初育土一般具有明显的母质特征。红壤地区各种类型的红黏土即属于初育土。

5. 红壤

红壤广泛分布于山麓地带，植被为常绿阔叶林、马尾松林以及灌丛草本。成土母质主要为花岗岩、片麻岩、石英砂岩等残积和残坡积物。各层次间质地相当均匀。红壤的有机质含量很低，表层在 1.5%以下；土壤的代换量不高（7～8 cmol/kg），土壤吸收复合体高度不饱和；呈强酸性反应，土壤 pH（H_2O 和 KCl）差异不大，土壤酸度主要由活性铝引起。

6. 黄壤

黄壤分布于山麓地形比较低平的部位,或发育在黏重而排水不良的母质上;山地黄壤分布在 900(800) m 以下的地带,局部地区可达 100 m 左右。两者母质大都为花岗岩、砂岩、混合岩及第四纪风积物。

7. 山地黄壤

山地黄壤以水电站、黄龙寺至庐林大桥一带为典型。黄壤和山地黄壤小于 5 μm 的黏粒下层比上层要高,山地黄壤尤为显著。这可能是黏粒下移,或是母质本身性质所致,也可能是表层受到侵蚀,以致黏粒含量较少。

黄壤和山地黄壤的基本性状是:黄壤的有机质含量低,表层有机质含量仅 1.5%左右,山地黄壤有机质可达 3%左右,这是由于海拔较高,温度降低,湿度增大,从而有利于有机质的累积。植被保存较好,盖度较大的山地黄壤,有机质含量可高达 6%~8%;山地黄壤表层全氮量(0.181%)较黄壤(0.08%)为高。黄壤和山地黄壤的代换量均较低,代换性盐基也很少,所以,盐基饱和度非常低。黄壤和山地黄壤均呈酸性反应,pH 差异不大。

黄壤和山地黄壤的富铝化程度与红壤相近或略低,由于黄壤受局部低洼地形影响,排水不良,而山地黄壤所处海拔较高,空气湿度较大,因此,它们经常处于湿润状态,其自然含水量及吸湿水含量均较红壤为高。在亚热带湿润气候条件以及在有机酸的作用下,岩石风化强烈,原生矿物(铝硅酸盐)遭受破坏,产生游离的硅、铁、铝的氧化物,其氧化铁与氧化铝便与水结合,形成含水的铁、铝氧化物,使土壤呈现黄色。

8. 水稻土

本区山麓、岗丘和江湖冲积平原均分布有水稻土。水稻土为自然土壤经人工耕种而成。本区水稻土主要为岗丘上的网纹红土发育而成,由于所处位置不同而命名不一,主要可归纳为三种:处于岗丘底部的为潜育水稻土,中部为潴育水稻土,上部为淹育水稻土(图 7-2)。

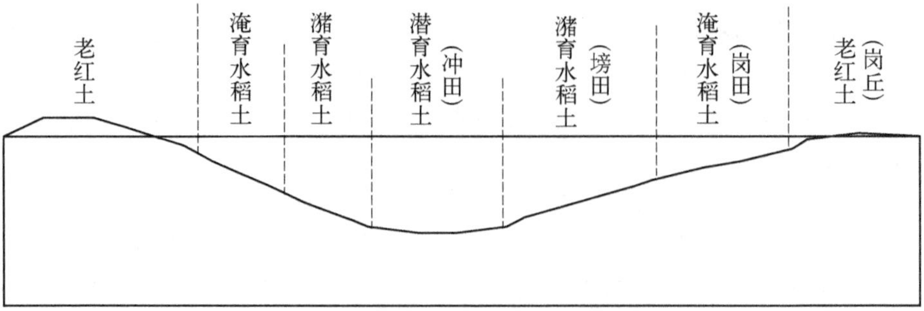

图 7-2 水稻土分布示意图

这三种水稻土的形成，主要是人为耕种的结果，其差异性不仅取决于利用时间的长短和利用方式，而且与其形成条件，尤其是地形、地貌有着较为密切的关系。

淹育水稻土分布于岗丘的上部。由于水源不足，利用时间较短，为幼年型水稻土。表层（耕作层）浅薄，黏粒含量<10%，质地为粗粉砂重壤质；表层以下黏粒含量有所增加，可达13%～15%。块状和棱块状结构明显，且含有胶膜和少量的铁锰结核。

潴育水稻土分布于岗坡部分，利用时间较长。耕作层较淹育水稻土厚，可达10～15 cm；质地为重壤土，由于淋洗作用，其黏粒含量低，仅5%左右。犁底层较明显，较紧实，黏粒含量略高于耕层，多有扁平的碎块状结构，有较多的锈纹锈斑；底层质地较黏重，块状结构明显，结构面上有较多的胶膜和锈纹锈斑，有少量的铁锰结核。

潜育水稻土分布于岗丘底部，母质多为河流或岗丘冲积、坡积物，水源充足，利用时间更长。耕作层较厚，棕灰色，屑粒至碎块状结构，根锈明显；犁底层显著，质地较黏；在30 cm以下，因受灌溉水和地下水的影响，有潜育化现象。

这三类水稻土的理化性质各不相同，但具有一定的分布规律。自淹育水稻土至潴育水稻土、潜育水稻土，土壤肥力不断增高，如有机质的含量，淹育水稻土耕层为0.5%～1.2%，潴育水稻土耕层增至1.6%～2.5%，潜育水稻土耕层高至3.5%～4.0%；全氮、全磷等养分含量和代换量也有类似的情况；土壤pH也不断增大，由强酸性至微酸性、中性。土壤容重因肥力水平的增高而降低，淹育水稻土为1.42 g/cm^{3}左右，潴育水稻土为1.25～1.27 g/cm^3，潜育水稻土为1.11～1.20 g/cm^3。

三、土壤改良与利用

红壤开垦历史较悠久，许多地区由于利用不当，水土流失较严重，土壤表现出酸、瘦、板、旱等问题。红壤地区土壤改良的主要措施有以下几点。

1. 平整土地，修建梯田（地）

针对红壤地区雨量多且集中的特点，在丘陵坡地修建梯田（地），是保持水土的一项重要措施。实践证明，不论是粮食作物，还是经济作物和林木，梯田（地）上作物的产量均高于未修梯田（地）的地区。

2. 因土施肥，经济用肥

红壤低产的原因之一是植物有效养分含量较低。这一方面是红壤淋溶强烈，大量养分元素被淋失；另一方面是铁铝含量较高，部分养分元素被氧化铁固定，加上交换性铝的大量存在，降低了土壤吸持铵、钾、钙、镁等离子的能力。

由于红壤分布广泛，成土母质多样，造成土壤中矿质养分含量差异较大。应针对土壤的不同缺素状况，因土施肥，合理施肥，最大限度地发挥肥料的经济效益。

3. 施用石灰,改良土性

较强的酸性是红壤的一个重要特点,土壤熟化程度越低,酸性越强,含铝离子越多,越不适宜农作物生长。

为了消除过强的酸性和大量铝离子对农作物的毒害,必须适当施用石灰。石灰除了有中和土壤酸性的作用外,还能增加土壤中的钙素,这样有利于土壤中有益微生物的活动,促进有机物质的分解,减少磷素被活性铁、铝固定,还可以改良土壤结构。

4. 合理耕作

红壤地区由于雨水分布不均,往往出现伏旱、秋旱或冬干。有些红壤表层浅薄,土体紧实板结、渗水透气差,既不利于蓄水抗旱,又不利于养分释放和作物根系的伸展。为了给作物创造一个深、肥、疏、松的土壤环境,必须合理耕作,适当进行深耕改土,以增加土壤孔隙度,减小容重,提高蓄水性和通透性,为好气性微生物的活动提供良好的环境。

合理轮作也是用地和养地相结合的重要途径。如在红壤丘陵区实行水旱轮作,并在轮作制中加大绿肥和豆科作物的比重,可以不断提高土壤肥力。而且种植旱作时使土壤通气良好,有利于养分活化和有机质更新;干湿交替,有利于改善土壤耕性。

5. 优化土地利用格局

红壤区丘岗地从丘顶到坡麓,依其水土运移特点常可分为流失段(丘顶)、过渡段(腰坡)和积累段(坡麓),各段土层厚度、水分、养分状况差异较大,根据这一特点对土地利用实行立体布局,推行复合农业生态模式,以增加水分、养分在农田生态系统内部的循环,减少外源养分的投入和流失,提高生态系统的生产力和经济效益。红壤丘陵的丘岗中上部土壤瘠薄干旱,宜发展用材林、薪炭林和各种水保林,丘岗中下部应发展能吸收深层土壤水肥的果、茶、桑;坡麓土层深厚湿润,宜种植对水肥需求高的粮食、蔬菜和油料作物。丘间塘库则以水产养殖来促进来自种植业和畜牧业的氮、磷等养分在农田生态系统内部的循环,形成种养结合、多层利用的食物链,从而构成“顶林-腰果-谷农-塘渔”的立体种植模式。

第二节 土壤地理学野外调查与制图方法

一、土壤地理实习目的和要求

土壤地理实习的主要目的是通过野外调查和观测,以了解和掌握:

- 土壤野外调查与填图的基本技能和方法；
- 实习地区主要类型土壤的分布规律；
- 实习地区主要土壤类型及其发生发展过程；
- 实习地区主要土壤资源的开发、利用状况。

通过实习，掌握土壤野外调查与填图的主要基本技能：

- 土壤剖面的选择与挖掘；
- 土壤剖面的观察、描述、研究与记录；
- 土壤标本采集与整理；
- 土壤分类、分布的野外调查；
- 传统土壤填图基本方法；
- 数字土壤制图基本方法。

实习前应当收集和掌握实习区的相关资料，准备好地形图、土壤图、土地利用图等图件和土壤调查报告、土壤改良、肥料试验等资料及农业方面的资料。准备好土壤剖面记录表、标签、标本盒、标本袋、土铲、土钻、剖面刀、卷尺、罗盘、高度计、GPS 定位仪、pH 计、土色卡、瓷盘（蜡纸）、文具夹、笔记本、铅笔、盐酸（1∶10）试剂等野外实习用品。

二、土壤剖面观测

1. 土壤剖面的设置

野外土壤调查工作一般可分为概略的路线调查和详细的全面普查。对于时间有限的自然地理学课程实习而言，通常都是进行概略性的路线调查。为了把握研究区的土壤分布规律，设计和选择合适的调查路线十分重要。通常调查路线应该穿越具有不同成土环境的景观类型，以便观察在各种不同成土条件下土壤发育的差异。

土壤调查的一个突出特点是以点代面，即以一个选定的剖面点作为某一类土壤的代表。土壤剖面观测与描述是土壤调查制图以及研究土壤基本性质的基础。对土壤剖面的形态和性状特征进行详细的观察与描述是研究土壤形成、演化与环境因素的关系，以及了解土壤农业生产特性的重要手段之一。因此，土壤剖面的选点非常重要，所选剖面必须具有典型性和代表性，同时还要注意避开工地、坟地、村庄等受人为活动干扰较大的地段。

土壤剖面按其设置目的可分为主要剖面（或基本剖面）、检查剖面（或对照剖面）和定界剖面三种。主要剖面是为全面研究土壤而设置的，一般要求选择具有典型代表性的地方，自地表向下直达母质或基岩为止。检查剖面是为检查、修正基本剖面所确定的土壤主要特征的变化程度和稳定性而设置的，一般 1.0～1.5 m，深度比基本剖面要浅，但数目较多。定界剖面是为检查和修正土壤边界而设置的，其深度一般不足 1 m 或更浅,常用土钻取土观察。

土壤剖面的选择,主要是基本剖面的选择问题。它既要满足一定比例尺的要求,依土壤、自然条件的复杂程度而定;又要求每一种土壤类型均有其代表性的主要剖面,因此,选择时必须根据植物、地形、母质等最有代表性的地方进行剖面观察。主要应注意以下几点。

1) 中、小比例尺的土壤调查:土壤主要剖面的位置一般选择具有代表性的地形部位,如阶地、河谷、山坡中部,不同坡向洪积扇的中、下部等。至于检查和定界剖面的位置,主要根据地表条件来确定。

2) 大比例尺的土壤调查:在制图允许范围内,应注意一切可能引起土壤发生变化的因素,如考虑不同的坡长、坡度、坡向而分别设置主要土壤剖面。

3) 平原地区,应考虑在不同阶地及微地形变化处设置剖面。同样,在母质、植被因素发生变化之处也应设立剖面。

4) 其他,考虑不同的研究目的,设立剖面也有所不同。如为设小区径流试验场地,就要考虑微地形和土壤质地的变化,而后确定土壤剖面。

2. 土壤剖面的挖掘

土壤剖面按其来源可分为自然剖面和专门剖面两种。自然剖面是指由于沟谷冲刷、兴修道路或开挖土石等天然或人为原因而暴露出来的土壤剖面。专门剖面则是为了进行土壤调查而临时开挖的土壤剖面。利用自然剖面可节约人力和时间,同时自然剖面常常比较深厚、广阔,有助于观察土壤层次及剖面在空间上的连续变化和土壤的发生与分布规律。但自然剖面往往暴露时间较长,表面土壤的形态和性质可能已产生变化,因此需要剥去外表,使其暴露出新鲜的断面,再进行观察、记录和采样工作。

在剖面位置选择好以后,就开始进行剖面的挖掘。土壤的剖面一般为宽 1 m,长 2 m,其深度则随土壤情况而定,一般 1.5～2.0 m。在地下水埋深小于 2 m 的地方,以挖至地下水面为止。土层较浅的挖至母岩母质层即可。

挖掘土壤剖面时,应注意以下几点:

1) 尽量于使剖面观察面垂直并向阳光,以便观察。

2) 挖出的底土和表土应分开堆放,以便填坑时恢复原状。

3) 观察面上方不应堆土或任意走动踩踏,以免破坏表层结构、影响剖面形态的描述及取样。

4) 剖面挖好后要进行修整,一边修成光面,以便观察颜色、新生体等;一边修成粗糙面,以便观察结构等。

3. 土壤剖面的观察与研究

剖面挖好后,就应着手形态特征的观察和记录。土壤形态特征既表现了它和周围环境条件之间的关系,也表现了在土壤形成过程中所进行的物理、化学以及生物化学的变化。土壤剖面形态的主要特征有土壤剖面构造（土体构型）、颜色、质地、湿度、结构、垒结状况、孔隙状况、新生体、侵入体及层次的过渡特点等。

（1）土壤剖面的分层与土体构型

土壤剖面上与地表大致平行的层次是由成土作用形成的，称为土壤发生层，简称土层。土层可根据其颜色、结构、质地、新生体等特征进行划分。土壤发生层划分是土壤调查的基础工作。

土体构型是指各土壤发生层有规律的组合、有序的排列状况，也称为土壤剖面构型，是土壤剖面最重要特征。目前一般将土壤剖面自上而下划分为以下 6 个主要发生层。

枯枝落叶层（O）：堆积于地表，以分解或未分解的有机质为主的土层。

腐殖质层（A）：腐殖质含量较高、与矿物颗粒紧密结合形成的暗色土层。

淋溶层（E）：硅酸盐黏粒、铁、铝等单独或一起淋失，石英和其他抗风化矿物的砂粒或粉粒相对富集的土层。以较低含量的有机质和较淡的颜色区别于其上、下土层。

淀积层（B）：淋溶层淋移物质在此层沉积，多形成核状、柱状、棱状结构，较紧实。

母质层（C）：受成土因素影响较小，保持母质特性。

母岩层（R）：坚硬的基岩层。

严格地说，C 和 R 层不应称作土壤发生层，因为它们不是成土作用形成的。作为发育完全的土壤剖面，从上至下一般有 E、B 和 C 三个最基本的层次组成。凡兼有两个主要发生层特性的土层，称为过渡土层。过渡土层用两个大写字母联合表示，如 AB、BA 和 EB 等。主要发生层往往可以进一步划分，一般在大写英文字母后以数字或英文小写字母区分。

（2）土壤湿度（水分状况）

土壤含水量的高低，对土壤颜色、结构等方面的观察影响较大，也可反映地下水位和土壤墒情的好坏等方面。野外对土壤水分的描述一般分为 5 级：

干：用嘴吹气、有尘土飞起。

稍润：用手试之，有凉的感觉。

润：用手可捏成团块，放在纸上，纸很快湿润。

潮：使手湿润，土可能粘在手上。

湿：水分饱和，可以看出水分从土粒中渗出而土体平滑、反光。

（3）土壤颜色

土壤的颜色与湿度、明度（明暗）、彩度（色的强弱、鲜明的程度）都有关系。因此，在野外观察土壤颜色时必须注意以下几点：

1）除在野外土壤湿度条件下观察土壤外，还要取土壤在室内风干情况下记录土壤颜色。

2) 研究土壤颜色必须在散射光线下进行,避免因照耀的太阳光和人为光线而使色泽变假。

3) 观察土壤颜色应尽量保持土块的自然状态,不能把土壤弄得过于细碎。

4) 具体描述土壤颜色时,还应说明土壤剖面色泽是否一致,过渡是否明显,以及色泽的形状(斑状、条或片状)。

5) 表示土壤颜色的方法一般采用主色、副色和形容色的强度。如"淡灰黑色",表示土壤以黑色为主,略带灰色但比较浅淡。野外常用人工配制的 Munsell 色卡(Munsell color system)为标准描述土壤颜色。

(4) 土壤质地

比较准确的土壤质地鉴定,是先依据一定的标准进行土壤粒级划分,然后在室内采用机械组成分析的方法(如吸管法、比重计法)测定各粒级的相对含量,在此基础上进行质地分类。国际制土壤粒级划分标准见表 7-1。图 7-3 是国际制土壤质地分类三角图,根据此图可以将土壤质地划分为砂土、壤土、黏壤土和黏土等四类十二级。

表 7-1 国际制土壤粒级划分标准

质地名称	单粒直径/mm
石 砾	>2.0
砂 粒	2~0.02
粉 粒	0.02~0.002
黏 粒	<0.002

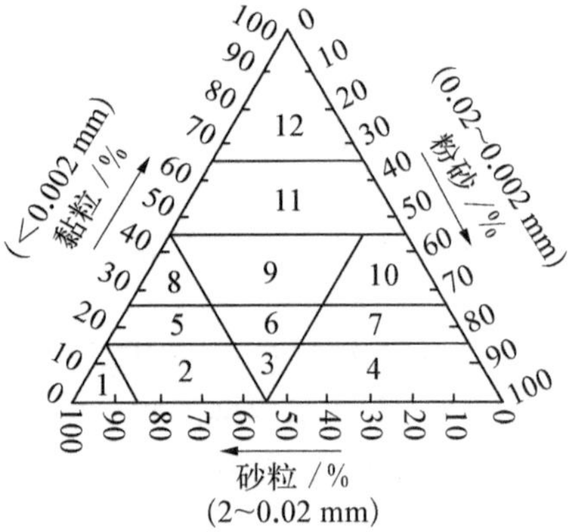

图 7-3 国际制土壤质地分类三角图

1. 砂土及壤砂土 2. 砂壤 3. 壤土 4. 粉壤 5. 砂黏壤 6. 黏壤 7. 粉黏壤 8. 砂黏土 9. 壤黏土 10. 粉黏土 11. 黏土 12. 重黏土

在野外一般都采用研碎法和卷搓法等比较简单的方法来鉴定土壤质地。

研碎法(干法)是指在自然湿润状态下,将土粒放在手指间摸试、研碎,根据其粗糙程度大致上可确定出质地的粗细。卷搓法(湿法)是将土壤湿润到可塑性范围内,把它卷搓成不同形状,来确定质地(表 7-2)。

表 7-2 野外卷搓法鉴别土壤质地的标准

土壤质地	卷 搓 性 状
砾质土	肉眼可见土壤中含有很多石块、石砾(山地多为砾质土)
轻质砾土	>3 mm 砾石含量 5%~15%
中砾质土	>3 mm 砾石含量 15%~30%
重砾质土	>3 mm 砾石含量 >30%

续表

土壤质地	卷 搓 性 状
砂 土	干时将小块置于手中，轻轻地便可压碎，所含细砂肉眼可见；湿时，可搓成小块，但稍加压即散开
砂壤土	湿时可搓成圆球，但不能成条
轻壤土	湿时可搓成条，但裂开
中壤土	湿时可搓成完整的细条，如果弯成环时即裂开
重壤土	能搓成细土条，并可弯成带裂缝的环
黏 土	干时有尖锐棱角，不易压碎；湿时可搓成光滑的细土条，并能弯成完整的环，压扁时也不产生裂缝，还似有光泽

(5) 土壤结构

各种土壤或同一土壤的不同层次，都可能有不同结构，按照结构体的长、宽、高三轴长度的相关关系分成如下几类(表 7-3)。

表 7-3 土壤结构分类野外鉴别标准

结构类型	结构名称	大小	直径/mm	实物比例
块状、粒状结构	块状结构 (面、棱不明显)	大	>20	大于拇指
	团块状结构 (面、棱不明显)	大 中 小	20～10 10～1 1～0.5	胡 桃 黄豆至胡桃 小 米
	核块状结构 (面、棱明显)	大 中 小	20～10 10～7 7～5	小栗子 蚕 豆 玉米粒
	粒状结构 (面、棱明显)	大 中 小	5～3 3～1 1～0.5	高粱米至黄豆 绿豆至小米 小 米
棱柱状结构	棱柱状结构 (面、棱明显)		>30	大于二指
柱状结构	柱 状 (面、棱不明显)	大 中 小	>50 50～30 <30	大于三指 二到三指 小于二指
片状结构	片状结构	厚 中 薄	5～3 3～1 <1	薄 板 硬纸片 鱼 鳞

进行土壤结构描述时应注意：只有在土壤湿度较小的情况下，对土壤结构的测定才较容易进行并得到真实的结构。因含水太多时，结构单位膨胀，很难分辨出结构的真实面貌。土层的结构常常不是单一的，常见的是两种以上结构并存。通

常是土壤表层呈团块状或粒状,中下层呈块状、柱状,而片状和其他结构则常出现于特定土壤中。

(6) 垒结状况

垒结是指土壤结构单位之间相互连接的性质,实际包括紧实度、孔隙度和裂隙度等物理性质。

1) 紧实度:是垒结状况的指标之一,根据土壤松紧状况,可分为以下5级。

坚实:干时形成大的土块,极为坚硬,用手很难弄开,用刀切割留下很光亮切面。

紧实:干时是坚硬的小土块,用手很难捏碎,但用力可划出1～2 cm的刀痕。

稍紧实:这种土壤具有较好的微结构,或者其机械组成彼此间胶结不紧,土块入手中略加处理可自由分散,用刀可轻易插入几厘米深处。

疏松:土壤结构间多为裂隙和孔隙,干时易分散,刀极易插入土中。

松散:干时为完全松散的土体,土粒间互不黏结,轻轻加压即各自散开。

2) 孔隙状况:是反映垒结状况的另一项指标。土壤的总孔隙量称孔隙度。土壤孔隙大小作如下分级。

小孔隙:孔隙直径<1 mm。

中孔隙:孔隙直径1～2 mm。

大孔隙:孔隙直径2～3 mm。

海绵状孔隙:孔隙直径3～5 mm。

穴状孔隙:孔隙直径5～8 mm。

蜂窝状孔隙:孔隙直径>8 mm。

(7) 新生体

新生体是指在土壤形成过程中所产生的物质,一般根据化学成分分为以下几组。

易溶性盐类:$NaCl$、Na_2SO_3、$MgCl_2$、$MgSO_4$等。

碳酸盐类:$CaCO_3$、$MgCO_3$,受地下水影响可形成"砂姜"。

铁、铝、锰的氧化物类:MnO_2、$Fe_2O_3 \cdot H_2O$、$AlPO_4$等。

铁的还原性产物:$FeCO_3$、$Fe_3(PO_4)_2 \cdot 8H_2O$,表现为蓝绿色胶膜斑块。

硅酸盐类:在土壤结构表面上形成白色的硅土粉末斑点或片状结晶。

因生物作用形成的新生体主要有以下几种。

粪粒:蚯蚓或昆虫的排泄物,多为粒状。

动物穴斑:动物穴被土壤所填充,其颜色、坚实度等都与周围土壤不同。

小根痕:由于植物的根系腐烂而有新物质填充,常呈灰黑色。

(8) 侵入体

侵入体是指由于机械作用而混入土中的某些物体,如石块、砖瓦片、陶瓷片、炭片贝壳等,在观察时应记录其种类和数量,藉以了解侵入体的来源和成土环境的某些特点。

(9) 植物根系

在草原土壤或森林土壤调查等专门性的工作中，需要进行根系的定量调查，绘制根系分布图等。一般的土壤调查，只需观察记录根系的发育情况。

(10) 动物活动

调查土壤中的动物活动情况，可以作为我们判断土壤质量状况的间接指标，如土壤中的蚯蚓、田鼠、蚂蚁、各种昆虫及幼虫等。还可以结合病虫害防治进行特殊的土壤调查。

(11) 地下水位

包括地下水出现深度及静止深度。

4. 土壤剖面的描述和记录

按要求挖好剖面，然后用小刀或小铲从上往下修整土壤剖面，观察土壤剖面的整体构造并划分土壤剖面的发生层次，分层并加以详细描述和记录。在描述土壤剖面之前，应尽可能准确地记录土壤剖面的地理位置，按表 7－4 格式进行剖面记录。

表 7－4　土壤调查记录表格式

<table>
<tr><td colspan="3">日期：　　年　月　日(阴、雨、晴)</td><td colspan="2">剖面号码：</td><td>调查人：</td></tr>
<tr><td colspan="6">观察地点：</td></tr>
<tr><td colspan="3">母质：</td><td colspan="3">侵蚀状况：</td></tr>
<tr><td colspan="3">地形：</td><td colspan="3">地下水埋深：</td></tr>
<tr><td colspan="3">植物：</td><td colspan="3">土壤名称：</td></tr>
<tr><td colspan="6">利用现状：</td></tr>
<tr><td colspan="3">土壤剖面示意图</td><td colspan="3">土壤形成、性状的主要特征及利用改良意见</td></tr>
<tr><td colspan="3"></td><td colspan="3"></td></tr>
<tr><td>发生层次</td><td>土壤剖面图</td><td>深　度</td><td>采样深度</td><td colspan="2">剖面说明：(颜色、质地、结构、松紧度、湿度植物根、动物穴、pH、碳酸反应、新生体、侵入体、层次过渡情况等)</td></tr>
<tr><td></td><td></td><td></td><td></td><td colspan="2"></td></tr>
</table>

土壤剖面的记录内容因调查目的不同而有所差别，一般按下面所附的土壤调查记录表进行记录。

一般土壤剖面的记录内容包括：

1) 地名、剖面编号、日期。

2) 剖面所处的地形部位、绝对高度、经纬度或地理坐标。

3) 地貌特点和分区,包括大、中、小区地形。

4) 成土母质及基岩。

5) 土地利用状况。

6) 地下水出现的深度及稳定的地下水位。

7) 土壤剖面及土层的描述,土层与土壤剖面示意图。

8) 肥力分析,包括耕性、土层构造、水肥特征、土壤改良利用意见等。

9) 土壤命名。

5. 土壤样品采集

在描述和记录土壤剖面之后,为了对土壤理化性状及发生学特点有全面深入的了解,还应分层采取土样进行定量分析和进一步观察。土壤标本一般可分分析样品、盒状标本和整段标本。

分析样品为进行室内分析所用。一般采集时,先刮去表层,从下而上在每一个土层内取一定量,一般在 1 kg 左右,但要保证足够分析所有项目。然后装入布袋或塑料袋带回室内。取样后应按层次用铅笔写好标签,一式两份,分别放在袋内和袋外,以备查考。

盒状标本:把土壤标本分层装入土盒内,土盒一般是 3 cm×25 cm,取样时应分层,自下而上分别装入盒中每一格内,以便在室内进行比较。土样盒上应用标签写好采集地点、土壤名称及编号等,放入盒内,或写在盒上。

整段标本:为详细观察研究与陈列标本和教学示范等需要,在有代表性、典型性的剖面上采集整段标本。

另外,根据不同研究目的还有农化取样和物理取样等。为在进行土壤水分或土壤容量比重、孔隙率、结构等物理性状的分析时保持土壤原状,一般用特制的标本匣严加密封保存。

6. 土壤理化性质的野外测定

在野外除研究土壤形态外,还应尽可能地定性、简捷、定量测定土壤的某些理化性状,如 pH 等。

(1) pH 的简易测定

在野外一般用普通酸度指示剂测定 pH。取黄豆大小的土块,放在蜡纸或瓷盘上,滴加 2~4 滴指示剂,稍加摇动,1 分钟后与比色卡比较,其读数为 pH。

现多用数字式 pH 计直接在野外测定土壤 pH。pH 计使用前应当用标准缓冲溶液进行校准,以减少测定误差。

(2) 碳酸盐反应的测定

用 10%的稀盐酸直接滴在土层上面,如有碳酸盐存在,则会产生气泡。根据气泡发生情况可判断碳酸盐的含量多少(表 7-5)。

表 7-5 土壤碳酸盐含量的速测标准

反应强度	反 应 现 象	含量/%	表示符号
无	没有气泡发生	<1	−
微	缓慢发生小气泡	1～3	+
中	有明显气泡产生，但很快消失	3～5	++
强	如沸腾状发泡，延缓时间较长	>5	+++

(3) 可溶性盐的简易测定

用定性反应来测定土壤中的氯化物和碳酸盐的存在，测定方法如下。

在试管中放入 2～3 g 土，用蒸馏水浸透，土水比为 1∶5，经强烈振荡 1～2 min，在水浸提液中加入浓度为 10%～15%的 KNO_3 0.5 ml，使试管静止。然后将澄清液转移至干净的试管中，备测定。

加 $AgNO_3$后，如有絮状沉淀就证明土样中有一定量的氯化物。

加 $BaCl_2$后，如有白色沉淀($BaSO_4$)，说明含有一定量的硫酸盐。

加几滴酒精酚酞溶液，如呈樱桃色，就可确定有一定量碳酸盐的存在。

7. 成土因素观察与成土过程分析

(1) 成土因素观察

自然植被和栽培作物：自然土壤要记录植物群落名称和主要种属组成，对森林群落，要记录高度、郁闭度、林下层和地上植物情况；对灌木和草本群落，需要记录高度和覆盖度；在研究耕作土壤时，要记录作物种类、生长情况、轮作制度、灌溉和肥料种类及施用方法等。

母质：除确定岩石类型外，还要确定成土母质的成因类型，如残积、坡积、洪积、冲积、冰碛、风积等，必要时可收集成土母质样本做室内分析测定。

地形：记录观察点的地貌类型、海拔、相对高度、坡高、坡面、坡长及小地形、土壤侵蚀情况等。

水热条件：除了解气象水文资料外，在路线调查时，有条件的可进行小规模的气候观察。一般应根据地形植被等情况的观察记述当地小气候条件的分异。有时根据需要还进行地下水埋深及成分的观察。

社会经济活动：要充分了解当地农业生产历史、土地利用现状以及耕作、施肥和灌溉制度。要特别注意技术措施和耕作历史与土壤熟化的关系。

(2) 成土过程分析

研究土壤必须研究成土过程，根据土壤剖面特征分析其中的主要过程，从而确立调查区内的土壤类型，深入揭示土壤的利用和改良问题。成土过程的分析可从以下几方面入手。

根据成土因素的综合分析，初步推断可能出现的成土过程。

根据植被类型和土壤腐殖质厚度、颜色、分解程度和过渡情况,判定生物累积过程的主要特征及发展方向,如有无泥炭化及其表现程度。

根据土壤质地、土体化学成分、结构及新生体,可判定物质在土体中的淋溶移动和淀积过程。例如,土体中有石灰质新生体,则表明有钙化过程;有蓝色斑块、铁锰结核和锈纹锈斑,则表明有潴育或潜育化过程;心土黏重、紧实、结构体大、有大量胶膜,则反映出物质有强烈的淋溶淀积过程;亚表层出现白色 SiO_2 粉状或片状层次,则有灰化或白浆化过程;土层有易溶性盐富集,则反映出盐渍化过程。

根据野外简易理化分析,如气泡反应、pH 测定值、亚铁及盐分等也可辅助说明成土过程。

根据耕作层性状和作物生长情况,可判定土壤的熟化程度和肥力水平,以及有无次生盐渍化等等。

根据上述几点的综合分析,找出其中主要成土过程,就可大致判定土壤形成特点,为进行土壤分类和土壤利用改良提供重要依据。

三、土壤调查与传统土壤制图

土壤调查是以土壤地理学理论为指导,通过对土壤剖面形态及其周围环境的观察、描述记录和综合分析比较,对研究区土壤的发生演变、分类分布、肥力变化和利用改良状况进行综合研究。

传统土壤制图一般分为野外土壤草图测绘、室内底图清绘和整饰 3 个步骤。野外草图测绘是运用土壤地理基础理论和土壤野外调查技术,认识并区分调查地区土壤类型、组合及其分布变化规律,将其界线勾绘并标记在地形底图上。这种直接测绘的土壤图也是编制中、小比例尺土壤图的重要基础和依据。土壤制图的比例尺根据土壤调查的目的和调查区域的特点确定。制图的详度和精度因比例尺的不同而异。土壤图的比例尺分大、中、小 3 种。大比例尺土壤调查成图比例尺一般大于 1∶50 000,重点反映土壤微域分布规律。此类调查对土壤分类和制图的详度和精度要求较高,调查内容具体而全面,可用于全面查清调查区内土壤的种类、性质、分布和面积。中比例尺土壤调查成图比例尺一般为 1∶50 000～1∶500 000。调查时常选择一定数量的路线进行重点观察,同时结合典型样区进行详测。路线调查要沿线控制填图,即在目力所能观察到的范围内尽量在作业现场勾绘土壤路线草图的界线,然后通过对各路线控制范围内的土壤类型进行评比和统一拼、接图幅。小比例尺土壤调查是指对省级、大自然区乃至全国范围内的土类和亚类为主的土壤资源分布进行的调查。成图比例尺多小于 1∶500 000。调查方法以路线约测为主,即在对有关资料进行综合分析的基础上,在调查区内选定少数代表性的路线和典型自然地理单元进行重点调查。

土壤调查和传统土壤制图工作开展之前要确定土壤调查的填图单元。土壤制图单元是表示图斑内容的单位，以土壤分类系统的各级分类单元为基础。制图单元中土壤的分类级别根据制图目的、调查对象、制图比例尺及其最小图斑面积所能包含的内容确定。一般情况下，比例尺越小，基本制图单元中土壤的分类级别越高。

四、数字土壤制图

1. 概述

数字土壤制图是以土壤-景观模型为理论基础，以空间分析和数学方法为技术手段的土壤调查与制图方法，是有别于传统土壤调查与制图技术的现代化技术体系。其实现过程主要是通过构建土壤环境因子与土壤类型或属性之间的关系，来推测土壤的空间分布形成土壤图。以这种方式生成的土壤图通常利用栅格的方式来表达土壤空间变化，从而可以更详细地表达土壤的空间变化。

数字土壤制图的第一个理论基础是土壤成土因子理论。该理论认为土壤是成土因素综合作用的产物。由于土壤的空间分布与环境因子的空间分布具有协同变化的关系，因而可以利用环境因子的空间分布来推测土壤的空间分布。也就是说，在环境因子属性空间越相似的样点，其土壤属性也会越相似。

由于环境因子在空间的分布大多具有连续性，土壤在空间分布上呈现出空间连续渐变的特征，往往体现出空间上距离越近的点土壤属性越相似的特点，即“地理学第一定律”。这是数字土壤制图的第二个理论基础。

此外，土壤的空间变化具有尺度效应，并以空间格局的形式体现出来。在进行大尺度(大空间范围)土壤空间变化分析时，可以得到整个区域土壤的空间分布规律；而在进行小尺度土壤空间变化分析时，大多体现的是土壤在微域环境内的变化。同时，不同尺度下其主要影响因子也不尽相同。大尺度土壤空间分布，主要与生物气候条件的变化相适应。在较小的空间范围内，土壤的形成和发育主要受局部地形、母质等因素的影响。

2. 数字土壤制图方法

数字土壤制图一般包括如下步骤。首先，根据野外调查和文献资料，确定重要环境因子，获取土壤环境因子数据。第二，根据研究区特点确定采样方案，进行野外采样，得到样点土壤数据。第三，根据样点数量和分布特征选择制图方法。第四，进行土壤制图，生成栅格形式的土壤图，并对土壤图进行验证。

(1) 环境协同变量的生成

环境协同变量需选择与土壤发生相关或与土壤具有协同空间变化的因子，下面对常用的环境变量空间信息的获取作简单介绍。

土壤母质是土壤形成的物质基础，通常直接获取母质信息十分困难。在实际制图中,常用地质图或母岩图来代替土壤母质分布图,这些地图上的信息通常为矢量化表达的类型数据。

气候因素可以分为大气候和小气候。在较大空间范围内,主要考虑大气候,通常选择年均降水、年均温、积温或相对湿度等。在较小空间范围内,大气候对土壤形成的影响基本是均质的,而小气候对土壤形成的影响表现出一定的空间差异,该差异主要由地貌部位和地形条件的差异所引起。

地形要素是最常用的环境变量,主要包括描述地形特征的定量指标(即地形属性)和描述地貌部位信息的指标(即地貌部位信息)。地形属性可直接或间接由数字高程模型(DEM)计算得到,如海拔、坡度、坡向、曲率、与山脊的距离、地形湿度指数等。地貌部位主要指山脊、坡肩、背坡、坡脚和沟谷等基本地形组成部分,通常用坡位来表达。

生物要素主要包括植物、动物和微生物。植被信息可包括植被类型以及基于遥感影像数据的植被指数生物物理参数数据[如归一化植被指数(NDVI)、叶面积指数(LAI)、林冠郁闭度等]。土壤动物和微生物的空间化信息难以获取,但它们往往与地表植被状况有相关性,因而可用植被状况来代替。

(2) 土壤样点的采集

土壤样点的采样方法可归为三类: ① 根据概率理论的采样方法;② 基于地统计学的采样方法;③ 环境因子辅助的采样方法。

基于概率理论的采样中最基本的策略是简单随机采样,该采样策略从总体中随机抽取每个样点,且每个样点被抽取的概率相同。该方法常用于先验知识较少的区域。当研究区可明确进行分区(层)时,例如有不同的母质,可在分层的基础上再进行随机采样,即分层随机采样。此外,系统采样或规则采样也是土壤采样中常用的方式,这种采样将研究区划分为规则的形状(如正方形),在每个规则形状中随机或在中心点选择一个样点。

基于地统计学的空间采样以最小化预测误差方差(如最大或平均克里格方差)为目标函数设计样点。该方法以模型估算方差最小化为目标,设计最优的样点数量和空间分布格局,获得具有全局代表性的样点。但该方法的前提是研究区空间自相关模型已知,然而空间自相关模型的构建往往需要较多先验样点。

环境因子辅助的采样方法其理论基础是土壤与环境因子存在协同关系,利用环境因子辅助采样设计以提高采样效率。该类方法大体上可以分为以下几种: 第一种是基于专家知识的目的性采样方法,即通过有经验的专家选择少量具有"代表性"或"平均状态"的样点,该方法依赖于调查者的主观经验;第二种是基于环境因子分层的拉丁超立方采样方法,该方法将设计的样点尽可能地重复环境因子的分布,以实现样点对环境因子属性空间的覆盖;第三种是基于环境因子相似性的代表性采样方法,通过对环境因子进行聚类来寻找代表土壤空间变化特征的少量典型样点。

(3) 数字土壤制图方法

目前主流的数字土壤制图方法主要包括基于要素相关性的数字土壤制图方法、基于空间自相关的土壤制图方法和基于要素相关性和空间自相关相结合的数字土壤制图方法。

基于要素相关性的数字土壤制图就是基于所建立的土壤属性(或类型)与环境因子(要素)之间的关系,来推测土壤类型或属性的空间分布。采用要素相关的土壤推测方法包括传统的统计学方法、机器学习与数据挖掘方法和基于专家知识的制图方法等。该类方法是现有数字土壤制图中应用最为广泛的方法,其中以随机森林为代表的机器学习近年来应用较多。

基于空间自相关的数字土壤制图是在空间自相关理论的基础上,建立描述目标变量空间自相关模型,进而结合待推测点的空间位置推测其土壤属性值。根据空间自相关分析的范围不同,可以分为全局空间自相关分析和局域空间自相关分析。全局空间自相关方法主要为趋势面分析方法。局域空间自相关分析包括最邻近法、反距离加权法、样条插值法和克里格插值法等,其中克里格插值法应用最为广泛。

实际上,某点的土壤性状不仅与空间上邻近点属性相关,也与该点的环境要素相关。基于该思想,学者们将上述空间自相关模型与要素相关模型结合,形成了空间自相关和要素相关性相结合的数字土壤制图方法。其代表方法有协同克里格插值法、回归克里格插值法、地理加权回归模型等。

(4) 土壤图的验证

土壤图的验证方法主要包括定性与定量评价两种。定性评价主要对土壤图的空间分布合理性进行评估或者根据专家已有经验判断结果的正确性,而定量评价则是验证数字土壤制图精度更为常用的方法。定量评价方法主要通过野外验证样点的真实观测值与预测值进行对比来验证制图的精度。验证方式主要包括三种:独立验证点验证、留一交叉验证(leave-one-out cross validation)以及多折交叉验证(k-fold cross validation)。独立验证点验证主要是在制图之后,采集某种特定的采样策略的额外样点对结果进行验证,最为常用的为概率采样样点。留一交叉验证依次将每一个样点作为验证样点,其余 $N-1$ 个样点作为训练样点来评价制图结果,该方法主要是在样点数目比较少的情况下使用。而多折交叉验证则是随机将已有样点分为训练样点与验证样点,训练样点用于推测制图,然后通过随机的验证样点来评价制图结果。

验证指标根据土壤图的不同而有所差异。对于土壤类型来说,主要通过混淆矩阵验证分类的精度,混淆矩阵包含有总体精度、生产者精度、用户精度以及每种土壤类型的精度等,这些精度指标从不同侧面反映了分类的精度。而对于土壤属性图来说,验证指标主要为平均绝对误差(MAE)、均方根误差(RMSE)和决定系数等。

五、资料整理与实习报告编写

1. 资料整理和样品分析

在完成野外作业后,应立即将所采土壤样品风干整理,把样品的标签一一核对。将野外土壤剖面记录整理装订,检查记录是否有遗漏和错误,如经发现应及时补充、修正,并注上标志。把经过整理和修正的土壤标本及野外记录进行对照比较,把性状相似的标本放在一起,进行分组或归并。

在野外调查过程中,根据土壤形态所拟定的土壤分类,应结合室内分析化验数据加以检查和论证,以便进行正确的分类、制图和土壤资源的评价。通常分析的项目有 pH、机械组成、土壤腐殖质、盐基代换量、可溶性盐、土壤矿物质和黏土胶体的组成、土壤养分、土壤微形态等。

(1) 传统土壤图的整理、绘制

主要包括以下内容:

1) 野外土壤草图的检查与拼绘。

2) 土壤分类系统和图例的最后确定。

3) 土壤图的清绘、整饰。

(2) 数字土壤图的生成

1) 学会生成简单的环境因子。

2) 以随机森林为例进行简单的土壤制图(使用 R 语言)。

2. 实习报告编写

实习报告的编写内容主要包括以下五部分:

1) 总论;

2) 土壤形成的自然条件;

3) 土壤类型、特点、分布和评价;

4) 土地利用和土壤改良的综合建议;

5) 结束语(小结收获、体会)。

思考题

1. 简述红壤的主要形成过程。

2. 简述棕壤、黄棕壤的剖面特征。

3. 简述庐山地区土壤的垂直分布。

4. 如何确认地带性土壤类型?

5. 解释土壤垂直分布与水平分布的关系。

6. 如何区分土壤的新生体和侵入体?
7. 如何理解和观察土壤的矿物组成?
8. 什么是土壤质地? 如何鉴别?
9. 试分析庐山地区南、北坡土壤分布的差异及其原因。
10. 什么是黏化作用? 剖面有何表现特征。
11. 什么是脱硅和富铝化作用?
12. 简述土壤的形成有哪几种主要的成土过程。
13. 挖掘土壤标准剖面,要注意什么问题?
14. 简述土壤调查的基本方法。
15. 简述山地土壤的基本特征。
16. 试述水稻土的分类标准及基本特征。
17. 简述数字土壤制图的概念。
18. 试述数字土壤制图的关键环节。

第八章　水文与水资源学野外实习

第一节　庐山水文水资源概况

一、庐山水文概况

庐山位于长江以南，鄱阳湖以西，以 1 300 多米的相对高度一山飞峙于江湖之滨，山体面积 282 km^2。

庐山地处我国亚热带东部季风气候区，属亚热带湿润季风气候。由于庐山地势较高，地形特殊，因而与邻近平原相比，雨量充沛。多年平均降雨量为 1 991.6 mm，多年平均水面蒸发量 1 000.9 mm。庐山多云雾、多阴雨，年平均雾日 119 天。植物茂盛，种类繁多，垂直分布明显。气候凉爽，多年年平均气温 11.5℃，年平均气温最高值 15.2℃，最低值 8.7℃，夏季最高日均气温为 22.6℃，是我国著名的旅游避暑胜地。

庐山是一个断裂上升形成的断块山，新构造运动强烈，断裂显著、切割破碎，垂直节理发育、河溪发达，呈辐射状流入长江、鄱阳湖中(图 8－1)。在翠谷深涧岩坎裂点上形成众多瀑布和深潭。河溪瀑潭与涌出地面的泉水、天然塘池、人工湖库构成了纵横交错的庐山水文网，庐山的河网密度约为 0.7 km/km^2，它们与气候、地貌、植物、土壤等其他自然地理要素相互制约、相互影响、共同改造着庐山的自然环境与面貌。水分与热量在改造庐山自然环境的过程中，起着极为重要的作用。因而分析研究庐山当前的水文情势，研究其演变规律，可以加深我们对庐山自然景观的认识，了解自然地理因素之间的关系，从而树立起综合考虑自然环境的观点。

1. 降水量

庐山地区降水量总的趋势是：山区大于丘陵，丘陵地区北部大于南部。多年最大年降水量、多年平均一日、三日最大降水量则北部小于南部(表 8－1)。庐山气象站多年平均降雨量为 1 991.6 mm(1955～2018 年)，是庐山地区降水量较大的地点，也是江西北部、鄱阳湖湖泊平原水网区降水量最大地点，降水量以庐山为中心向四周递减。九江、德安、星子各站多年平均降水量仅占庐山多年平均降水量的 69%～74%。

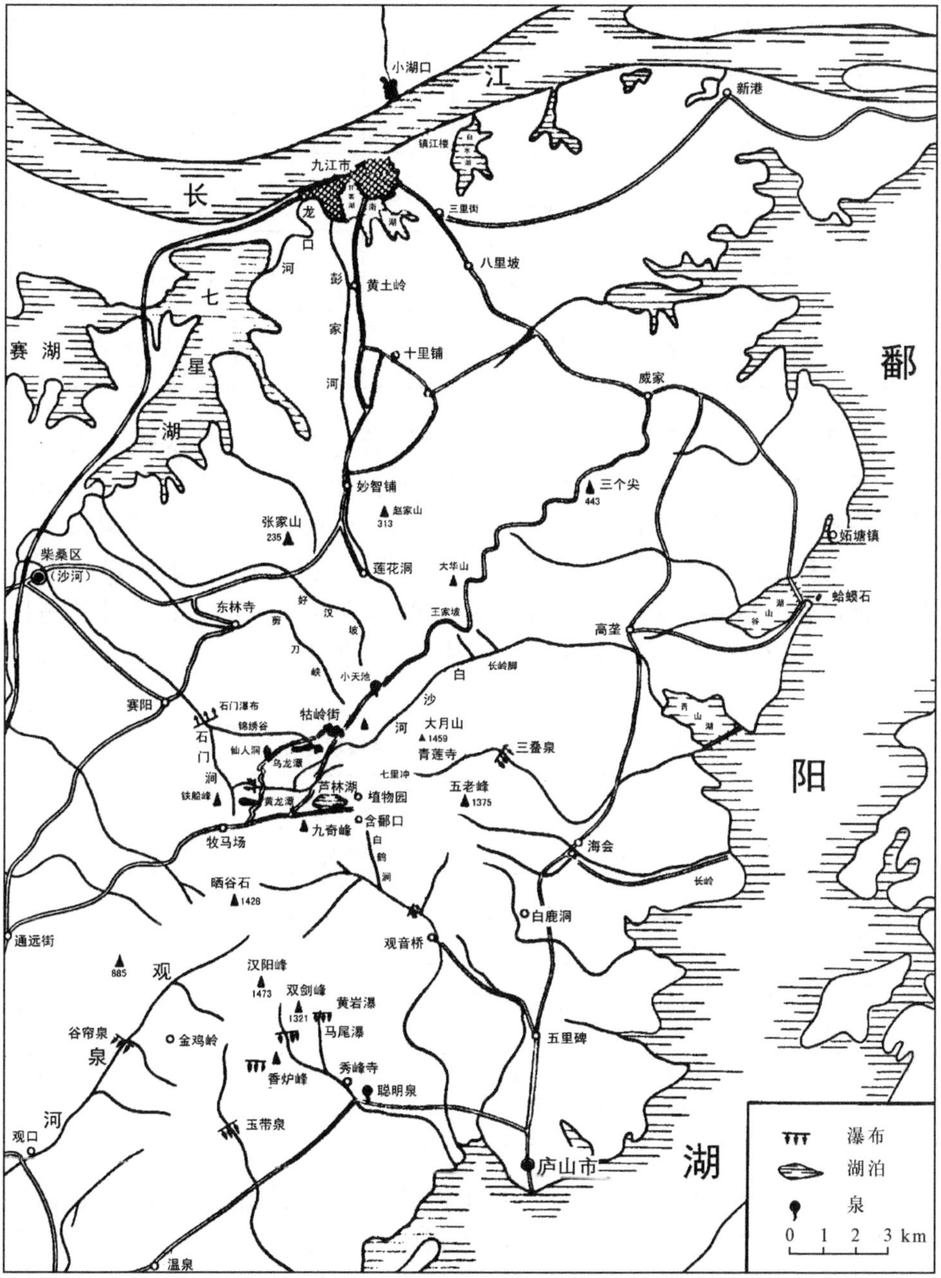

图 8-1　庐山地区水系示意图

表 8-1　庐山地区历年降水、蒸发特征值统计

站名	观测站高程/m	多年平均年降水量/mm	历年最大降水量/(mm/年)	历年最小降水量/(mm/年)	多年平均年蒸发量/mm	历年最大蒸发量/(mm/年)	历年最小蒸发量/(mm/年)
庐山	1 164	1 991.6	3 034.8 (1975 年)	1 186.7 (1978 年)	1 000.9	1 207.0 (1979 年)	813.4 (1975 年)
九江	32.2	1 412.3	2 165.7 (1954 年)	868.8 (1978 年)	1 536.2	1 925.1 (1978 年)	1 086.0 (1954 年)
德安	39.2	1 332.8	1 807.8 (1975 年)	865.6 (1968 年)	1 598.2	1 816.4 (1978 年)	1 310.6 (1977 年)
星子	37.1	1 377.2	1 972.9 (1970 年)	813.6 (1978 年)	1 827.9	2 058.4 (1978 年)	1 491.4 (1977 年)

庐山是座孤山，受强气流抬升作用影响比较剧烈，因此降水随高程的变化差异明显。基于庐山地区现有降水资料分析，位于海拔 1 164 m 的庐山站降水量并不是庐山最大的降水地带。由表 8-2 可知，植物园、金竹坪、明耻桥等站点降水量均比庐山站多 14%～22%。450～1 100 m 高程范围内的雨量站点的降水量都超过庐山站的降水量，说明庐山地区的海拔与降水量的关系是随高程增加降水量增大，在 1 000～1 100 m 是个转折点，再往上随高程增加降水量又逐渐减少。

表 8-2　庐山地区各高程同期降水量统计

站　名	测站高程/m	降水量/mm	占庐山/%
庐　山	1 164	1 804.8	100
植物园	1 075	2 301.1	127
金竹坪	995	2 208.2	122
明耻桥	720	2 064.8	114
归　宗	65	1 756.6	97
星　子	37.1	1 647.0	91
九　江	32.2	1 371.7	76

庐山地区山上降水量在年内的分配上四站(庐山、九江、德安、星子)都比较接近，相差最大的 8 月份也仅 4%。按庐山气候特征划分，春季 4～6 月属雨季，降水量占年降水量的 44%，夏季 7～8 月多雷雨天气，降水量占年降水量的 21%，秋季 9～10 月秋高气爽，云雨较少，降水量占年降水量的 10%，冬季 11 月～次年 3 月，长达 5 个月的降水量只占年降水量的 25%(表 8-3)。

表 8-3　庐山地区多年平均月降水量、蒸发量分配表

月　　份	1	2	3	4	5	6	7	8	9	10	11	12
四站多年平均降水量年内分配/%	3	6	9	13	15	16	11	10	6	4	4	3
四站多年平均蒸发量年内分配/%	4	4	6	8	9	10	15	14	11	9	6	4

2. 蒸发量

庐山地区蒸发量分布趋势是：由山上向山下逐渐增大，丘陵地区南部大于北部，正好与降水量相反。庐山站的多年平均蒸发量为 1 000.9 mm，历年年最大蒸发量为 1 207.9 mm，历年最小蒸发量为 768.9 mm，是江西全省蒸发量最小的地区之一。多年平均年蒸发量丘陵地区西北部的九江站为 1 536.2 mm，西南部的德安站为 1 598.2 mm，东南部的星子站为 1 827.9 mm，均比庐山站多 52%～81%。蒸发量在季节分配上按庐山气候划分：4～6 月占全年的 25.6%，7～8 月占全年的 28.8%，9～10 月占全年的 20.5%，11 月～次年 3 月仅占全年的 24.2%。

3. 地表径流

庐山站径流资料较为缺乏，现以1973～1975年观口站径流资料进行分析(表 8-4)。

表 8-4　庐山 1973～1975 年平均水量组成表

控制面积/km^2	庐山站三年年平均降水量/mm	观口站三年年均径流量/(m^3/s)	观口站三年年均径流深/mm	观口站三年年均径流量/10^4 m^3	庐山站三年年均蒸发量/mm	径流系数	蒸发系数	年平均产流模数/(10^4 m^3/km^2)
30	2 472.6	1.51	1 590	4 760	899.4	0.64	0.36	158.7

庐山站 1973～1975 年的各年降水量都超过多年平均降水量。1973 年超 19.2%，1974 年超 9.4%，1975 年超 58.2%。1975 年庐山降水量为 3 034.8 mm，三年平均降水量为 2 472.8 mm，平均蒸发量为 899.4 mm(表 8-5)。观口站三年平均径流深 1 590 mm，计算径流系数 0.64，蒸发系数 0.36，年均产流模数为 158.7 万 m^3/km^2。

表 8-5　庐山 1973～1975 年平均月降水、蒸发、径流统计表

项　目	1	2	3	4	5	6	7	8	9	10	11	12	年
庐山站三年平均蒸发量	33.3	37.1	64.6	73.3	73.1	108.9	119.7	117.5	96.2	67.9	65.5	42.5	899.4
比例/%	3.7	4.1	7.2	8.1	8.1	12.1	13.3	13.1	10.7	7.7	7.3	4.7	—
庐山站三年平均降水量	58.2	126.8	106.3	310.3	364.4	208.6	358.1	494.7	157.7	148.1	78.4	62.0	2 472.8
比例/%	2.3	5.1	4.3	12.5	14.7	8.4	14.5	20.0	6.4	6.0	3.2	2.5	—

续表

项　目	1	2	3	4	5	6	7	8	9	10	11	12	年
庐山站三年平均径流量	19.2	37.8	57.6	262	304	170	305	268	71.5	43.3	27.2	28.9	1 590
比例/%	1.2	2.4	3.6	16.5	19.1	10.7	19.2	16.8	4.5	2.7	1.7	1.5	—

径流在年内各月分配上，明显地分为两个阶段。4～8 月各月都在 10%以上，5 个月合计占全年的 82.8%，9 月至次年 3 月共 7 个月占年总量的 17.6%，各月都在 5%以下。1975 年 8 月降水量 1 100.1 mm，为历年同期 8 月平均降水量(234.7 mm)的 4.7 倍左右，占年降水量的 36.2%，径流量占当年年径流量的 37.3%。

4. 地表水体

(1) 溪流

庐山的气候、地势造就了庐山的溪流。

庐山是新构造运动强烈上升的块状山，东北-西南长约 40 km，西北-南宽约 25 km，山体中间高、宽，外侧陡峻，外围是低平的丘陵和平原。所以庐山水系以庐山中部、海拔 1 374 m 的仰天坪为中心，向四周辐散，沿着条条高峡深谷向山体外侧分流，分别流入长江或鄱阳湖中。仰天坪一带是一个山间盆地，由砂、页岩构成，由于岩层极其破碎，因而沟谷非常发育。汇入长江的河溪有：石门涧、剪刀峡涧、白沙河、东谷与西谷涧流、黄龙潭、乌龙潭以及芦林湖、如琴湖等塘、库、溪流；流入鄱阳湖的有：七里冲三叠泉、白鹤涧、三峡涧、香炉峰瀑布、庐山垄涧河等等。

庐山水系的发育受庐山的地质构造和岩性影响，水系形状有树枝状、格子状、直角状、羽毛状等，如大寨山(大华山)与大月山之间的河系多呈树枝状，青莲寺谷地、石门涧以及西谷的河流又多为格子状，而庐山垄的河流则为羽毛状系。

庐山的河谷上段为宽谷、下段为峡谷，这是因为当时庐山地势比较低、岩性较软弱，又处于相对稳定的条件，因而发育了壮年期的宽谷。在宽谷发育成熟以后，由于庐山山体再次强烈上升，引起河流复活下切溯源侵蚀而形成了峡谷，从牯岭窑洼看剪刀峡，就是一明显的例证。峡谷深切陡峭，纵比降很大。如山南庐山垄谷地的平均坡度为 0.07，而在筲箕洼以下蛱谷的纵比降可达 0.23。庐山西侧的石门涧谷地的平均坡度为 0.07，峡谷的纵比降却达 0.18；又如剪刀峡的纵比降为 0.23，庐山东侧的七里冲—青莲寺宽谷下面的三叠泉峡谷，谷壁悬崖直立，三级瀑布的总高度就有 300 m 左右。但是庐山东北部的天花井宽谷下面的 V 形峡谷，深度却不足 200 m。在宽谷与峡谷之间出现裂点，如茭芦裂点、天桥裂点、乌龙潭裂点等等，在裂点上形成众多的急流或瀑布。庐山外围地区的河谷与山地河谷截然不同。谷地宽阔平缓，河流在山麓下形成广泛的砾石扇或砾石滩。河流多分叉，在宽浅的砂砾质谷地中流至下游与江湖交汇。

这些峡谷溪流的主要补给来源是大气降水，也有少量地下水补给，河流呈现山区河溪的特点。暴雨来临，山洪暴发，水势凶猛，色黄并挟带砂砾。而大雨过境，水势迅即减弱，色清透彻，干旱季节则涓涓细流，甚至断流。

（2）瀑布

庐山新构造运动强烈抬升之际，河流急剧下切，溯源侵蚀，而使原来宽展的河谷产生了许多由缓变陡的裂点或者岩槛。山顶的溪涧泉流，沿着上游宽谷奔流而下，流至裂点，迅即跌落，成为飞泻的瀑布、急流。而庐山较大的溪涧裂点大多在900 m左右的半山上，故庐山往往是瀑布高悬在上，夹以绝壁，构成了飞瀑银河倒泻、直落霄汉的胜景奇观，素有“匡庐瀑布天下奇”之称。例如以“庐山第一观”而闻名的三叠泉瀑布，它是山地抬升、河流下切而形成了深切峡谷，而庐山近期的断裂抬升是间歇性的抬升，裂点显著，加上河流是沿构造发育，受岩层水平层理和垂直节理的影响，河床形成了三级，三级总落差超过300 m，河水飞流直下，如雄狮怒吼跃入峡谷，霆震四击，轰轰不绝，十分壮观，素有“未到三叠泉，不算庐山客”之说。又如以“天下第一泉”著称的谷帘泉，位于庐山垄峡谷最深处，源于大汉阳峰，流至枕石崖，循崖泻出，落差达60 m，宽约20 m，像门帘高挂，纷纷散落，气势之壮观，仅次于三叠泉。还有李白称谓的“飞流直下三千尺，疑是银河落九天”的黄岩瀑及马尾泉秀峰姊妹瀑，此外还有玉帘泉、王渊瀑布、石门涧瀑布、黄龙潭、乌龙潭以及王家坡双瀑等十余处。它们都是风景秀丽，古今游人寻幽探胜的佳境之地。

由于瀑布的水源大多是大气降水，其量、色、声也不免决定于大气降水，在暴雨集中的季节，瀑布涌若沸汤，声震峰巅，气势磅礴壮观。雨过数日则玉帘悬挂，瀑声悠扬婉转。而在少雨干旱季节，水薄清秀，漂纱曼舞，也有的瀑布因水源贫乏而干涸。

（3）泉

泉是地下水在地表的天然露头。当大气降水落至山坡地面，地表水或沿松散的第四纪堆积层渗入地下，或沿断层、裂隙、节理渗入、汇集，存储于深层含水层中。当沟谷切割含水层时，运动的地下水遇到断层，它们就会涌出地表，这些由地下含水层涌出地表的水称为泉水。

庐山是一个典型的断块山，断裂显著，岩层节理发育，给地下水的排泄创造了有利条件，因而庐山的泉水也是比较丰富的。海拔900～1 000 m的大天池、小天池就是由地下水汇集的水井，池水碧清透凉，甘甜香醇，池水不溢不涸，水量十分稳定。庐山的山麓地带地下水尤为丰富，如九江市涌泉乡的涌泉洞，观音桥头的招隐泉，以及庐山东侧东林寺的聪明泉，都是很有观赏价值的游览胜地。更让旅游者感兴趣的是庐山西南黄龙山麓的温泉，由于处于庐山的西南大断层上，所以其出露口的温度高达72℃，据验，泉水中含有钾、钠、镁等30余种元素，是低矿化度温泉，对关节炎、皮肤病、神经衰弱等病症具有良好的疗效。

与泉、瀑相关的是潭。地下水在一定地质、地形条件下出露地表而成泉，出露的泉沿峡谷由上而下流动,当流到裂点跌落深谷而成瀑布。瀑下则激石成潭,著名的有黄龙潭、乌龙潭、玉渊潭、青玉峡龙潭等。泉、瀑、潭与洞、树、崖构成了庐山一幅幅奇观美画,吸引着古今中外的旅游者。

(4) 湖泊、水库

庐山的水源主要是大气降水,也有以泉的形式出露的地下水,为了解决山上居民和旅游者的生活用水问题,利用庐山的天然地形条件相继建成数个人工湖——水库(表 8-6)。例如芦林湖原是芦林盆地,在盆地出口处筑坝成湖,现是庐山的重要水源之一。

表 8-6 庐山供水水库情况表

名　称	库容/10^4 m^3	水位标高/m
汉口峡水库	4.5	1 298
植物园水库	0.25	1 190
芦林湖水库	112.6	990
将军河水库	68.8	—
莲花台水库	91.65	912.68

1) 芦林湖水库。位于庐山风景区玉屏峰和星洲峰之间,坝址以上控制流域面积 2.01 km^2,最大库容 112.6 万 m^3,是一座以供水为主,兼有防洪、交通及旅游景观等综合效益的小型水库。1953 年由武汉营造厂设计,次年开始施工,1955 年竣工投入运行。因大坝建成后出现严重漏水,于 1959 年由水电部三门峡水电工程进行防渗加固,经多年运行后于 1984 年由江西省水电建筑工程公司再次进行防渗加固。

水库大坝为浆砌石重力坝,1955 年蓄水投入运行。水库枢纽为Ⅳ级工程,按 50 年一遇设计,500 年一遇校核,正常蓄水水位为 990.0 m,相应库容为 99.0 万 m^3,设计洪水位为 991.3 m,校核洪水位为 991.58 m,水库总库容为 112.6 万 m^3。死水位为 983.0 m,死库容为 45.4 万 m^3。

大坝坝顶高程 993.78 m,最大坝高 33.8 m,坝顶长 112 m,宽 12.5 m,坝顶建有公路桥。上游坡迎水面为直立面,表面采用厚 0.5 m 的混凝土防渗面板进行防渗,背水面溢流段坡比为 1∶0.35,非溢流段坡比为 1∶0.3。

溢流坝段位于大坝中段,为开敞式溢流形式,溢流段长度 21.0 m,分五孔,每孔净宽 3.0 m,高 3.0 m,堰顶高程 990.0 m,末端采用挑流鼻坎消能,设计洪水最大泄量 28.2 m^3/s,校核洪水最大泄量 38.7 m^3/s。

坝下设有放空涵管,为直径 40 cm 的混凝土圆管,位于大坝底部沿老河床布置,进口位于湖中间,建有启闭竖井,井上有亭台,由闸阀控制。

2) 莲花台水库。位于庐山牯岭东南 4 km 处的峡谷出口处,1999 年修建,集水面积 2.08 km^2(其中从邻流域引流面积 1.52 km^2),水库大坝为细石混凝土砌块石重力坝，坝顶长度 141 m，坝顶高程 914 m；最大坝高 46 m，地基岩层为长石石英砂岩。水库正常水位为 912 m，相应库容为 86.85 万^4 m^3；水库按照 50 年一遇设计，300 年一遇校核，设计洪水水位为 912.68 m，校核洪水位为 912.79 m，水库总容为 91.65 万 m^3；水库死水位为 887 m，相应库容为 4.85 万 m^3，为多年调节性水库。

水库溢流洪道为坝顶开敞式溢流，堰顶高程 912 m，溢流净宽 18 m，堰面曲线设计为圆弧线，采用挑流消能，设计最大下泄流量为 25.0 m^3/s。

坝下涵管为直径 60 cm 的圆形取水钢管，兼有放空水库、供水等功能，底板高程 880 m，总长度为 35.69 m。

3) 将军河水库。位于庐山风景区石门涧溪，处于庐山将军河与牯牛河交汇处，承接黄龙潭、乌龙潭诸水，并建成电站大坝，可提供庐山部分电力。坝址以上控制流域面积 8.57 km^2，最大库容 68 万 m^3，设计灌溉耕地 6 000 亩，发电装机容量 8 760 kW，年均发电量 1 385 万 kW · h，是一座以灌溉、发电为主，兼有防洪、交通及旅游等综合效益的小型水库。水库于 1956 年 9 月动工修建，为混凝土重力坝，1958 年 4 月蓄水运行。

4) 如琴湖水库。位于花径附近，原是西谷谷地的一部分，后在天桥附近建坝蓄水成湖，现成为风景秀丽的旅游疗养胜地。如琴湖水库建于 1961 年，蓄水量约 100 万 m^3。在庐山像这样的人工湖还有许多，如汉口峡水库、植物园水库、莲花谷水库等，除此之外，还有 20 余座 100～1 500 m^3 的储水池。

5) 鄱阳湖。庐山山体强烈抬升之际，其外围相对下沉，形成了平原和湖盆，积水而成湖，这就是我国现在最大的淡水湖——鄱阳湖。鄱阳湖位于长江中下游南岸，地理位置东经 115°50′～116°40′，北纬 28°31′～29°50′，流域面积为 16.222 5 万 km^2，其中 15.674 3 万 km^2 位于江西省境内，约占全流域的 96.6%；其余 5 482 km^2 分属闽、浙、皖、湘等省，约占全流域的 3.4%。鄱阳湖纳赣江、抚河、信江、饶河和修水五水系以及博阳河、东河和西河诸河来水，经鄱阳湖调蓄后由湖口汇入长江。在上述五水系中，赣江最大，外洲水文站集水面积为 8.094 8 万 km^2，占鄱阳湖流域面积的 49.9%；抚河李家渡水文站集水面积为 1.581 1 万 km^2，占鄱阳湖流域面积的 9.7%；信江梅港水文站集水面积为 1.553 5 万 km^2，占鄱阳湖流域面积的 9.6%；饶河石镇街、古县渡水文(位)站以上集水面积为 1.421 8 万 km^2，占鄱阳湖流域面积的 8.8%；修水永修水位站以上集水面积为 1.453 9 万 km^2，占鄱阳湖流域面积的 9.0%(图 8-2)。

鄱阳湖水系下经湖口入长江，平均每年入江水量约 1 400 亿 m^3，占长江入海水量的 15%左右。境内年平均径流深是 887 mm，径流系数为 0.55。鄱阳湖水系总的地形趋势是南高北低，朝北开口，东西南三面环山，中间为丘陵盆地，北部为鄱阳湖平原，其间居住着约 3 400 万人口。全区因受亚热带季风控制，气候温和，雨量丰沛，无霜期长。降雨量为 1 500～2 000 mm。多年平均降水量为 1 620 mm，1954 年最大为 2 100 mm，1963 年最小为 1 136 mm；雨季 4～6 月，约占全年降雨量的 42%～53%。

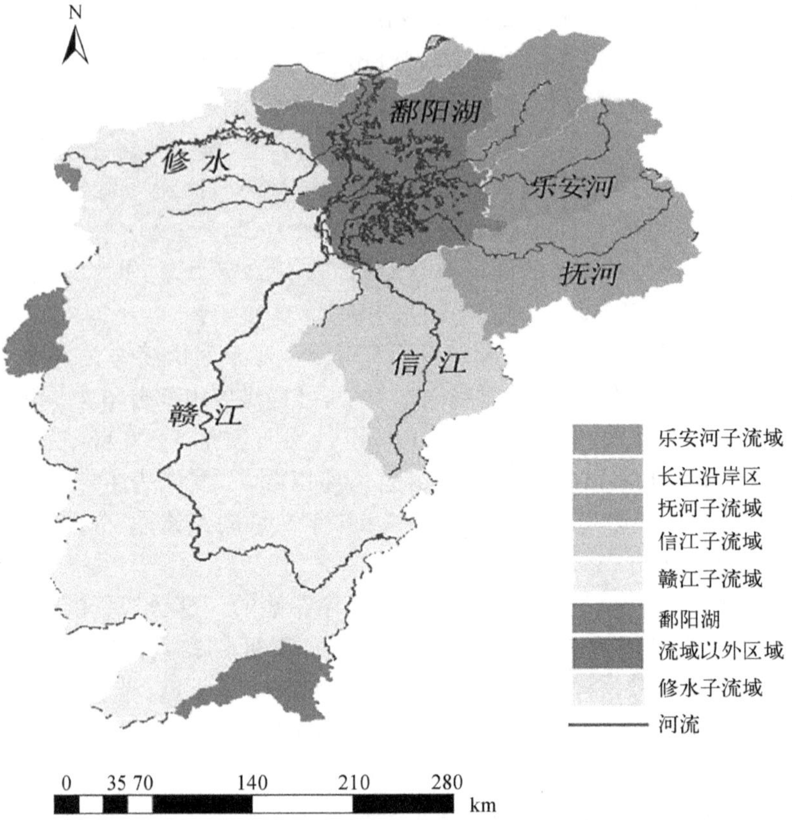

图 8-2　鄱阳湖流域位置

根据《全国水资源综合规划》(水利部水利水电规划设计总院,2003 年 5 月)划分水资源分区,鄱阳湖环湖区(以下简称湖区)范围为:赣江外洲水文站以下、抚河李家渡水文站以下、信江梅港水文站以下、乐安河石镇街水文站以下、昌江古县渡水文站以下、修水永修水位站以下至湖口县的湖口水文站。集水面积约占鄱阳湖流域面积的 13%,为 2.117 4 万 km^2。其中江西省内面积为 2.019 0 万 km^2,安徽省东至县流入湖区面积为 984 km^2。包括南昌市、新建、进贤、永修、德安、庐山市、九江市、湖口、都昌、彭泽、余干、波阳、万年、樟树等县(市)。素有“鱼米之乡”之称,是江西的粮仓,也是我国重要商品粮基地之一。

鄱阳湖的自然地理特征是高水是湖,低水似河,洪水一片,枯水一线。汛期五河洪水入湖,湖水漫滩,湖体扩大,水流平缓;冬春季节,湖水落槽,湖滩显露,湖面缩小,比降增大,水流湍急,与河流无异。因此,洪枯水时,湖面面积相差极大。高程 22 m(吴淞基面,下同)时,湖面面积为 3 993 km^2,容积为 296 亿 m^3。高程 11 m 时,湖面面积仅 340 km^2,容积仅 7 亿 m^3。

湖盆自东、西向中,由南向北倾斜,湖底高程一般由 12 m 降至湖口约 1 m。褚溪口，鞋山湖底高程为－1 m 至－3 m，在蛤蟆石附近为最深处，高程为－7.5 m。

鄱阳湖形似葫芦，以松门山为界，分南、北两部分。南部为主湖区，湖面宽广、较浅，北部狭窄、较深，为入江水道区。全湖南北长 173 km，东西平均宽 16.9 km，入江水道最窄处是庐山市以下的屏峰卡口，宽仅 3 km。

湖区地貌由丘陵岗地、圩堤水田、水道、洲滩、岛屿、内湖、汊港组成。在湖区面积中，丘陵岗地面积占 62.2%，水面面积占 23.6%，圩堤面积占 14.2%。赣江在南昌市绕扬子洲分为左右两股汊道。左股分为西支和北支，其西支也称赣江，主支在吴城与修河汇合，至吴城望江亭入湖为湖区西水道；右股分为中支和南支，各支又有分汊注入鄱阳湖。北、中、南支与抚、信、饶河均先后汇入湖南部，为湖区东水道。东西水道在褚溪汇合后为入江水道。洲滩有沙滩、泥滩、草滩三种类型。沙滩、泥滩统称荒洲，利用价值不大，多在 14 m 以下。草滩可利用，但多钉螺，传播血吸虫病，多在 14～18 m。全湖现有岛屿共 41 个，面积最大的莲湖山有近 42 km^2，此外，较大的岛屿还有鞋山、长山、棠荫、泗山、三山、南山、矶山和松门山等，类型有岩岛、沙岛。内湖出现在枯水期，主要分布在东、南、西部，中高水时期连成一片。汊港多分布于入江水道东岸和主湖区北岸及东北、东南湖隅，全湖主要汊港共约 20 处。

鄱阳湖属亚热带湿润季风型气候。冬春常受西伯利亚冷气流影响，多寒潮，盛行偏北风，气温低；夏季冷暖气流交错，潮湿多雨，为“梅雨季节”；秋季为太平洋副热带高压控制，晴热干旱，盛行偏南风，偶有台风侵袭。据 1956～2000 年资料统计，鄱阳湖年平均气温在 17℃左右。7 月最高，月平均气温约 30℃，极温 44.9℃；1 月最低，月平均气温约 4.4℃，极温－18.9℃。气温南部高于北部 0.5～1.0℃。年平均日照达 1 800～2 100 h，平均太阳总辐射量为(444～477)×10^3 J/cm^2。雨量丰沛，单站年降水量最小值为 653.0 mm(棠荫，1978 年)，最大值为 3 034.8 mm(庐山，1975 年)，多年平均为 1 500 mm 左右，鄱阳湖流域 1955～2002 年年均降雨量如图 8－3 所示。降雨量年内分配极不均匀，4～6 月降水约占全年的 48%，6 月最大占全年 17%，12 月最小只占 3%。年平均蒸发量为 1 200 mm 左右，蒸发量在面

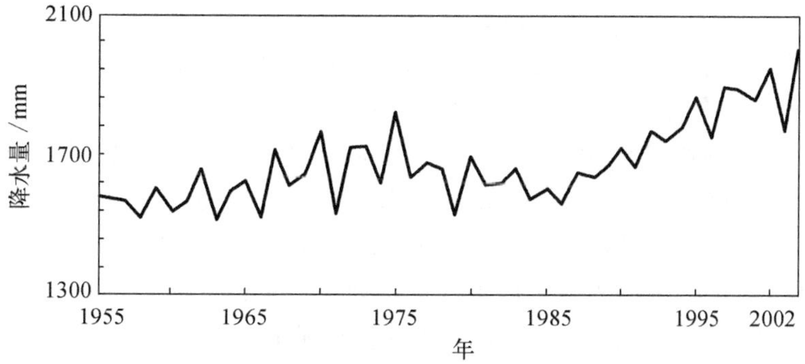

图 8－3 鄱阳湖流域 1955～2002 年降雨量折线图

上分布是湖中大,湖周小;在时间上 7～9 月最大,占全年 45%,1 月最小仅为 3%。

鄱阳湖年最多风向为偏北风,只有 7～8 月在太平洋副高控制下才多刮偏南风。根据 1964～1985 年资料统计,年平均风速在 3.5 m/s 以上。日平均风速≥5 m/s的天数达 99.4 d,按国家风能资源等级标准,鄱阳湖区属风能资源丰富的地区。湖区的自然地理特点使湖区成为大风集中区域。鄱阳湖主要有冷空气大风、锋面雷雨大风和湖区出现的风向不定、风速变化大、时间短促的"飑线"大风。星子老爷庙一带多年平均大风日数为 30.5 d。棠荫站曾实测到 31.0 m/s 的最大风速(相当于蒲氏风力 11 级)。

根据《江西省水资源综合规划》(水资源调查评价报告)1956～2000 年资料统计:由湖口注入长江的年平均水量为 1 427 亿 m^3(表 8-7),大于黄河、淮河、海河三大河流入海水量的总和;入江水量占长江平均年径流量的 15.5%;赣、抚、信、饶、修五河 1956～2000 年平均入湖水量为 1 278 亿 m^3,占湖口入江总量的 89.6%;湖区产水量 1956～2000 年平均为 149 亿 m^3,占流域水量的 10.4%。

表 8-7　1956～2000 年五河六口及湖口站水资源特征统计表

河　名	站　名	集水面积(km^2)	平均流量(m^3/s)	最大流量(m/s)	年平均径流量($\times 10^8$ m^3)	年平均含沙量(kg/m^3)	最大年平均含沙量(kg/m^3)	平均年输沙模数(t/km^2)	年平均输沙量($\times 10^4$ t)
赣　江	外　洲	80 948	2 140	21 200	675.6	0.144	0.224	121	976
抚　河	李家渡	15 811	468	9 950	147.6	0.144	0.170	93.4	148
信　江	梅　港	15 535	565	13 600	178.2	0.126	0.197	146	227
饶　河	渡峰坑	5 013	147	8 600	46.47	0.088	0.204	89.7	45.0
	虎　山	6 374	227	10 100	71.53	0.081	0.173	94.6	61.3
修　水	万家埠	3 548	112	5 600	35.29	0.107	0.260	111	39.3
鄱阳湖	湖　口	162 225	4 520	31 900	1 427	0.064	0.183	57.7	935

入湖水量的年内变化很大。江西 4 月进入汛期,暴雨频繁,洪水不断,入湖水量主要集中于 4～7 月,占年总量的 61.4%。其中,5～6 两个月占年总量的 36.3%,达 464.1 亿 m^3;7 月雨季结束,转入干旱季节,入湖水量急剧减少,9 月至次年 2 月各月占年总量的比例在 3%～5%左右。最大入湖水量出现在 6 月,占全年 19.2%,水量达 246.0 亿 m^3;最小出现在 12 月,只占 2.9%,水量仅为 37.37 亿 m^3。1998 年鄱阳湖最大入湖流量为 6.89 万 m^3/s,最大出湖流量为 3.19 万 m^3/s;经计算,最大 7 d、15 d、30 d 和 45 d 鄱阳湖调蓄洪量分别为 113.0 亿 m^3、264.3 亿 m^3、235.6 亿 m^3 和 277.8 亿 m^3,以上各历时的最大调蓄水量均列有记录以来的第一位。

据资料统计,除个别年份外,江水都倒灌入鄱阳湖。倒灌最早始于 6 月,最晚终于 11 月。平均每年倒灌 2.5 次,历时 14 d,倒灌水量 24.9 亿 m^3。年倒灌次数,以 1963 年 7 次为最多，历时 39 d；年倒灌水量，以 1958 年 93.8 亿 m^3 为最大，历时 47 d 为最长；倒灌流量以 1952 年 9 月 8 日 9 450 m^3/s 为最大。

据湖口、星子、都昌和康山四站 1956～2000 年资料分析，历年年平均水位为 12.84～15.21 m，历年年最高水位为 22.41～22.59 m，历年年最低水位为 5.90～12.09 m(表 8-8)。

表 8-8 1956～2000 年湖区代表站水位统计表

（单位：m；基面：冻结基面）

站名	平均	最高	出现时间	最低	出现时间	最大年变幅	最小年变幅
湖口	12.84	22.59	1998.08.02	5.90	1963.02.06	14.04	9.59
星子	13.40	22.52	1998.08.02	7.06	1963.02.08	13.04	8.31
都昌	13.83	22.41	1998.08.02	8.62	1979.01.12	11.59	6.87
康山	15.21	22.43	1998.08.02	12.09	1978.12.27	8.91	3.54

湖区各站年最高水位发生在 6～7 月的占 75%，枯水期一般在 10 月至次年 3 月，年最低水位发生在 12 月至次年 1 月占 72%。

据资料分析，鄱阳湖的水位特点如下。

1）受赣、抚、信、饶、修五河、长江洪水双重影响，高水位持续时间长。4～6 月五河洪水入湖，水位上涨。7～9 月，受长江洪水顶托或倒灌影响，维持高水位，10 月以后才稳定退水。

2）各年洪水过程，概括为单峰和双峰两种类型。当五河洪水推迟，长江洪水提前，且两者相遇；或两者不相遇，但五河洪水大，长江洪水小的情况下一般为单峰型。当五河洪水较早，长江洪水较迟，两者虽互有影响，但不相遇，一般为双峰型。

3）水位在年内变幅较大，年内变幅大小取决于五河入湖水量在年内的变化，也影响湖面面积、容积和水深在年内的变化。湖口、星子、都昌和康山四个代表站的水位变化特征为：下游站大于上游站，年水位变幅最大为 8.91～14.04 m，年水位变幅最小为 3.54～9.59 m。

4）湖水水面落差洪枯水时相差较大，鄱阳湖高水时期，湖面宽广，水面起伏不定。星子和康山直线距离 110 km，高水位时最大落差仅 0.33 m，而枯水位时，最大落差达 5.45 m。

5）江水倒灌时，湖口水位一般都在 18.0 m 以下，占 81.3%；18.0～18.99 m 占 12.5%；19.0 m 以上占 6.3%。

鄱阳湖泥沙主要来源于赣江、抚河、信江、饶河、修水五大河流。五大河流设有七个控制站，赣江为外洲站，抚河为李家渡站，信江为梅港站，饶河由昌江的渡峰坑和乐安河的虎山两站控制，修水由虬津和潦河的万家埠两站控制，以上七站也称五河七口。目前除修水虬津站无沙量资料外，其他六站（五河六口）均有沙量（悬移质，下同)资料，五河六口控制面积为 12.722 9 万 km^2，占鄱阳湖水系总面积的 78.4%。根据 1956～2000 年资料统计，五河六口平均年输沙量为 1 497 亿 m^3，其中赣江外洲站为 976 亿 m^3，占 65.2%；抚河李家渡站为 148 亿 m^3，占 9.9%；信江梅港站为 227 亿 m^3，占 15.2%，饶河昌江的渡峰坑站为 45.0 亿 m^3，占 3.0%；饶河乐安河的虎山站为 61.3 亿 m^3，占 4.1%；修水潦河的万家埠站为 39.3 亿 m^3，占 2.6%。五河中，多年平均含沙量以饶河 0.081 kg/m^3 为最小，赣江 0.144 kg/m^3 为最大。

鄱阳湖的污染物主要是来自五河，由于流域内的生活用水、工业废水大部分未经处理就直接排入江河而汇集于鄱阳湖。因为鄱阳湖水量多、湖体大、换水周期短，湖水的自净稀释能力强，故流域内虽有污、废水入湖，但总的来说鄱阳湖的水质还是比较好的。据 2006 年江西省水资源公报，鄱阳湖全年水质优于Ⅲ类水占 57.8%，Ⅲ类水占 24.3%，劣于Ⅲ类水占 17.9%，主要污染区域为乐安河口、赣江南支口和赣江主支口，主要污染物为总磷和氨氮。

二、庐山水环境

根据庐山若干水样的分析结果，庐山水体在未受到污染之前水质优良、硬度很低，金属元素及化合物含量极微，除偶有铁、锰外，其余各项指标都在饮用水标准之内。但是随着庐山旅游业的发展，常住居民、游客数量不断增加，庐山水体受到了一定程度的污染，庐山的水污染源主要为生活污水(表 8－9)。每年约有 200 万 t 生活污水排入山谷小溪，由于过去庐山中心区缺乏污水处理系统，生活污水未经处理直接排放，东谷污水流入将军河水库，西谷污水流入如琴湖，窑洼片区污水经剪刀峡流往山下。由于牯岭镇大量生活污水的排入，如琴湖曾遭受比较严重的水污染，水体黑臭，曾采用曝气手段给水体增氧；庐山酒厂废水和生活污水不断排入将军河水库导致该水体 pH 明显低于庐山其他水体，有酸化的趋势并有蓝藻出现；庐山多处水体呈现被污染的特征。

表 8－9　庐山各主要水体水质状况表

水质指标	大月山水库	芦林湖水库	如琴湖	黄龙潭	乌龙潭
pH	5.60	8.8	7.17	7.35	7.32
矿化度/(mg/L)	18	23	86	27	61
浊度				2.04	1.7
硬度	<10	4.18	55	1 000	39
酚/(mg/L)		0		0	
氟化物/(mg/L)	0.5～1.0	1.0	0.8	0	1.2
亚硝酸盐氮/(mg/L)	<0.01	0.01	0.07	0.01	0.03

续表

水质指标	大月山水库	芦林湖水库	如琴湖	黄龙潭	乌龙潭
氨氮/(mg/L)	0.24	0.34	1.07	0.06	1.41
总铁/(mg/L)	0.1	<0.1	<0.1	0.1	0
氰化物/(mg/L)	0	0	0	0	0
六价铬/(mg/L)	0		0.03	0.04	
钡/(mg/L)	0	0	0		0
总磷/(mg/L)	0.1	0.1	0.3	0.3	0.3
溶解氧/(mg/L)	7.3	8.2	7.9	7.5	6.1

注：数据仅供教学实习参考。

近年来庐山中心区建立了污水处理系统(表 8－10)，对牯岭镇的生活污水进行处理。但是，由于当地的山地地形，地势起伏不平，生活污水收集率低，加上污水处理设施和处理工艺落后，旅游旺季庐山的水污染现象时有发生，庐山水污染的治理还任重道远。

表 8－10　庐山污水处理厂情况

地点	站名	设计处理能力	现有主体工艺
窑洼	剪刀峡站	2 500 t/d	接触氧化
东谷	15 号桥站	800 t/d	MBR
	经纬宾馆站	500 t/d	MBR
西谷	如琴湖站	3 000 t/d	SBR

注：MBR 指膜生物反应器；SBR 指序批式活性污泥法。

第二节　庐山水文水资源野外实习基本内容

一、水文测量

1. 水文测量基础

水文测量是水文工作的基础，所有的水文分析、水文预报和水资源计算等都要使用水文观测资料。水文观测的主要内容是观测降水、蒸发、下渗、流速、流量、水位及其他水情数据(如水温、含沙量等)。

(1) 水位

水位是指河道等水体自由水面高出基面以上的高程，即河道等水体水面与某一基面的高差值,一般用"m"表示。基面有绝对基面(又称标准基面)和测站基面(又称假定基面)两种。

绝对基面:是国家统一规定的基面,这个基面是以某一海平面作为高程零点。我国统一采用黄海基面作为绝对基面。

测站基面:由于自河口至上游地势逐渐升高,上游站与下游站水位差值太大,水位计算时比较烦琐。因此在水文测验中,为了便于在河流上就地测量和计算水位,通常采用测站基面。这种基面采用测站河床最低点下一定距离作为水位计算零点。该基面是水文测站专用的一种固定基面。

水位的观测一般采用水尺和自计水位计。

(2) 流速

流速指水流在河道中流动的速度,用"m/s"表示。由于河床形态、糙率及断面水力条件的不同,天然河道中的水流流速分布十分复杂。表现在流速随水深的变化(垂线流速变化)和流速在横断面水平线上的变化。

垂线流速变化:在垂线上,流速最小值出现在河底处,从河底至水面,流速随糙率的减小而增大,但由于空气等的摩擦作用,垂线流速最大值并不是在河道水表面,而是在水面下 $0.1 \sim 0.3H$(H 为水深)处最大。

横断面水平线流速分布:一般是从两岸向中心增大,最大值出现在流心。

2. 流速测量

(1) 测速计算原理

测流速的感应部件是旋桨式流速仪。旋桨由水流推动而旋转,经信号装置参数转数信号,并由下述公式计算出流速:

$$V = KAN/T + C$$

式中,V 为所测流速(m/s);

K 为桨叶水力螺距(称倍常数)(m);

C 为仪器参数(m/s);

A 为转数与信号的比值;

T 为测流时间(s);

N 为 T 历时的信号数。

根据测流环境及对测流精度的不同要求,水文测验规范中规定可选择单垂线、二垂线、三垂线、五垂线、七垂线等测流,各垂线还可选择五点法(0.0 倍水深、0.2 倍水深、0.6 倍水深、0.8 倍水深、1.0 倍水深)、三点法(0.2 倍水深、0.6 倍水深、0.8 倍水深)、二点法(0.2 倍水深、0.8 倍水深)和一点法(0.6 倍水深处、冰期 0.5 倍水深)进行测流,垂线流速为各点流速之算术平均值。断面流速为各垂线算术平均值或根据河道断面情况按垂线控制的过水面积加权平均。

(2) LJD 打印流速仪使用

LJD 打印流速仪为全自动流速测量仪，在输入仪器的参数后，可自动计算出所测点的流速，使用较为方便。

根据《水文测验标准规范》，为消除水流的脉动影响，每次测流均需一定的时间(称为测流历时 T，一般要大于 100 s)，所以每次测流均有相应的信号数 N 和历时 T。LJD 打印流速仪采用信号控时原理，固定信号数 N，N 为常数(本仪器为 $N=10$)，同时为了用计算器的累加功能计算流速 V，设计中历时 T 为时标周期 t 和时标脉冲数 i 的乘积，即 $T=t\times i$。仪器中时标频率为 10 Hz，即周期为 0.1 s。将 $T=t\times i$ 代入流速计算公式得

$$V=\frac{1}{\frac{t}{KAN}i}+C$$

令 $AV=t/(KAN)$，则流速计算公式为 $V=1/(AVi)+C$。这是本仪器的使用公式。

将流速仪放入所需水深的位置，依次按动 LJD 打印流速仪上下述各键或输入数值：

[开/关] → [MC] → [ON/AC] (或 [AC]) → [输入 AV 值] → [M+] → [启/止]。

按 [启/止] 键后第一个信号到来时计算器开始工作，第十一个信号到来时计算器停止累加计算，并显示打印出测点平均流速，然后自动复零。

由此周而复始地测量，直到按动 [启/止] 键才停止。注意：实际水流流速为打印的流速加上 C 值。

本 LJD 打印流速仪的各参数为：$AV=0.004\,8$；$C=0.048\,9$。

3. 流量计算

先用各测点流速计算出垂线平均流速，再用各垂线平均流速计算出断面平均流速，然后用断面平均流速乘以断面面积即为所测断面流量(m^3/s)。

4. 实习目的

通过实习，使学生了解水文测验的一般方法和过程，掌握流速仪测流的原理。要求学生在庐山自然地理实习中，能根据实际情况，测量指定断面的流速，并计算所测断面的流量。

二、水质分析

1. 实习目的

通过对庐山地区部分水体水质的监测分析，使学生了解水环境监测及分析的

一般内容和方法,了解庐山地区的地表水质状况,加深对庐山地区水资源的了解。

2. 部分水质指标

(1) 水质物理指标

pH:水的酸碱度指标,小于7为酸性,大于7为碱性,天然水一般在6～9。

温度:水体温度(℃)。

浊度:水中悬浮物对光线透过时所发生的阻碍程度。我国一般规定是1 L蒸馏水中含有1 mg二氧化硅为一个浊度单位。浊度的高低一般不能直接说明水质的污染程度,但由人类生活和工业活动产生污水造成浊度增高,表明水质变坏。

电导率:在水溶液中插入面积为1 cm^2的两电极片,相隔1 cm所测得的电导值。以公式表示:$k = L \cdot l/S = (1/R) \times (l/S)$,单位为S/cm或$\Omega^{-1} \cdot cm^{-1}$。电导率取决于单位时间内通过溶液横截面的离子负荷总量。而离子浓度、迁移速度、电荷数(如离子价)以及温度是决定电荷总量的因素。故电导率可间接表示溶液盐的含量。

(2) 水质化学指标

溶解氧(DO):指水体中溶解氧气的含量(以mg/L表示),天然水的溶解氧取决于水体与大气中的氧平衡。清洁的地表水溶解氧一般接近饱和,由于藻类的生长,溶解氧可能过饱和,水体受还原性物质污染时会使溶解氧降低。

化学耗氧量(COD):指在一定条件下用化学氧化剂(如重铬酸钾、高锰酸钾等),氧化水中有机污染物时所需的氧量(以mg/L表示)。化学需氧量越高,表示水中有机污染物越多。

生化耗氧量(BOD):在有氧的情况下,由于微生物的活动而降解有机物所需的氧量称为生化耗氧量(以mg/L表示)。生化需氧量越高,表示水体受水中需氧有机污染物越多。

酚:水体中的酚主要来源于工业企业排放的含酚废水(以mg/L表示)。此外,粪便及含氮有机物在分解过程中也会产生少量酚类化合物。水体受到酚污染后严重影响水产品的产量和质量。

氰化物:氰化物是剧毒物质,大多数氰化物的衍生物毒性更强。水体中的氰化物主要来源于工业企业排放的含氰废水(以mg/L表示)。

总磷:以mg/L表示。天然水中的磷的含量很少,并多以磷酸盐的形式存在。水中的磷主要来源于化肥及合成洗涤剂。其含量的多少与浮游藻类等水生生物的生长有密切的关系,水体中磷含量多时会使藻类过度繁殖,造成富营养化,使水质变坏。

氨氮:以mg/L表示。以游离氨或铵盐形式存在于水体中,两者组成之比取决于pH,pH高时,游离氨所占比例较高。该指标主要反映水体富营养化的指标。

亚硝酸盐氮:以mg/L表示。亚硝酸盐是氮循环的中间产物,在环境中不稳定，根据水环境条件，可被氧化为硝酸盐或还原为氮。

其他重金属污染物：以 mg/L 表示。重金属目前并没有统一的定义，一般认为是相对密度大于 4 或 5 的有毒金属。相对密度大于 5 的有 45 种左右，相对密度大于 4 的约有 60 种。一般在环境污染方面所说的重金属主要指汞、镉、铅、铬以及类金属砷等生物毒性显著的元素，也指具有一定毒性的一般金属（如锌、镍、钴、锡、铜等）。其危害在于它本身所表现的毒性作用。

3. 便携式水质测定仪

（1）HI9804 系列多参数水质现场快速分析测定仪

HI9804 系列多参数水质现场快速分析测定仪适用于在野外各种恶劣的环境下，对地表水、地下水、工业废水等各种水质中的酸度、电导率、溶解氧、浊度、温度及 36 种离子的测定，具有实验室的测量精度，使用方便，简单可靠。

具体使用方法见说明书。

（2）TY-2005 型水质理化检验箱

该检验箱采用试纸、试剂管、检测管等简易剂型，可监测一般水质指标、常见毒物指标，一次性使用，进行定量、半定量或定性监测。监测项目较为齐全，实用性强，操作简便，易掌握，试剂稳定。主要可监测的项目有：温度、色度、臭、味、肉眼可见物、pH、氨氮、亚硝酸盐氮、亚硝酸盐、硝酸盐氮、总硬度、总铁、氯化物、硫酸盐、氟化物、六价铬、酚类砷、氰化物、汞、镉、铅、钡、硼、有机磷等。

监测方法及步骤见说明书。

（3）HI83300 桌上型多参数分光光度计

HI83300 桌上型多参数分光光度计适用于野外水质分析，可对地表水、地下水、工业废水、海水等的硬度、pH、电导率、溶解氧、氨氮、磷酸等 60 余项指标进行测定，具有实验室的测量精度，使用方便，简单可靠（图 8-4）。

仪器的具体使用方法见说明书。

测量步骤：

1）打开仪器电源开关。

2）按“METHOD”键。

3）按▲或▼键选择测量项目，按“Select”确认。如 Ammonia MR 表示中浓度氨氮。

4）Ammonia MR 测试步骤详见仪器使用说明书。将 10 ml 样品装入比色皿至刻度线，螺紧上盖。

5）把比色皿放进仪器比色槽内，槽口对齐卡紧。

6）按“Zero”键，屏幕显示“—0.0—”，表示仪器已归零，准备测量。

7）取出比色皿，加入相应试剂，盖紧，轻摇（混合样品）。

8）把比色皿插入仪器比色槽内，槽口对齐卡紧。

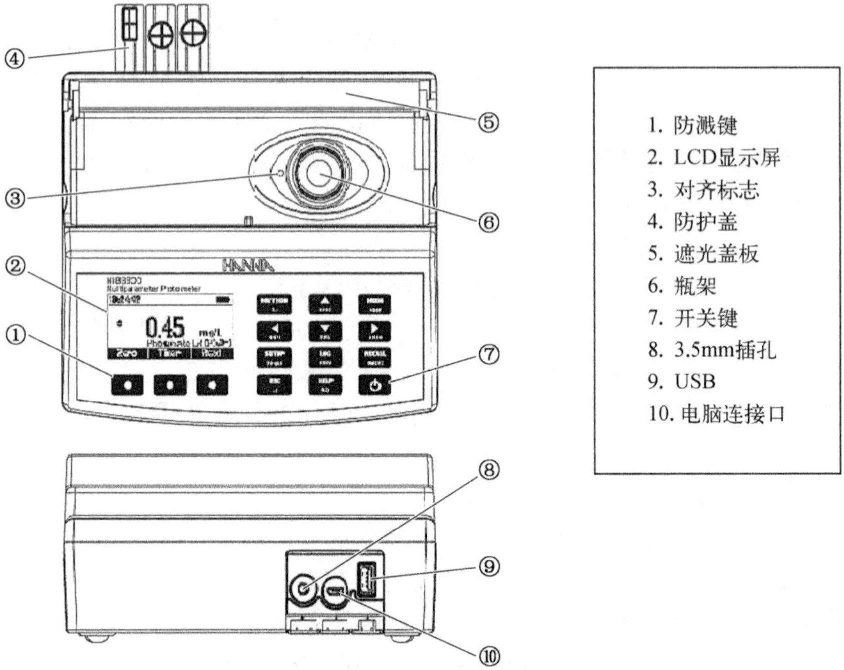

图 8-4 HI83300 桌上型多参数分光光度计

9）按下“Timer”键，仪器自动进行测量倒计时，3 分 30 秒后按下“Read”键，仪器开始读数。

10）仪器将直接显示出样品中氨氮浓度值。

11）测量结束关闭仪器，将比色皿冲洗擦拭干净。

注意：插入比色槽前确保比色皿没有指印、油污或灰尘，可用纯棉布或无绒布全部擦拭一遍。另外，加入试剂后不要让测试样品停留太久，并确保样品不含石屑，不含气泡。

4. 庐山水质监测与分析

主要监测如琴湖、芦林湖、大月山水库、黄龙潭、乌龙潭等水体水质，按老师要求进行监测。通过对监测数据的分析，判断庐山地区的地表水质状况，并提出合理的水污染治理措施。

三、水资源供需分析

1. 实习目的

庐山地区的供水水源主要是几个蓄水水库，其中又以芦林湖水库为最大的供水水源地。通过对芦林湖来水过程及庐山用水过程的供需计算（用水包括庐山居民用水和游客用水),分析庐山游客容量与水资源的关系,并提出庐山旅游发展的水资源开发利用对策。

2. 实习内容

1) 根据庐山地区地形图,推求芦林湖的集水面积,求算芦林湖的平水年来水量并加以分析。

2) 访问调查庐山本地居民与游客每人每天的用水量,并计算旅游季(5～9 月)每月用水量。

3) 芦林湖水库供需平衡分析(假设庐山用水全部由芦林湖供水)。

4) 庐山水资源开发利用对策。

3. 分析计算方法步骤

(1) 在庐山地区 1∶10 000 地形图上勾绘出芦林湖集水区(流域)界限,用求积仪(或 GIS 方法)计算出集水面积(km^2)。

(2) 根据庐山气象站、植物园站、杜家村站、金凤岭站、观口站的平水年降水资料(资料见附表)及各站点高程,点绘出庐山降雨-高程关系曲线,查算芦林湖逐月降水量并计算芦林湖的来水过程(径流系数为 0.6)。

(3) 根据庐山固定居民(15 134 人)和 5～9 月游客量调查(分别为 13 万、11 万、16 万、14 万和 6 万人,平均逗留 2.5 天),计算庐山地区逐月用水量过程。假定庐山居民夏季用水量 200 L/(d・人),游客 300 L/(d・人),其他季节庐山居民 120 L/(d・人)。

(4) 庐山水资源供需平衡分析计算

从第一年 5 月开始计算到第二年 4 月止。以芦林湖集水区的来水量减去用水量(逐月计算),如该月计算值为负值,说明需动用芦林湖水库水量进行补充,则水库蓄水量下降(假定芦林湖在计算初期是蓄满的),但芦林湖蓄水量最小不能小于死库容(指不能利用的那部分库容,为计算简单,在此定为 45×10^4 m^3);如该月计算值为正,则有余水,余水首先蓄在芦林湖中,但超出兴利库容(99×10^4 m^3)部分作为弃水。列表计算,见表 8-11。

表 8-11　芦林湖供需平衡计算表　　(单位: m^3)

项　目	5	6	7	8	9	10	11	12	1	2	3	4	年
来水量													
用水量													
余缺水量													
芦林湖蓄量													
弃水量													

注: 计算时不考虑芦林湖水面蒸发量。

(5) 庐山水资源开发利用对策

根据计算结果,分析庐山水资源能否满足庐山本地居民与旅游发展的要求。如计算到第二年4月,芦林湖的蓄水量仍为99万 m^3,则说明庐山地区水资源量充沛,可以满足旅游业的需要;如不足99万 m^3,或某月芦林湖蓄水量小于45万 m^3,则说明庐山地区近期水资源量难以满足旅游发展的要求,并对庐山的水资源开发利用提出合理的对策措施,以保证庐山旅游事业的进一步发展。

思考题

1. 河道水流在横断面上的流速分布规律。
2. 为什么流速测验时要测较长的时间?
3. 各水质指标反映了水质的什么特征?
4. 简述庐山各水体的水质状况。
5. 简述庐山水资源的时空分布特征。
6. 水文资料在水资源分析中的作用。
7. 简要分析降雨径流过程。
8. 简述测流公式中各物理参数的意义。
9. 简述断面流量计算方法。
10. 简要分析旅游开发对庐山水资源利用的影响。
11. 简述水资源供需平衡分析的基本概念及过程方法。
12. 试分析庐山水资源供需平衡现状。
13. 建设水库有什么作用? 简述水库各特征水位的意义。
14. 试述庐山地区的水系特征。

附表 8-1　平水年庐山气象站逐月降水量表　（高程：1 165 m）

	1月	2月	3月	4月	5月	6月	7月	8月	9月	10月	11月	12月	年降水量
第一年	26.6	174.0	152.6	150.6	285.3	146.0	186.5	124.9	220.3	91.9	98.4	53.2	1 710.3
第二年	51.0	48.9	123.9	257.5	113.7	394.3	190.6	80.5	96.3	145.8	76.2	22.5	1 601.2

附表 8-2　平水年庐山植物园站逐月降水量表　（高程：1 108.8 m）

	1月	2月	3月	4月	5月	6月	7月	8月	9月	10月	11月	12月	年降水量
第一年	17.6	168.6	141.7	151.2	433.3	175.6	246.5	78.1	263.5	67.3	87.0	37.3	1 867.7
第二年	41.1	46.5	140.7	239.6	81.1	382.8	162.1	88.3	80.6	120.8	63.3	25.9	1 472.8

附表 8-3　平水年庐山杜家村站逐月降水量表　（高程：300 m）

	1月	2月	3月	4月	5月	6月	7月	8月	9月	10月	11月	12月	年降水量
第一年	12.1	177.6	146.2	105.6	274.8	04.5	146.9	34.1	159.7	60.3	65.8	36.4	1 224.0
第二年	32.3	43.7	101.1	207.1	66.7	304.7	175.4	34.2	99.1	109.8	68.2	21.5	1 263.8

附表 8-4　平水年庐山金风岭站逐月降水量表　（高程：440 m）

	1月	2月	3月	4月	5月	6月	7月	8月	9月	10月	11月	12月	年降水量
第一年	20.6	163.2	90.1	106.7	262.1	98.7	155.4	73.8	203.5	47.5	72.5	37.2	1 331.3
第二年	37.8	45.2	92.1	215.1	63.0	278.9	162.8	58.9	92.5	111.9	68.0	14.5	1 240.7

附表 8-5　平水年庐山观口站逐月降水量表　（高程：100 m）

	1月	2月	3月	4月	5月	6月	7月	8月	9月	10月	11月	12月	年降水量
第一年	16.0	159.1	147.1	109.3	224.3	105.5	129.0	61.3	178.7	40.6	70.7	36.8	1 278.4
第二年	33.5	52.4	86.1	215.5	49.9	282.8	150.5	52.9	88.4	98.7	64.6	26.7	1 202.0

附表 8-6　部分水质指标国家标准

序号	指　标		Ⅰ类	Ⅱ类	Ⅲ类	Ⅳ类	Ⅴ类
1	pH		6.5～8.5				6～9
2	硫酸盐(以 SO_4^{2-} 计)	⩽	250	250	250	250	250
3	氯化物(以 Cl^- 计)	⩽	250	250	250	250	250
4	溶解性铁	⩽	0.3	0.3	0.5	0.5	1.0
5	总　锰	⩽	0.1	0.1	0.1	0.5	1.0
6	总　铜	⩽	0.01	1.0(渔 0.01)	1.0(渔 0.01)	1.0	1.0
7	总　锌	⩽	0.05	1.0(渔 0.1)	1.0(渔 0.1)	2.0	2.0

续表

序号	指　　标		Ⅰ类	Ⅱ类	Ⅲ类	Ⅳ类	Ⅴ类
8	硝酸盐(以N计)	≤	10	10	20	20	25
9	亚硝酸盐(以N计)	≤	0.06	0.1	0.15	1.0	1.0
10	总磷(以P计)	≤	0.02	0.1	0.1	0.2	0.2
11	高锰酸盐指数	≤	2	4	8	10	15
12	溶解氧	≤	饱和率90%	6	5	3	2
13	化学需氧量(CODcr)	≤	15	15	20	30	40
14	生化需氧量(BOD_5)	≤	3	3	4	6	10
15	氟化物(以F^-计)	≤	1.0	1.0	1.0	1.5	1.5
16	硒(四价)	≤	0.01	0.01	0.01	0.02	0.02
17	总　砷	≤	0.05	0.05	0.05	0.1	0.1
18	总　汞	≤	0.000 05	0.000 05	0.000 1	0.001	0.001
19	总　镉	≤	0.001	0.005	0.005	0.005	0.01
20	铬(六价)	≤	0.01	0.05	0.05	0.05	0.1
21	总　铅	≤	0.01	0.05	0.05	0.05	0.1
22	总氰化物	≤	0.005	0.05(渔0.005)	0.2(渔0.005)	0.2	0.2
23	挥发酚	≤	0.002	0.002	0.005	0.01	0.1
24	石油类	≤	0.05	0.05	0.05	0.5	1.0
25	氨　氮	≤	0.5	0.5	0.5	1.0	1.5
26	硫化物	≤	0.05	0.1	0.2	0.5	1.0

注：饮用水源按Ⅱ类或Ⅲ类水标准，在此按Ⅲ类水标准分析。

第九章　人文地理学野外实习

第一节　庐山人文地理特征

一、庐山地区区位条件分析

1. 地理位置

庐山位于长江中下游平原中部，安徽、湖北、江西三省交会处，江西省北端，在九江市域东南部。北临长江，东濒鄱阳湖。距江西省会南昌 115 km，有昌九高速公路相连，沿长江上溯 246 km 抵武汉，顺江而下 464 km 至南京、836 km 抵上海。特有的“吴头楚尾”、“三省交会”的地理位置，使得庐山地区的旅游市场腹地广阔，风景名胜影响深远。

2. 交通条件

庐山地区区位优越，水、陆、空交通条件兼备，对外联系十分便捷，该地区设有庐山火车站与全国南北大动脉——京九铁路直接相连，有昌九与九景等多条高速公路通达邻近城市；南昌国际机场经昌九高速公路到庐山牯岭镇 130 km，仅需 2 小时车程，庐山机场(九江庐山机场)距离牯岭镇也仅有 30 km 左右。该地区濒临长江，坐拥得天独厚的黄金水道，还可以由紧密相邻的鄱阳湖与赣江相接，可直达江西南部腹地。

庐山地区所依托的九江市更是长江中游的重要港口和京九沿线以及赣北唯一的水陆交通枢纽，九江“途通五岭、势拒三江”，具有“七省通衢”的战略地位。目前，九江是国家铁路中长期规划的四大八向枢纽之一，京(北京)九、武(武汉)九、合(合肥)九、铜(铜陵)九、九景衢(景德镇、浙江衢州)、昌(南昌)九城际高铁以及规划中的长岳(长沙、岳阳)九、池(池州)九城际快铁等铁路交会于此，至 2020 年底，已有 11 条铁路在九江交汇；公路除昌九、九景两条高速公路外，还有大广高速、永武高速、彭湖高速、九江绕城高速以及 105 和 316 国道穿境而过。在航运方面，九江港是长江流域五大枢纽港口之一，是我国东西水运、南北水陆中转的重要枢纽港，年吞吐能力 3 000 万 t，最高年客运量 500 万人次，最高货物吞吐量 5 000 万 t，分别居长江各港口的第二位和第四位，是长江中游重要的物资集散地。

庐山国家重点风景名胜区所在的牯岭镇交通便捷,区内建有南山、北山两条登山公路,景区内建有环山公路、支线公路和游步道,建有从山下八里湖新区庐山云雾茶场直通山上牯岭镇慧远路的庐山交通索道。

3. 经济区位

庐山地区及其依托城市——九江市"途通五岭、势拒三江",历史上就是沟通岭南地区、长江中下游地区和中原地区的水陆要道、通都大邑,具有"七省通衢"的战略地位,曾是中国的"四大米市"、"三大茶市"之一,如今更是中国南北经济交往的要冲,因此享有独特的经济区位条件。

首先,庐山地区处于"承东启西、迎南接北"的重要战略位置。一方面,该地区处于以上海为龙头的长江经济带中段、沪汉两大经济区以及赣、鄂、湘、皖四省的接合部,是"宁合昌"泛长三角区域中的一极,亦为我国东、中、西三大经济地带的中部与东部的过渡地带,是我国经济发展实现由东向西梯度推进的重要中转枢纽;另一方面,该地区位于我国重要的纵向新经济发展轴——大京九经济带的中部,以京九铁路为支撑,北接环渤海经济区,南达珠江三角洲经济区,具有连南通北的经济区位优势。

其次,庐山地区能够接纳来自多方位的经济辐射。该地区处于中国三大经济快速增长地区中的两大经济区——长江三角洲经济区和珠江三角洲经济区的直接腹地,并通过京九铁路能够获得环渤海经济区的辐射。因此,具有快速吸纳来自三大经济区经济辐射和社会文化影响的区位优势;再次,庐山地区所依托的九江市还是江西省唯一靠江通海的外贸港口城市,是联结江西省与长江开发带和沿海开放带的"北大门",在当今区域一体化发展的背景下,九江与南昌、景德镇共同构成了江西省内重点发展的"昌九景"金三角,其经济区域地位亦更加突出。

二、庐山历史发展简况

1. 庐山历史简况

庐山有文字可考的历史可达两千多年,中华民族在此进行了流传千古的各类活动,书写了中华文明的重要篇章,留下了大量文化遗存:据有关资料,庐山有 20 多处远古文化遗址、600 多处中古文化遗址。历代有 3 500 多位历史名人游历庐山,留下了 1.6 万余首诗词,1 300 多处摩崖题刻和浩如烟海的著述、画卷和书法作品,同时还建造了众多的书院、寺庙、碑刻、墓葬、桥塔等人文景观,大大丰富了庐山文化,使庐山成为积淀丰厚的文国诗山;庐山又是中国南方的宗教中心和教育与"理学"的圣地:建于公元 386 年(晋代)的东林寺,是我国佛教"净土宗"的发源地。建于公元 940 年的白鹿洞书院为我国古代四大书院之一,是"庐山国学"的诞生地,在我国教育史上占有重要的地位。

作为庐山文化主体的儒、释、道文化在融合的过程中，也接纳和兼容了西方文化：19 世纪末以来，随着英人李德立开发牯岭的行为，20 多个国家千余幢（现存 600 多栋）不同建筑风格的近代别墅、教堂和学校等分布在牯岭东西谷一带，形成了独特的西方近现代建筑文化景观，既运用了西方乡村生活与都市文化结合起来的浪漫主义，又在园林布置中采取中国文化的传统手法，使西方的石砌别墅群和谐地分布在自然风光与中国文化相融合的氛围之中，并由此使庐山逐步成为佛、道、基督、伊斯兰、天主教、东正教一山六教共存的局面。

民国期间，庐山曾作为国民政府的“夏都”，成为党政要员、达官贵人、社会名流的避暑胜地。新中国成立至今，庐山经历了几次大的历史转折，新中国成立初期至改革开放初期（1949～1982 年），庐山作为计划经济下的休疗养区；1982 年，庐山被国家批准为国家重点风景名胜区；1984 年 5 月，经国务院批准，成立江西省庐山风景名胜区管理局，隶属江西省政府，由九江市政府代管，副地级。1982～1996 年，庐山完成了由休疗养区向旅游观光区的跨越；1996 年 12 月 6 日，联合国教科文组织世界遗产委员会在墨西哥梅里达市召开的第 20 届会议认为：庐山的历史遗迹以其独特的方式，融会在具有突出价值的自然美之中，形成了具有极高美学价值的，与中华民族精神和文化生活紧密相连的文化景观。一致批准庐山为“世界文化景观遗产”，列入《世界遗产名录》，从而标志着庐山从国家级风景名胜区跻身世界名山之列；2004 年 2 月，庐山又被评为“世界地质公园”，标志着庐山在世界地质科学中的重要地位和宝贵价值；2005 年，庐山被评定为联合国 CCC/UN 优秀生态旅游景区，并被推荐为中国唯一提名的世界遗产保护管理奖单位；2006 年 1 月，中央文明办、建设部、国家旅游局联合授予庐山首批“全国文明风景旅游区”称号；2007 年，庐山被批准成为国家 5A 级旅游景区；2008 年，庐山获得“首批国家旅游名片”和“中国世界遗产景区十佳”殊荣；2009 年，庐山相继荣获“中国十大避暑名山”和“中国最美十大名山”。2009 年，庐山植物园荣膺中国世界纪录协会中国最早的亚热带山地植物园，并通过了 5A 级旅游景区复核和世界地质公园中评估，成功举办了首届中国庐山世界名山大会，成为世界名山协会永久注册地。

2. 庐山发展的历史阶段

庐山古代历史，从公元前 126 年司马迁登临算起，到 1895 年外国人开辟牯岭，整整有两千余年的历史，根据历史学家的划分可以分为三个阶段，每个阶段大约 700 年。

（1）两汉至魏晋南北朝时期

庐山处于起步开发的阶段，后期逐步成为僧道、名士栖逸修真、佯狂避世的场所：王羲之于东晋咸康六年（公元 340 年）任浔阳郡守，于庐山南麓金轮峰下建别墅，后舍为归宗寺，系庐山最早的寺院；慧远来庐山兴建东林寺，创建净土宗；陶渊明归隐庐山，开创田园诗；陆修静来庐山，居太虚观；谢灵运游庐山，题诗咏庐山山水。

(2) 隋唐时期至南宋中叶

唐宋时期,庐山进入了历史的全盛时代:李白三游庐山,建“太白读书堂”于屏风叠;白居易贬为江州司马,筑草堂于北香炉峰下;李璟兴建读书台于秀峰,隐此读书;周敦颐建濂溪书院于莲花峰下;朱熹修复白鹿洞书院,使其流风润泽元、明、清,成为研究理学的基地。欧阳修、王安石、苏轼、黄庭坚、陆游等文人墨客畅游庐山,使庐山成为举世驰名的文化名山。

(3) 南宋末期至清代末年

朱元璋敕封庐山为“庐岳”,重建天池寺,兴建御碑亭;徐霞客探游庐山。在此期间,中国封建社会走下坡路,民族矛盾、阶级矛盾起伏交错,庐山也随着大气候的盛衰消长,日益衰落。1858 年,清政府签订了《天津条约》,九江开埠;19 世纪 70 年代,法国传教士在莲花峰建造了现代第一栋别墅;1895 年,英国传教士李德立强租长冲谷(东谷),庐山开始纳入近现代开发轨道。

3. 庐山行政归属变迁

庐山的管理体制自古以来就变动不居。早在宋朝以前,庐山的行政归属一直是一山一治,但所属州郡县的名称时有变化。

春秋战国时期,庐山是楚国领地。秦统一天下后,庐山属庐江郡。汉代,庐山属豫章郡柴桑县。东晋南朝,庐山属寻阳郡柴桑县。隋,庐山属九江郡湓城县。唐代,庐山属江州浔阳县。

五代杨吴大和年间(929～935 年),山南地区设“星子镇”,隶属德化县。北宋太平兴国三年(978 年),星子由镇升格为县,从此,庐山开始按山北、山南分属德化(今九江县)、星子两县管辖(一山两治)。

从宋朝初年开始至民国初年,近一千年左右,庐山为两府两县所分治,庐山北部属江州德化县[江州在元时称为江州路,明清两代时称九江府;民国三年(1914 年)德化县改称九江县],南部属南康府星子县(宋时的南康军,在元时称南康路,明清两代称南康府)。

1926 年,民国政府将庐山警察署和清丈局(土地房产测绘单位)合并设立“庐山管理局”(县级),负责管理庐山风景名胜事宜,隶属九江市管辖。这也是庐山首次有自己的行政区划。

1930 年,九江市撤销,庐山管理局升格为厅级,改由江西省政府直辖,以九江、星子两县所属的庐山山地为管理局的辖区(一山三治)。

新中国成立前,解放军进驻庐山,当时成立临时管理机构——庐山管理处,实行军管;1950 年 4 月,庐山管理处改称庐山管理局(厅级);1955 年 2 月,改称江西省庐山管理局。

自 1984 年设立庐山管理局开始,整个庐山分别由庐山管理局、星子县、九江县、庐山区、庐山垦殖场和江西省庐山自然保护区 6 个部门管理,被称为“一山六治”。

2005 年 12 月和 2006 年 6 月，九江市委市政府先后两次将庐山综合垦殖场、九江市庐山茶科所、九江市林科所、庐山水电厂，以及含鄱口以下、太乙村以上区域划归庐山风景名胜区管理局管理，并将山门由山上迁往山下，庐山风景名胜区管理局的管辖范围扩大到超过 100 km^2，庐山也由“一山六治”变为“一山五治”。

2016 年 5 月，根据《国务院关于同意江西省调整九江市部分行政区划的批复》(国函〔2016〕58 号)精神，江西省政府经研究，撤销星子县，设立县级庐山市，将九江市庐山区牯岭镇划归庐山市管辖。以原星子县和九江市庐山区牯岭镇的行政区域为庐山市的行政区域。将九江市庐山区更名为濂溪区。

三、庐山开发过程概况

庐山处于长江与古赣江的交汇之地，它的优越的地理位置，很容易成为长江文化较早开发之处和中原文化的渗透之地。

人类对长江中游、江西北部这一带的开发，始于距今约 8 000 年至 10 000 年。远在上古时代，传说大禹奉舜帝之命来到九江彭蠡指挥治洪，看着这个区域一片汪洋，唯独庐山兀立其中，于是乘舟登上汉阳峰，审查自然动态，寻思治水方法。

近年来，庐山南麓的马回岭、沙河、星子、泛舟岩等处出土的陶器、骨器，就确凿地证明了在新石器晚期(距今约 4 000 年至 6 000 年)，庐山地区的人类活动就相当频繁。在文献古籍记载中，《禹贡》称庐山为“敷浅原”，《山海经》称庐山为“天子都”、“天子障”和“南障山”，还记述“有庐山，出自三天子都，入彭泽西”。《同治九江府志》载：周武王时，方辅与李聃跨白驴入山。炼丹得道，仙去唯庐存，故名庐山。司马迁在《史记·河渠书》中记载：“太史公曰：余南登庐山，观禹疏九江”。

1. 古代宗教圣地的局部开发

庐山之名，即是宗教文化的产物。早在公元前 17 世纪的周代，匡俗七兄弟在庐山筑庐隐居，学道求仙。相传匡俗得道仙化，人去庐存，庐山被称为“神仙之庐”，由此而得名庐山。

公元前 210 年，希冀长生不老的秦始皇，巡视江南，浮江而下，登上庐山上雷峰，虔诚地祭祀庐山，勒石存念。公元前 106 年，汉武帝登临庐山紫霄峰，在匡俗得道之所下诏立祠，赐封匡俗为“大明公”。自此，“神仙之庐”的声名益发显赫。

南朝时，道教宗师陆修静在庐山建太虚观，并使其成为中国的道教经库。唐玄宗封庐山道教神为“九天使者”，敕建与五岳真君庙并列的“九天使者庙”，使庐山成为中国道教的重地。宋太宗将“九天使者庙”易名“太平兴国观”，宋徽宗将其升为“太平宫”，进一步使它成为久负盛名的道观。

随着庐山声望日益扩大，佛、道教文化不断进入，东晋以后，长江流域的经济文化活跃，庐山所处地理位置得天独厚，水陆交通顺畅，加上风光秀丽，气候宜人，庐山成为儒家人士隐居、读书、讲学、游山之佳地,佛道两教也纷纷以此为丛林。

庐山的古代宗教开发主要分布在山麓地带,尤其是南山地区,以寺庙建设为主,如海会寺、栖贤寺、万杉寺、秀峰寺、归宗寺、东林寺、西林寺、大林寺、黄龙寺等,可谓寺庙林立,一时庐山成为我国南方佛教中心。

2. 近代避暑胜地的有目的开发

庐山的真正开发始于1840年鸦片战争以后。1895年,英国传教士李德立和德化县衙门签订了租地契约——《牯牛岭案十二条》,取得了长冲(今东谷)一带土地租用权,用以建造别墅以避暑。

庐山别墅的形成,大致经历两个发展的高峰期。自1889年李德立开始建别墅起,经过10年的时间,共建别墅147幢,初步形成规模。其他外国人紧随其后,到20世纪20年代发展到518幢,这个时期可以说是外国人建别墅的第一个高峰期。不过外国人所建别墅面积小,基本是一家一户为主,不砌围墙,园林布置也少。20世纪30年代初至40年代末,中国人来庐山建别墅,达到194幢,有的规模较大,还陆续建设商业、住家用房175幢,形成第二个高峰期。这是因为官僚政客、富商巨贾纷纷来凑伙,其中也有爱国将领、民主人士,如冯玉祥、蔡廷锴、张治中、宋庆龄等。所增建别墅重视园林布置,绿草如茵、花木扶疏,与西方式别墅比邻而居,各领风骚。

20世纪30年代,庐山成为国民政府的“夏都”,成为南京之外的第二个政治中心。1928年至1937年,1946年至1948年,蒋介石有13年曾在庐山居住过,在这里运作着国民政府的中枢机器,在这里召开过的政治、军事、外交、经济等方面的会议共11次,史称“庐山会议”。现在,庐山大小房屋1 000多幢,建筑面积达50多万 m^2,过去纷至沓来庐山建别墅的有25个国家,至今仍遗留16个国家风格不同的别墅636幢。

3. 解放后疗养基地的多头开发

解放以前,庐山冬春两季常住人口不过2 000～3 000人,夏季也只有6 000～7 000人,而且暑期临时增加人员大都是外国人和国民党官僚政客。原来牯岭只有2～3 m宽的行人小街,民间流传:“街道窄,路不平,电不明,风吹铁瓦响叮咚。”整个庐山遗下正规房屋大约700多幢(其中别墅500多幢);供水仅是汉口峡等几个小蓄水池,蓄水量4 000 m^3;发电厂仅150马力(约110 kW)发电机;邮政通信,都是步行上下山往返,夏天每日三次,冬天每日一次,全山只有电话机300门。上下庐山的路只有几条小路,主要走莲花路,达官贵人由轿夫抬上下山。

1949年庐山解放后成立了庐山管理处,实行军事管制,没收了帝国主义和国民党的行宫别墅。国家对庐山地区进行了环境保护、景点开发、道路电站修建等大规模建设,同时为了适应庐山旅游和疗养事业的发展,相继进行了一系列经济、文化、卫生和通信等方面建设。作为疗养基地,上至中央各部委办,下至省市,都在庐山占地建立疗养院。各级各类疗养院拔地而起，由于缺乏统一规划，造成布局凌乱、环境污染等问题。

在此段时期中共中央在庐山召开了三次重要的会议，即1959年的中共中央八届八中全会，1961年的中共中央工作会议，1970年的中共中央九届二中全会。中共中央庐山三次会议的召开，更使庐山成为进行革命历史传统教育和爱国主义教育的重要基地，现有庐山会议旧址、芦林1号等主要纪念性建筑。

4. 改革开放以后旅游胜地的全面开发

改革开放后，庐山大力发展旅游业，1982年起，以庐山被列为首批国家级风景名胜区并开始编制庐山风景名胜区总体规划为标志，庐山逐步转变为以市场为主导的旅游观光风景区，并对庐山的旅游资源进行了全面地开发。

首先新建、改造、修葺大片房屋，作为旅游疗养接待专用，新修许多宿舍，改善山民居住条件。现在庐山的旅游疗养设施已达到现代化标准，其中疗养院10多所，旅游接待单位100多家，拥有床位20 000多张，从根本上满足了游客住宿的需要。庐山风景区将原来狭窄的牯岭镇改成山林城市公园的面貌，两边人行道铺石板路面，车行道全面斜铺花岗岩石块，显得雅致大方。牯岭镇区中心建立起一座街心公园，街的后岭修旋转观景台，街的前洼修纵览亭，配缀自然，开旷幽雅。市面百货、五金、工艺、副食品、餐馆、舞厅等等，琳琅满目，各大银行和保险公司也在庐山设立了分支机构。

其次进行水电工程等市政设施建设，修筑水库，广铺管道，在山上建水力发电站，架设外送电路满足庐山用水用电。现有人工建造天然水源的蓄水池和水库十多座，如大月山水库、莲花台水库和芦林湖等，可供暑期日高峰50 000人以上用水。新建蓄水池及“拦河坝”，在下建立一、二、三级电站，总装机容量5 780 kW，同时利用九江市电厂专架高压输电线，在小天池新建高压变电站。

凿开牯岭隧道，沟通东西两谷，使行车能够衔接起来。修筑环山公路、青植公路、神龙宫公路、仰天坪公路，使山上大部分景点可以乘车游览。同时新开汉阳峰、五老峰、三叠泉、石门涧小路；修筑南北登山公路，贯穿南来北往的交通。把原沙石公路分别改成柏油、水泥路面。在三叠泉等景点，开通电动有轨机车，而在大口瀑布和太乙度假村，则分别新建索道。为了加速游人在神龙宫与拦河坝路段行程，又新修一条索道；仙人洞停车场至大天池牌坊前也新修一条滑道车；为沟通神龙宫游览线，在将军河面新建一座悬索桥。新修锦绣谷这一热门风景线小路，原来望景难及，变成移步换形，峰回路转；又新修直接登铁船峰的小路。

新修如琴湖、芦林湖两个人工湖，尤其是芦林湖既筑坝又造桥，构成上桥下坝，形成高悬特色，桥也成庐山一景。两湖风光争奇，形态各异，常年碧波荡漾，幽幽雅雅，使得庐山山顶又成湖光山色景观。

加强森林资源保护、进行植树造林。茂密山林植被是庐山景色秀丽、水源丰沛、气候凉爽的命脉所在。经过几十年的努力，庐山地区已造林 40 多万亩(1 亩≈666.7 m^2)，森林覆盖率达 90%以上。黄龙谷至牧民场纵横数十里林区，所育成林高大柳杉、扁柏登，密密层层，遮天蔽日。白鹿洞和东林寺是庐山南北两大林地，栽培了大量的黑松和马尾松等，蔚然成林，郁郁葱葱。

四、庐山世界文化景观的内涵与表征

胡适早在 1928 年就指出，庐山有三处史迹代表三大趋势：东林寺，代表中国"佛教化"与佛教中国化的大趋势；白鹿洞，代表中国近 700 年的宋学大趋势；牯岭，代表西方文化侵入中国的大趋势。庐山独有的宗教、理学、别墅、政治等文化类型以及自然生态特点，使得庐山成为世界瞩目的风景名山、文化名山、宗教名山、政治名山、旅游名山、地质名山与生态名山。而庐山之所以成为"世界文化景观"，正是因为"庐山的历史遗迹以其独特的方式，融汇在具有突出价值的自然审美之中，形成了具有重大的科学、美学与历史文化价值的文化景观"。

(一) 别墅建筑文化景观

庐山名人别墅有"万国建筑博物馆"的美称，一直在旅游界、建筑界享有盛誉。庐山展现了 25 个国家建筑风格各异的 1 000 余栋山地别墅，在世界山岳风景群中极为罕见。这些西式的别墅依山就谷，错落有致，和谐地融进中国园林艺术的文化氛围之中，自然美与建筑和谐统一，使庐山享有"别墅园林胜地"的美誉。这些别墅以英国文化为主体，融汇了美国文化，渗进了欧洲其他一些国家及中国传统文化，是在中国传统文化的重围之中的，以美国国家公园学说为理论指导的"世界村"。

东谷，俨然是个别墅博览会，至今仍保留着美、英、法、德、俄、芬兰、荷兰、奥地利、意大利等二十多个国家风格不同的别墅。民国时期，有相当多的政府官员在庐山建有样式不同的别墅。其中当属蒋介石夫妇的"美庐"别墅最具有特色，这些各具特色的建筑，至今依然风采如初。东谷的别墅均与近代中外名人有过交集，几乎每一幢别墅都有一个动人的故事。步入别墅园林，则能领略到一股浓浓的异国风情。

西谷以大林路为界，路东侧自 1904 年被划为英租界，与东谷英租界相连；路西侧是 20 世纪初兴起的别墅区，以中国人建造的别墅为主，故当时称为"华界"，20 世纪 30 年代，锦绣峰东侧的山地也被开发。"华界"的别墅风格大多为欧式或以欧式为主，辅以中国传统建筑的某些意蕴。

1. 庐山别墅的开发——《牯岭租界规划》

英国传教士李德立和甘约翰等人深受美国风景建筑师奥姆斯特德的影响。规划不仅要求别墅依山就势，尊重自然，建筑体量、建筑用材以及庭院布置都充分体现与自然环境的协调，整个别墅区构成花园式山林城市，实践城市生活与乡村美景的结合；而且规划兼顾了山野休闲与社会生活两个方面，规划别墅建筑的同时还在中心地带，长冲河中段两侧平缓地段集中布置一系列公共建筑，包括协和教堂、医学会堂、大英执事会、市政议会厅、牯岭图书馆、英美学校、圣经医院、美国圣公会教堂等。

《牯岭租界规划》在长冲河中段两岸，设计了带状公园——“林德赛公园（Lindsay Park）”。公园以河流（东谷）为轴线，沿河谷展开。别墅之间留有充分的空地，不至于沿路形成两排房屋密集的街道；别墅间的空地以及庭院里种植乔木，形成如芝加哥滨河郊区住宅那样的“住宅掩蔽在树林”中的情境。河流小溪两岸保留充分纵深的绿地或森林，保证自然景观的完整。1936 年，江西省政府曾向国民政府行政院提出将庐山作为“国家公园”。

李德立等传教士在长冲一带的开发，是严格按照规划进行的。首先，建立开发管理机构，如成立“大英执事会”、“牯岭市政议会”等，对牯岭租借地实行西方式民主治理，其成员有大学校长、记者、报社社长、建筑师、企业经理等，文化素养很高，并聘请著名建筑师对整个别墅的设计进行指导。其次，进行具体开发规划。现存的《1905 年牯岭地区规划图》清楚地反映了当时规划的内容。其一，土地利用规划，将长冲一带土地划分为 297 块，每块土地 0.247 公顷，每块地只能建设一幢别墅，建筑密度限定为 15%。其二，道路交通规划，对外交通方面，打通与九江的道路联系，修建九江—莲花洞—好汉坡—牯岭一线的道路，改变庐山闭塞状况。社区内部交通方面，规划网格状道路系统，纵横交错。其三，公共设施规划，如建设医院、学校、教堂、自来水厂、排水设施等，其中排水系统采用雨污分流制，至今仍在使用。

1870 年前后，法国传教士在庐山北麓莲花洞建造了第一幢别墅，开始了外国人在庐山兴建别墅的历史。1884 年，俄国传教士与庐山北部九峰寺订立租借园地 40 余亩的协议，兴建避暑别墅，标志着大规模外国别墅群建造的开端。1895 年，英国传教士李德运强占庐山长冲谷（东谷）为租界，自此，庐山别墅迅速“生长”起来。随后，芦林俄租界、猴子林美租界，以及西谷的西半部、橄榄山、小天池、女儿城、太乙村等地也陆续开始建造别墅，形成了由东谷辐射的、以欧式别墅为主流的“建筑文化圈”。

至 20 世纪 20 年代，庐山上已经有美国、英国、德国、瑞典、意大利、挪威、奥地利、俄国、芬兰、法国、葡萄牙、加拿大、日本、澳大利亚、瑞士、捷克、丹麦、爱尔兰以及中国等 20 多个国籍的别墅 1 000 余幢。

2. 别墅建筑的特征

(1) 总体特征

石墙＋铁皮瓦（以红色为主，绿色、湖蓝色较少），别墅追求阴凉地势，呈自然随意状态，常设庭院，室外常建券廊，墙面由未打磨的石块砌筑，厚重朴实，色调沉着，质感强烈。

(2) 从形式划分

庐山别墅建筑的基本形式有内廊式、外廊式、单亭式、双亭式;其组合形式有周边内廊敞开、周边内廊封闭、外廊半敞开半封闭、外廊单亭敞开或封闭、外廊双亭敞开或封闭。

(3) 屋顶

主要有大坡顶陡坡,单人字坡顶,双人字坡顶,四面坡,穹顶和少量平顶。

(4) 从使用划分

主要是独立式和联立式。

(5) 从规模划分

大型:占地较大,周围筑墙,入口标志明显,院内园林。中型:以客厅和卧室围绕壁炉,室内常用套间串通或采用内廊连接。小型:以过厅组成的整体建筑为多,亦有以走廊组成的,有的主房和附房分开设置,有的生活起居用房全组合主体建筑内。

(6) 各国别墅

英国别墅:"券廊式"建筑,具有英国乡村别墅风格,多用石料作墙(也有石木混合),封闭回廊,拱券门窗,屋顶开老虎窗,以赫利私宅为代表。

美国别墅:基本类似英国的"券廊式"建筑,有的混用石木作墙,多用敞开券廊式,一般走廊从正面延伸到侧面,以苏曼私宅为代表。

法国别墅:标志巴黎建筑风格,石砌墙,窗户讲究。

俄国别墅:石墙外内构廊式,窄长窗户,有的正门凸出半圆石堡。

德国别墅:反映该国传统石建筑的粗犷,内构宽敞大厅,门窗长方形不起拱。

芬兰别墅:有欧洲巴洛克式或洛可可式遗风,敞开外廊,制作精细。

瑞典别墅:一般敞开式外廊,木拱券、木制廊柱,下栏杆上拱券悬垂,窗具欧洲古典风韵。

日本别墅:鱼鳞板墙中开小窗,木柱支撑门廊台阶引入,两坡小屋面小巧,如童话中小木屋。

3. 别墅考察

(1) 柏树路 124 号别墅

建于 1919 年,原为俄国亚洲银行别墅,是庐山保存最好的一幢俄国建筑,整个建筑反映了 19 世纪后期流行的俄国建筑思潮中的折中主义,整体布局自然、古朴典雅。别墅为石与混凝土结构二层,大门西开,主间挑出阳台,阁楼设有一排老虎窗,屋面为四重四坡水,立面富有层次感、韵律感,有三个圆拱形窗户,建筑面积超过 600 m^2,有石墙围砌地庭院占地达 4 900 m^2。1927 年江西省主席朱培德购置了这幢别墅。中共中央会议期间,刘少奇下榻此寓。

(2) 河东路 175 号别墅

这幢别墅是带有浓厚的中世纪情调的欧洲山地式建筑,始建于 1897 年。石构一层，别墅以客厅为轴，左右双派套间，主立面为敞开式外廊，由不规则的石块垒砌，门小窗大，简洁朴实，中间二楼为古堡式，外墙造型为圆形，屋面似伞，建筑面积为 333 m^2，庭院占地 3 200 m^2。1924 年卖给美国北长老会传教士杜克尔，1946 年，售于国民党励志社。美国驻华大使司徒雷登曾在此居住。中共中央会议期间，毛泽东下榻此寓。1963 年别墅由两层改为一层，邓小平也曾下榻于此。

(3) 河东路 176 号别墅

这幢别墅建于 1896 年，前临长冲河，为美国驻汉口圣公会建造，原为美国圣公会海外教会驻地，石与混凝土结构，建筑面积 333 m^2，造型简洁朴实，占地 3 200 m^2。建筑为对称公寓式，中间客厅为轴，左右排列一个套房和一个单间；主立面为开敞式外廊，木栏杆；门前为呈八字形石台阶，平面呈矩形，打破平面呆板，造型简洁朴实。1946～1948 年，归国民党励志社管辖，主要用于接待外国驻华大使及国民党政府要员。

1959 年中共中央会议期间，彭德怀在此寓居住。

(4) 河西路 23 号(基督教小礼拜堂)

原为英国基督教会的医学会堂，石砌结构，平面像“丁”字形，占地 200 m^2，前面横列厢房、过间、塔楼，礼堂倚中后延，前下左突出方亭门廊，礼堂为木质穹顶无柱支撑，屋顶起伏跌宕，组成三个波浪式剪影，四面条块石墙凹凸相砌，使用“罗马券”作窗额，立面为古罗马塔斯干柱式，有多层刻线的方形石斗，屋面为三个波浪形，起伏中求稳定。这幢建筑充分体现欧洲文艺复兴建筑思潮的余波，整个风格追求起伏中的稳定，有罗马古典主义的烙印。

1946 年该建筑被改为小礼拜堂，蒋介石、司徒雷登都曾在这里祈祷过。1959 年中共中央会议期间，这里是中南组会议室。现是庐山基督教协会所在地，当教徒做礼拜用，属于文物保护单位。

(5) 河东路 180 号(美庐别墅)

美庐别墅始建于 1903 年，由英国兰诺兹勋爵建造，1922 年转让给巴莉女士。巴莉女士与宋美龄私人感情颇深，1933 年夏，巴莉女士将此幢别墅让给蒋介石夫妇居住，1934 年巴莉女士将这幢别墅作为礼物，赠送给宋美龄。从此，宋美龄成为这幢别墅的主人。

该别墅前临长冲河，背依大月山，背山面水，坐北朝南，形如安乐椅。蒋介石很喜欢这里的环境，视为风水宝地。在他的眼中，“背山面水”正符合中国风水学说所推崇的格局。蒋介石夫妇很喜欢这里的恬静、秀美，而宋美龄名字中有一个“美”字，于是将这幢别墅命名为“美庐”。

这幢别墅的内部布局，能够充分体现家庭温馨气氛，别墅及庭园的整体设计和营造，充分体现 19 世纪末产生的“花园城市”的美丽构想和中西文化交融的庭院布局。“美庐”的庭园营构，以遵循自然风貌为最高宗旨，不着意人工的修饰，而是注重因形就势的精心布置。一条小径巧妙地依景物而迂回环绕,使人得以细细观赏,慢慢品味。“美庐”庭园,可谓荟萃庐山珍木异卉,满目葱茂,温馨扑面。庭院石栏旁的金钱松,高俊挺拔,树高 30 m,为庐山最高大最古老的金钱松。

绿荫笼罩下的“美庐”别墅,为石木结构,主楼为两层,附楼为一层,为英国券廊式别墅,占地面积为 455 m^2,建筑面积为 996 m^2。而整个“美庐”庭园占地面积为 4 928 m^2,建筑占地面积,仅占其中不足 10%,因而显得庭园特别敞净,而建筑主体却又显得适宜,既不感到笨拙,又不感到纤弱,产生出一种和谐美。建筑色彩为绿色,绿色的门窗、柱廊、屋顶,墙壁同绿色自然环境融为一体,庭院布局也以遵循自然风貌为最高宗旨;建筑承袭了古罗马建筑的遗风,立面五个连续的拱券充分体现了折中主义的建筑思潮;建筑一层和二层西南角同一位置有面积同为 50 m^2 的敞开式外廊,上面则建有一个凉台和一个大平台;主楼一律方形窗框,显得较为稳重大方。

登十字形长石阶,步通透式凉台,进入室内是一装饰典雅、中西合璧的会客厅。猫眼绿的地毯,墨绿的沙发,墙壁上挂着宋美龄不同时期的半身照片,以及蒋介石夫妇在“美庐”生活的部分照片。紧邻是当年“第一夫人”的卧室,室内陈设基本保持原貌,居中有双人厅床,据说是用英国优质木料制作的,床左侧放置一圆形雕花梳妆台,方柜上摆设着精致的象牙扇等物品。

二楼,是蒋介石的办公室、会客厅、卧室,卧室的配置和宋美龄卧室相仿,却多了一张躺式沙发。办公室的斜对面,是侍从室第二处主任、有“文胆”之称的陈布雷办公室兼卧室。办公室的左边,分别建有凉台和阳台,均为石柱、石栏,宽阔安适。

与主楼相连的是附房,此为 1934 年冬,按照主人的意图所增建的,采用封闭式内廊联为一体。从外面看为一排玻璃窗,而内部布局为一侧是通道,一边是各自独立的各功能用房:餐厅、琴房、侍卫室等。而今,此处被辟为展览厅。

中共中央会议期间,毛泽东曾在这里居住。

(6) 河西路 29 号别墅

该别墅为 1899 年英国汉口国际出口公司所建,建筑面积 731.5 m^2,一层石构别墅,建筑色彩鲜明,具有明显的外向意识。建筑西向主立面两端为双亭,中轴为平面形成梯形的门厅,原有敞开式外廊,主体朝东的一排房间其屋面为四坡水,南北两端双亭的屋面为八面的锥形,中部门厅的屋脊与横列的大屋脊垂直。檐下为圆形和椭圆形的几何图案装饰,外廊中部的木栏杆与双亭的封闭式石栏杆形成了较强的对比。

(7) 中三路 2 号别墅

1920 年后建造,为原英国驻九江领事馆别墅,二层石造别墅,其中门廊采用红柱、飞檐和斗拱等中国传统建筑元素,宽 2 m,长 5 m,门廊屋面为大屋顶式,四角为飞檐、檐下有两层木椽,具有中西合璧的风格。主体建筑面积 150 m^2,副房 32 m^2。主立面呈矩形,为典型的英式别墅,其西南端突出半边六角形,与大客厅相连,其尖形屋顶改变了主立面的单调。

(8) 中三路283号(基督教堂)

原名“耶稣升天教堂”,1910年由美国基督教“圣公会”兴建,坐东朝西,是中国现存唯一的具有青石瓦屋面和某些哥特风韵的基督教石造教堂。石构一层,平面呈十字形,东西长34 m,南北宽17 m,建筑面积398 m^2,高约15 m,西向主立面中凸无门,外墙用乱石砌成,用不规则垒柱撑护墙体,并安装有细高的尖券窗,两侧均设方台式地廊门,并各有五个尖券形窗。建筑的石墙以极不规则石块垒砌成多条夸张的扶壁,中间有菱角形石头,形成垂直线条的节奏美,强化了建筑向上的感觉和宗教意识,门廊为两坡水屋面,上盖青石板瓦,平滑整齐与厚重的乱石形成对比。整个建筑较好地显示出“哥特建筑”的意蕴,简洁、明快、凝重。

1959年中共中央会议期间,这里曾作为舞厅,毛泽东、刘少奇、周恩来经常来这里参加活动。现为庐山疗养院小会堂,属于文物保护单位。

(9) 中四路11号别墅

1903年由美国传教士科奇南始建,原为美国北长老会传教士别墅。石构一层,面积不大,建筑主体依地势,平面呈矩形。外廊面积20 m^2,以石条为栏杆。窗格为直线几何图案,与整个别墅的朴实风格相协调。

1936年,国民政府教育部将此别墅购下,作为教育部驻庐山办事处。1961年与1970年中共中央会议期间,邓小平、董必武分别下榻于此。

(10) 中五路304号别墅

1969年秋,在拆除一幢德式别墅的地基上,新建了304号别墅,占地500 m^2。别墅以一块天然巨石为“屏风”挡住建筑体,使别墅与大自然浑然一体,野趣浓郁,具有日本别墅风格。中共中央会议期间,林彪在此居住。

(11) 中五路310号别墅

1897年,赛珍珠的父亲赛兆祥始建。赛珍珠的童年就是在这里度过的。18～43岁期间,她经常到这里来度假和创作。

1936年赛珍珠将别墅转售他人,1946年夏,国民政府徐州绥靖公署主任薛岳曾居此。

(12) 中八路359号别墅

建于1902年,由美国北长老会传教士威廉斯建造。别墅背靠城墙山、面对长冲河,建筑充分利用地形特点,居高临下,有一种不凡的气势。石构南二层、北三层,造型像个棱角分明的大石头,占地4 878 m^2,建筑面积856 m^2,为庐山近代别墅群中体量最大的别墅。

其建筑特点为:平面呈“凹”字形,廊柱、廊栏和台栏均为石构,和石墙石柱一起强化了力度;庭院大门至别墅门厅,为曲折的石台阶,两侧巧筑四层花坛;二楼环绕着敞开式外廊,并延伸到半六边形无檐阳台,打破了平面尽是直角的弊端,层次感更强。

1932 年江西省政府主席熊式辉购得这幢别墅。中共中央会议期间,朱德曾在此寓居住。

(13) 香山路 527 号

原为法国天主教堂,建于 1908 年,其主立面顶呈十字架,建筑高度约 15 m,中开凹进,上窗下门,平面大抵呈矩形,全石结构,铁皮瓦楞屋顶,整个线条简洁分明,具有希腊、罗马古典意韵,现仍为教会所用,属于文物保护单位。

(14) 大林路 61 号别墅

该别墅原为英国“复临安息日会”的“圣道学校”。占地 280 m^2,为三层石构别墅,平面布局上讲究对称,呈矩形,中部略收缩,宽檐宽墙角,建筑整体风格粗犷、庄重肃穆,局部装饰较夸张。

其建筑特点为:在建筑南北两个侧立面中部均有粗壮的石砌扶壁;在建筑主立面二层有宽近 1 m 的石斗,且自上而下分六层收缩,形成托盘似的夸张装饰,用以调节墙体的单调,中间有块大石板,刻有 1922 圣道学校的字样;建筑主立侧面均有采光用的老虎窗,屋顶乱石堆砌的烟囱也同周围的环境十分协调。

(15) 大林路 102 号别墅

这幢别墅建于 1929 年,为原朱植圃别墅,现为江西省疗养院三疗区。该别墅建筑面积 460 m^2,坐西朝东,为两层石木结构,高大巍峨、精巧华丽,是庐山中国人建造的较大体量的豪华别墅之一。它吸收了西方别墅的长处,融亭廊为一体,式样与英国“券廊式”相似,上下两层都是对称形拱券窗,墙体突出五角亭式屋顶呈锥形,屋顶前后都开老虎窗。

别墅的建筑特点为:平面呈正方形,正立面有 6 个对称的大型拱券,周边是宽敞的封闭式内廊;墙体由精细的方整石砌成,券廊的窗与窗之间都以石柱构成,石柱上端都有装饰性柱头,券窗下亦有精美的菱形图案;别墅楼层之间用打制规整的长条石砌成装饰性的线条环楼一周,使别墅的构图线条更加清晰,更富于层次的立体感;别墅屋面以四坡水和突出的五角亭尖顶组成,四坡水的中央部分,又拉开较高的人字形屋顶,顶部前后对称又各开一个老虎窗,从而增加了屋面的层次感;主立面中间有左右分流式台阶通向大门,两条外廊的券窗下都砌有护栏,为菱形图案,旁以鹅卵石填充,形成点与线的生动对比。

它的园林设施布局契合中国园林式的别墅要求,算得上庐山园林建筑的一个典范,庭院占地面积约 5 000 m^2,是房屋建筑面积的 9 倍。房屋前后利用自然树木,苍松林立;房屋前右线条式栽植珍稀树林;门前场地布置草坪,草坪下端为一片竹林;房屋周围垒台种花,并有一排紫藤沿上攀爬。房屋四周铺设方石板路。

房屋右侧下端有一小溪,常年水流,其旁冒一股小泉,泉前为立石笋,上刻有“甘泉一勺”四字,一条梯形石板小径连接溪桥通往房屋。

(16) 大林路 114 号、112 号别墅

这两幢别墅分别为原“蔡庐”别墅和“大林别墅”，它们是西谷较为著名的两幢别墅。位于如琴湖畔，与周围优美的山水自然环境浑然一体，给人们带来较高的美感。在如琴湖以及西侧的山体所形成的湖光山色之中，两幢别墅起到了画龙点睛的作用，这一景观已经成为众多庐山摄影、绘画作品中的典型画面之一。

其中“蔡庐”别墅由主体和北面连缀的一层副房组成，建筑平面呈方形，其东向的主立面呈八角亭意向，主立面的南半侧有敞开式外廊，其廊柱为方形石制，风格粗犷，该别墅的窗额皆为拱形，具有西式的风格；大林别墅则建于 20 世纪 30 年代初，为两层石构建筑，其东向的主立面与南北侧立面的各一半，有一条环抱的敞开式外廊，廊柱以石块建造，柱间为石造的罗马券，主立面颇有空灵的韵味。

(17) 环山路 37 号别墅(吴楼)

“吴楼”建筑面积 685 m^2，是一幢中国人造的近代别墅，主人为吴鼎昌，前清秀才，民国政府东北政务委员，金融家，1948 年曾任蒋介石政府的秘书长。1929 年前后，由于不愿买洋人留在庐山的旧别墅，他自己选择在仙人洞的北面、花径西面推车岭的脊背卜居，岭下就是名传遐迩的锦绣谷。别墅建筑面积 685 m^2，坐西朝东，采用仿欧式风格，为两层石构古堡式建筑，平面以正方形为基础，在东南和西北两角分别设一八角形的古堡(直径 5 m)。这座中国人建造的仿欧建筑，欧式特点强烈，建筑风格的整体性完好，没有不易理解的烦琐之笔。

“吴楼”别墅在结构上也别具一格，虽然它的建筑风格也属于仿欧式，然而建造者又有许多创新之处，他在二层露面上的东南角和西北角各凸出一个八角形直径为 5 m 的房间，还特意用石块在屋顶砌成如城墙的垛口，乍看上去它的外观像一座“古堡”，又建在高坡上，给人的第一印象这不是一般的家居私宅，似乎有些来头，走进那些造型典雅而宽敞的门廊步入室内，房间的布局、非常讲究的圆拱式的窗户和门额、花瓶状的水泥护栏以及一二层露天可浏览户外景观的阳台，又不是“古堡”那森严封闭的套式了，而是供人们结朋会友、休闲娱乐的公馆模式。

其他建筑特点为：为寻求与自然环境的和谐，屋顶采用平屋顶的手法，成为水泥平台，可以利用地形优势眺望景观；除西立面外，门窗均采用圆拱形，与古堡对比，刚中有柔，窗户采用了雨林板建筑符号；正大门前有一个石构的敞透门厅，长宽高均为 3 m，前面两个石柱，用厚 30 cm、宽 70 cm 的整齐石块砌成，门廊两边有水泥制成的方形花瓶排列成的栏杆，体现了对欧洲文艺复兴时期建筑思潮的怀念。

(二) 宗教文化景观

庐山是中国宗教圣地，庐山是座宗教名山。“庐山到处是浮图”是宋代文学家苏轼对庐山宗教的形象概括。

佛教流入庐山，始于三国时期。庐山最早的寺庙是建于公元 340 年的归宗寺。

公元 386 年,高僧慧远创建东林寺,首创观像念佛的净土法门,开辟了佛教中国化的道路。慧远在庐山阐发的“形尽神不灭论”哲学思想,影响了当时的社会思潮及美学观,同时影响了中国历史的进程。由此,庐山成为中国南方的佛教中心,享有崇高的地位。

唐宋时期,庐山是中国的佛教宗派禅宗的重要佛场,并有净土宗、临济宗、沩仰宗、律宗、曹洞宗等数个佛教宗派。日本净土宗,视庐山东林寺为“祖庭”。“庐山到处是浮图”的题咏,正是对庐山千余年来宗教的形象概括,该时期佛教逐渐走向繁荣,庐山最多时有一百多所寺庙,其中几个有名的寺庙被称为“三大名寺”(西林寺、东林寺、大林寺)和“四大丛林”(归宗寺、栖贤寺、开先寺、圆通寺)。寺庙的分布也是各有特点:有的建于深谷之中,具隐遁之风,如黄龙寺;有的则建于山顶,如小天池寺;有的建于山麓,规模宏大,如西林寺;而经历了两宋之交,元末、明末清初以及太平天国等时期,寺院多有焚毁,庐山佛寺亦逐渐走向衰落。遗留下来的佛寺等宗教建筑成为庐山文化景观的重要组成部分,庐山的宗教文化散发出特有的光彩。

1. 黄龙寺

此寺庙相传是明代彻空禅师所建,以前又叫“鹿野禅林”,据《庐山志》记载:“寺踞庐山之中,以黄龙潭得名也。”其实黄龙寺是佛教临济宗分支黄龙派,寺因所奉佛教宗派而得名。明万历年间,明神宗的母亲慈圣太后崇尚佛教,对黄龙寺给予恩宠,万历十四年(1586 年),在黄龙寺旁建赐经亭,单层、四方亭,高 6 m。古刹一度繁荣兴盛,殿阁亭院俱全,精美清雅,当时庙内有许多珍贵收藏。

黄龙寺处在万山环抱的山谷之中,松林茂密,前有天王峰,侧有黄龙潭。其原庙是座宫殿式建筑,内有“昆庐阁”供奉渗金昆庐像以及绕殿应真大铜士像等等,但均遭焚毁。后来依后殿残基重修,山门上的“黄龙寺”横额是康有为所书,前面新殿和高大的神座是现在重修。

1986 年黄龙寺复建,1987 年,黄龙寺被列为江西省重点开发寺院。1997 年在旧有的黄龙寺前新建大雄宝殿,建筑面积约 380 m^2,大殿内供西方三圣,两边供十八罗汉,匾额为彭冲所书。

2. 东林寺

东林寺位于庐山西北麓,是佛教“净土宗”即“莲宗”的发源地,为晋代东方名僧慧远于东晋太元九年(公元 384 年)创建,距今一千六百多年。慧远与其他僧众,建斋立誓,建立了中国最早的结社——白莲社,共期向往西方净土。净土宗的创立为佛教深入社会各阶层奠定了基础,尤其对印度佛教的东渐和日趋中国化起到了推动作用,因此,东林寺的建立代表了中国佛教化与佛教中国化的大趋势。

东林寺椽摩栋接,丹辉碧映,“规模宏远,足称万僧之居”,是中国佛教“八大道场”之一,是庐山寺院的鼻祖,庐山因此也被称作“净土圣山”。唐时,庐山东林寺为全国藏经最多的三座寺院之一。唐天宝七年(748 年)冬,扬州大明寺高僧鉴真,在第5次东渡日本失败之后返回扬州途中，特地到东林寺参拜。5年后，他第6次东渡日本时，庐山僧人智恩亦同往。唐宋以后，净土宗教义逐渐传到日本。现在，日本佛教中很有影响的东林教，寺庙仿效东林寺，崇敬慧远，礼佛念经。

东林寺的建立充分展现了中国文化对佛教寺庙的濡染，开创了寺庙向风景幽美自然山水转移的新趋势。群山环抱，溪水回流的东林寺，寺南翠屏千仞，寺前一泓清流——虎溪迂回向西而去，溪上跨着一座石砌拱桥，这就是我国文化史上传为佳话的"虎溪三笑"故事发生的地方——"虎溪桥"。据传，慧远和尚来东林寺后，"影不出山，迹不出俗"，一心修行，连送客也未曾过虎溪桥，若是过了桥，山上的神虎就要吼叫。一天，慧远送陶渊明与陆修静，三人携手边走边谈，越谈越开心，不觉过了石桥，谁知没走几步，山上的神虎便吼叫不止，他们这才恍然大悟，三人相视仰天大笑，惜别分手。这就是广为流传的文苑佳话"虎溪三笑"。

东林寺的第一道山门，门墙书有"秀辑庐峰"四个篆体大字，山门上竖挂着"晋建东林寺"石刻。跨进第一道山门有一条南北伸展的石砌甬道，甬道东侧屹立着一棵苍劲挺拔，形如圆盖的罗汉松，其旁立着刻有"护法殿"、正中盘坐着大肚弥勒佛，其后立着韦驮佛。由此再往里走，可见一排正殿。其中究其精巧壮观者首推"神运宝殿"，其殿堂高大，精雕细镂，廊腰缦回，檐牙高啄。殿内有一口神话传说中出木建寺的"出木池"。据传，神运宝殿就是用"出木池"中涌出的良木建造而成的。

"神运殿"西侧是接待室，东面是"三知堂"。与"三笑堂"毗连的为"十八高贤影堂"，是慧远与共修净土的十八位佛教徒结白莲社诵经的地方，故亦称"念佛堂"。堂内西壁嵌有刘程之、雷次示、高僧慧远、梵僧佛驮跋陀罗等"十八高贤"石刻像。雕塑精细，形象逼真，个性鲜明，神态各异，栩栩如生。在"十八高贤影堂"和"神运殿"后有两口水泉：一口叫"聪明泉"，是慧远与其好友殷仲堪经常一起研究"易经"，盘教谈天的地方；另一口是在文殊阁下墙根处的"古龙泉"，相传为慧远和尚举杖扣地而成的水泉，后因其弟子慧安为计时立芙蓉十二叶于泉水中，据波转定十二个时辰，故亦称"莲花漏"。

1978年，东林寺进行了全面修复。1983年，东林寺被列为全国重点寺院。1984年、1993年，东林寺又分别进行了扩建。

3. 西林寺

西林寺在东林寺之西，是庐山最早的寺院之一，东晋太和二年(公元367年)由慧远的师兄慧永所建，比东林寺早建17年。寺后屹立着一座砖石垒砌的七层六角形古塔，这就是著名的唐代千佛塔(也称西林寺塔或慧永塔)。塔身六面七层，朝南每层门顶上皆有题额。从底层依次题"千佛塔"、"羽宝才"、"金刚"、"灵就来"、"无止法"、"聪雨花"、"光明藏"。据说，这座古塔在清朝道光年间曾裂为两半，后经当地百姓祈祷，法力无边的慧远禅师显灵才又将塔合上。至今，这座历尽世态风云的千年古塔巍然屹立,供游者仰观。

古老的西林寺,吸引了历代众多文人墨客远近来游,并留下了他们的诗篇和墨迹。苏轼的《题西林壁》由于哲理丰富、内容深远而千口成诵、妇孺皆知。

4. 归宗寺

"五大丛林"之一的归宗寺坐落于宛若车辕行空的金轮峰下,是东晋咸康六年(公元340)修建的,距今已有一千六百余年的历史。这座古寺,世代变迁,兴废更迭。相传寺中大殿前的"复生松",就是该寺兴衰的忠实应验者。这棵松树,为归宗寺"三祖"之的赤眼大师手植,枯荣死生,历经多次,故而得名,并成为归宗寺的一桩美谈。

归宗寺含义来自与金轮峰紧紧相依的"石镜峰"。相传,石镜峰嵌有一块光亮莹澈,能映现万物的宝鉴,于是许多名流、高僧纷纷来朝,并在紧临的金轮峰下建起了以佛家教义"金轮开山,继祖归宗"之意命名的"归宗寺"。

5. 诺那塔

小天池山巅有一白色的诺那塔(也称喇嘛塔),系1991年由佛界捐资修复。原塔是西康大活佛诺那呼图克的舍利塔。这位反对西藏"独立"的爱国大活佛于1935年逝世,弟子按其生前遗愿,将其舍利安葬于此。还有诺那塔藏精舍,供游人参观朝拜。

(三)理学文化景观

1. 理学与书院

庐山国学自周敦颐开始,经"二程"、杨时、罗仲彦、李侗而至朱熹,不仅在理学本身,而且在书院建设的指导思想,经营模式方面得以成熟。所创立的理学思想体系,充分吸取道、佛思想的精华,对孔孟以道德为中心的思想体系做了重大的扩充和改造,把孔孟的学说进一步系统化、思辨化,从而形成了一种新的儒学情态,即唯心主义的思想体系。

白鹿洞书院是一所与建立在南唐首都金陵(今南京)秦淮河畔国子监类似的高等学府,具有管理与育人职能。白鹿洞书院是庐山国学的延续。两者一脉相承,前后有致,打造了中国书院式教育的雏形。庐山国学教学授徒一方面传授与阅读孔孟经书,同时也学习史集、诗文,以及诸子百家文集。它肇端于唐代,而兴盛于宋代。宋代书院的兴盛,为理学的出现准备了必要的条件,而理学兴起又反过来促进了书院的发展。在理学史上,周敦颐创建濂溪书院,朱熹复兴白鹿洞书院,这两所代表当时教育发展趋势的书院,因成为理学的重要讲坛而著称于世,其在理学发展史上的地位和作用,亦是非同寻常的。

2. 白鹿洞书院

白鹿洞书院是我国历史上著名的书院,与湖南岳麓书院、河南应天书院、河南嵩阳书院并称中国历史上四大书院，曾被推崇为“海内书院第一”、“天下书院之首”。具有极高的文化价值，是古代教育圣地之一。

唐长庆年间（公元 821～824 年），时任江州（今九江）刺史的李渤在与其兄隐居读书之处创建台榭，遍植草木。李渤养一白鹿出入跟随，人称白鹿先生，其读书之处四山环合，俯视如洞，因此被称为白鹿洞，名重一时，成为四乡文人往返之地。南唐升元年间（公元 940 年）在李渤隐居读书的地方建立学馆，称“庐山国学”，又称“白鹿国学”，是类似于南京国子监的高等学府。北宋初年，又将其设置为“白鹿洞书院”。南宋初年（公元 1179 年），朱熹任南康（今庐山市）知军，兴复白鹿洞书院，自任洞主，筹置学田，编制课程，制订学规，收聚图书，并奏请赐匾额及御书，使白鹿洞达到鼎盛时期，成为我国历史上第一所完备的书院和“程朱理学”的渊源地，陆九渊、王守仁等都曾在此讲学。元代遭战争焚毁，但仍继续办学，明清两朝进行过多次维修，办学不断。光绪年间（公元 1898 年），清廷实行新政，改书院为学堂，书院停办，归南康府中学堂管理。解放后，政府采取一系列措施对其进行保护和维修。1959 年，被列为江西省文物保护单位；1979 年成立庐山白鹿洞文物管理所；1988 年被列为全国重点文物保护单位和国家一级自然保护区；1990 年成立白鹿洞书院管理委员会。1996 年，白鹿洞书院作为庐山“世界文化景观”重要组成部分列入《世界遗产名录》。现白鹿洞已形成具有文物管理、学术研究、旅游接待、园林建设等综合功能的单位。

书院坐落于五老峰南约 10 km，后屏山南麓，距庐山市约 7 km，四周山水环合，古松参天，环境优美，全院占地面积近 3 000 亩，建筑面积超过 6 000 m^2。书院建筑沿贯道溪，由先贤书院、紫阳书院、棂星门院、白鹿书院和延宾馆五部分自西向东串联组成，主要建筑坐北朝南，为石木或砖木结构，屋顶均为人字形硬山顶。其中棂星门院主要建筑物有棂星门、泮池（又称莲池）、状元桥、礼圣门和礼圣殿等。西侧为紫阳书院，主要建筑由朱子祠、报功祠和丹桂亭。其中朱子祠内立有《白鹿洞书院学规》，这是世界上最早的教育规章制度之一。东侧的白鹿书院是整个建筑群的主体，内有御书阁、明伦堂、白鹿洞和思贤台等建筑，东西两碑廊有 156 道历代题咏石碑，包括朱熹的手书真迹，极具史学、书法和文学价值。值得指出的是，白鹿洞书院最初没有洞。直至明嘉靖九年（1530 年）始在今白鹿书院后山开一山洞，称白鹿洞。明嘉靖十四年（1535 年）置一石鹿于洞中。这是一尊跪式石鹿，双耳直竖，神态机敏，是白鹿书院仅存的明代实物。

3. 白鹿洞书院的文化价值

(1) 中国古代教育圣地之一

南宋淳熙六年（1179 年）朱熹主持白鹿洞书院教务时，学生来自全国各地，影响极大。朱熹制定的《白鹿洞书院学规》，与现代的校规和学生守则一样，成为规范教学和学习的条例。其中“博学之，审问之，慎思之，明辨之，笃行之”，至今仍具有重要示范作用,甚至日本和东南亚不少学校,仍奉为校训。

(2) 程朱理学源地

朱熹和程颐等在此宣讲理学和孔孟之道,史称程朱理学。其中朱熹所著的《四书集注》,为理学集大成者,统治中国思想界700年之久,如果说慧远促进了佛学的社会化,那么也可以说朱熹推动了儒学的社会化。

(3) 保存着大量碑刻

先贤书院的西碑廊和白鹿洞书院的东碑廊,翰墨云集,有白鹿洞书院修建记文、洞规教义、诗词歌赋、游记题词等各色字碑,极具史学、书法、文学价值。

4. 白鹿洞书院的教学创新

(1) 置办学田

书院曾置学田数十顷,收田租以支付学校各项开支,开创了中国历史上官学设置学田的先河,为后世所沿袭。

(2) 个别传授和升堂讲说相结合

书院把培养维护封建伦理纲常与统治秩序作为教育目的,采取个别传授和升堂讲说相结合的较为灵活的教学方法,师生之间平等切磋、相互质疑问难。

(3) 学长制与导师制相结合

书院配有主讲和副讲,在德行以及道艺等方面对学生进行全面指导,同时辅以"学长制",即由年长学优的学生充任教职,辅导学生。

(4) 注重启发,提倡自学

书院提倡认真读书、自行理会,自学成为白鹿洞书院最主要的教学形式。

(5) 明确教育方针和制度章程

书院提出了独具特色的中国封建社会教育方针,明确书院的教育目的和培养目标,并制定了《白鹿洞书院学规》作为书院的教育章程,对后世影响极大。

(四) 现代政治文化景观

庐山不但以自然景观取胜,以多元化的宗教和西方别墅建筑为特色,它更是中国近现代历史的缩影,许多重大的政治事件发生在庐山,并影响了中国历史的进程。

20世纪30年代,庐山成为国民政府的"夏都",成为南京之外的第二个政治中心,演绎和发生了许多影响中国政治和历史的重大事件,成为中国政治风云际会的舞台。1928～1937年,1946年至1948年,蒋介石有13年曾在庐山居住过,在这里运作着国民政府的中枢机器,曾在这里召开过11次有关政治、军事、外交、经济等方面的会议,史称"庐山会议"。1937年夏,周恩来两度上庐山,与蒋介石谈判,促成了国共两党第二次合作,形成了抗日统一战线。1937年7月17日,蒋介石在庐山发表有关全面抗日的重要讲话,宣布全国进行全面抗战。1938年5月,宋美龄邀请邓颖超等在庐山举行“全国妇女谈话会”，动员全国妇女界投入抗战洪流。1946 年 7～9 月，美国总统特使马歇尔为“调处国共军事冲突”，八上庐山。在庐山上演了一幕幕政治闹剧，终以“调处”失败而告终。

中共中央在庐山召开的三次会议，更使庐山成为进行革命历史传统教育和爱国主义教育的重要基地。

1. 庐山会议旧址

位于牯岭东谷掷笔峰西麓。松柏茂密，溪水潺潺，环境优美。原是蒋介石于 20 世纪 30 年代在庐山创办军官训练团的三大建筑之一（本部、庐山图书馆、庐山大礼堂），由中国建筑师高观四设计，1935 年开工，于 1936 年落成，取名为庐山大礼堂，占地 830 m^2，总建筑面积 4 000 m^2，新中国成立后国家进行了重修，改名人民剧院。建筑坐北朝南、依傍长冲河、布局严谨对称、庄严肃穆，吸取欧洲建筑元素、用大石块作墙体，同时也有较多的中国元素，如宫殿建筑风格，使得整个建筑具有中西合璧的风格，色彩沉静、明确，外表壮观，内饰华丽。

其建筑特点主要有：平面呈“丁”字形，长 39.7 m，宽 30.7 m，高 16.8 m，为两层石混结构，立面高宽比 1 ∶ 2；屋顶为缓坡四坡水、女儿墙，单檐铁瓦，檐口 1 m 左右，蓝色琉璃瓦，混凝土斗拱，充满民族特色；立面为高大钢窗，采光极佳，形成封闭式内廊，还有祥云团案的石斗以及八角形窗户和高大的圆柱；正立面为三扇拱形大门，类似中国古代的城门，富有中国传统气息。

1959 年 7～8 月的中央政治局扩大会议以及中国共产党八届八中全会，1961 年 8～9 月的中央工作会议，以及 1970 年 8～9 月的中共中央九届二中全会均在此召开。毛泽东同志主持了这三次重要会议。现在，这里已辟为庐山会议纪念馆，保存着当年许多珍贵的实物、照片、材料和根据纪录片制作的录像片，供游人观看。1996 年，庐山会议旧址被国务院公布为全国重点文物保护单位，成为具有重大历史意义的纪念地和进行爱国主义及革命传统教育的基地。

2. 庐山图书馆

庐山图书馆于 1934 年建成，占地面积 1 150 m^2，是庐山东谷第一个由中国设计并建设的大型建筑，是庐山民族特色最为明显的一栋建筑。1937 年 7 月 17 日，蒋介石曾在此发表《抗战宣言》。

其建筑风格为：大屋顶宫殿式的整体造型，屋顶有吻兽等中国传统建筑元素，整体为三栋二层宫殿式联体建筑；主楼高 12 m，屋面连绵起伏，大屋顶占三分之一的屋面，屋顶采用绿色琉璃瓦与自然相融合；立面有飞檐红柱（六根）的敞开式门厅；外窗采用钢窗构件，墙体为大石块砌成，具有少量西式的特点。

3. 庐山大厦（本部）

庐山大厦背依猴子龄，东邻长冲河，顺坡而建，1936 年建成，占地 1 800 m^2，建筑面积 9 220 m^2，是中国名山上体量最大、最高的建筑。庐山大厦原为国民党军官训练团的中下级军官住所,内为美国军营式结构,主立面多采用中国古典建筑风格与周围的自然环境相融合,正面额上原有蒋介石题写的“传飞学舍”四个大字。

其建筑特点为:庐山大厦是外观前四层、后三层,共有 6 层的钢筋水泥建筑;屋顶为女儿墙,主立面较为庄重,立面有大型钢窗门,中间为三级台阶,两翼展开;二楼阳台栏杆上为圆形望柱,饰以祥云,非常精巧,具有民族特色;建筑前有四个平台,在第一个平台上建有一个鱼池,并辅以望柱、栏杆等,形成几个建筑间的交汇点,从而丰富了台阶的层次感。

4. 庐山博物馆

位于芦林湖畔的庐山博物馆,原为芦林一号别墅。由武汉中南设计院设计,始建于 1960 年,是中共中央 1959 年庐山会议结束后,为毛泽东同志再次来庐山准备的住所。为单层平顶花园式建筑,主楼为四合院式,平面呈“回”字形,中间有个约 340 m^2 的长方形天井花园,四周是内走廊,朝内向天井均为大玻璃窗。庐山博物馆是中国古典传统建筑与现代建筑艺术精神的完美结合,也是一座具有浓厚民族风格、中西合璧的别墅,建筑面积 2 700 m^2。主楼外有一个占地 1 公顷的大花园,南主立面有宽高均为 5 m 的敞廊,西头与亭式外廊连贯,外廊西头成 45°连缀着一个高约 7 m 的八角亭,直径 5 m 左右,内顶以八角的对角线构成藻井,具有鲜明的八角帽特色。1 961 年毛泽东第二次上山时,曾在此工作和休息过。1985 年庐山博物馆迁到此,但仍保存着毛泽东的简朴卧室,室内陈设依旧,供游人参观。

现在馆内陈设毛泽东同志等中央领导的图片展。名人题词陈列古代部分名人图片展、庐山的别墅部分照片展,同时陈列古代陶器、玉器、青铜器、水晶珠宝、工艺珍品和其他珍品。历史瓷器中有汉青瓷、唐三彩、宋影青、明青花瓶、明间艺瓷等,还有古端砚和金石篆刻,名人书画有王羲之和唐伯虎等作品,更有堪称“庐阜镇山之宝”的“五百罗汉图”。

5. 毛泽东诗词碑园

毛泽东诗词碑园是为纪念一代伟人毛泽东诞生 100 周年而建的,于 1993 年 10 月 8 日动工,1994 年 6 月竣工,2009 年重修改为中国古典建筑风格,占地 4 400 m^2。选址在芦林湖北端,依吼虎岭南麓缓坡而建,占地 4 400 m^2,坐北面南,面向芦林湖,环境幽静。

整个碑园建筑呈四合院状,布局典雅、气势雄伟、具有民族建筑特色。其总体造型是由前后左右四个亭子组成,长廊连接沿围一圈,内架钢筋混凝土,牢固、淡雅、古典。南北主碑亭中石碑的正面镌刻毛泽东当时在庐山的诗作二首,东西两座副碑亭中,石碑则为在庐山所书李白、苏轼诗句墨宝,石碑的反面刻画“万松图”等。园内两边分建有六角亭,园中修有圆形墨池,长年喷水,园边杂树围绕,绿荫掩映。

由台阶、石柱、碑亭、长廊等建筑物构成的"数字化"寓意。

从碑园前广场拾级而上，直至主碑亭，共分三级平台，在三层平台两侧各有一单檐六柱六角息步亭，台阶剖面呈不规则梯形，共有石质台阶 83 级，寓意毛主席享年 83 岁。

东西两副碑亭，各筑九级台阶下至"天井"，这两个"九"字象征着：毛主席 1961 年 9 月 9 日为《仙人洞照》题诗，1976 年 9 月 9 日逝世。

碑园中央有墨池，其门廊由六根石柱、三块石门楣构成，合起来又构成一个"九"字，寓意 1970 年 9 月 9 日毛主席曾接见庐山群众之意。

6. 周恩来纪念室

位于河西路别墅区，距牯岭街数百米。此别墅为美国传教士苏曼于 1905 年所建。房屋建筑单层，以铁皮瓦和排窗为主，石木结构，由客厅、卧室、附房和过道组成。

周恩来总理曾上山参加两次庐山会议，同蒋介石谈判国共合作、团结抗战大计。中共中央三次庐山会议期间，周恩来就一直住在这里。1945 年末，美国总统特使马歇尔来华调停国共冲突及 1946 年八上庐山与蒋介石晤谈均住在此。1948 年驻华大使司徒雷登也在此住过。

为纪念人民敬爱的周总理，1990 年将此别墅辟为"周恩来同志在庐山活动纪念室"。纪念室内保留原来的卧室、客厅和当时使用家具、被褥、衣服等，陈设普通，表现了他的生活作风简朴。纪念室内还陈列珍贵的实物和照片，介绍周总理在庐山的革命实践和主要功绩。

(五) 山水文化景观

庐山，自古就被人们当作一个艺术观照的对象，一个审美愉悦的对象。它所产生的山水文化，从山水画、地方志、山水小品、山水记的山水描写，到后来的山水游记、山水散文的大量出现，真实地记录了人与自然的亲和愈来愈密切。

1. 山水画

庐山，奇秀苍润的山体，飞流湍泻的瀑布，扑朔迷离的云雾，无疑具有激活人们的审美愉悦。庐山的山水风貌，既成为人类历史性格所赋予的美学载体，审美趣味的载体，又是滋养文化和荟萃文化的载体。庐山成为中国山水画的发祥地，中国山水画第一个被描绘的对象，历代《庐山图》在历史上的时空中，作为表达文人画的审美趣味听向，展示出以艺术美深化自然美的典型。庐山造就了中国山水画的诞生，庐山是中国山水画的发祥地。

1）顾恺之《洛神赋图》和《庐山图》。顾恺之是魏晋南北朝唯一有画迹传世的画家，又是中国绘画史上第一个著有画论的理论家，因而被推至"苍生以来，未之有也"的极高地位。代表顾恺之绘画最高成就的是《洛神赋图》，这是一幅人物与山水合一的梦幻题材。顾恺之对于庐山，以笔倾心，抒情寄托，创作出《庐山图》、《雪霁望五老峰图》,使其成为真正意义上的山水画,永载史册。而庐山以其自然山水成为画家首选的描绘对象,也就必然永载艺术史册。

2) 荆浩《匡庐图》。整个画面笼罩着一片雄伟壮丽的氛围,同时交织空旷幽寂的意蕴,典型代表了荆浩的绘画风格和成就,亦典型地代表了五代山水画的创作成就,标志着水墨山水画的真正成熟。

3) 马远《庐山雪霁图》。马远创作的《四景山水图》,图分四轴,其中之一为《庐山雪霁图》(现藏于北京故宫博物院)。画法具有淡墨轻岚的水墨特征,构图特征在于打破传统的鸟瞰式成规,从远视取景,笔墨寥寥,却形象生动,既突出了主题,又显示出广阔的空间。画面取景简洁,寒意萧然,透露出浓浓的"马一角"画风的意韵。

4) 沈周《庐山高图》。真迹现藏于台北故宫博物院的《庐山高图》,是沈周的代表作,并极受后人推崇。图中峰峦叠嶂,气势奇伟,飞瀑之下有一老叟伫立静观念。画面布局疏朗,厚重凝练,宾主和谐团聚,浑然一体。

5) 唐寅《庐山图》。逃脱出"鸟笼"的唐寅,放情于庐山的山水中,有感有悟,不免作诗作画。写了一首七律《登庐山》,"匡庐山高高几重,山雨山烟浓复浓",诗中流露出的心境即是迷惑、郁闷。画了一幅画《庐山图》,真迹现藏于安徽省博物馆,为全景山水,表现的是庐山三峡桥(又称观音桥)一带的景观,画面峰岩嵯峨,古木惨淡,瀑泉湍泻,画风清刚俊逸,而意境却萧索苍冷。诗言志,画寓怀,画中的题诗令人品味:"匡庐山前三峡桥,悬流溅扑鱼龙跳。羸驂强策不肯度,古木惨淡风萧萧"。

2. 山水散文

庐山的山水胜境,是文人寄托情志的理想之地,由对自然审美而产生的审美观照,折射出中国山水散文的光灿。

在山水小品勃兴之时,山水记的地位也日益突出。山水记,同以序、书为题的山水小品相比,表现出更符合山水散文的艺术规范,体现出社会进步、文学发展的历史轨迹。山水记,显露出明确的审美意识,更集中、更真实可信地描写自然山水的地理位置、地域环境、地形地貌及其天然之美。

在东晋南北朝时期的山水记中,记述庐山山水的山水记有着显赫的地位,不仅数量可观,而且不乏值得称道的上乘之作。如收录于《太平御览》卷四十一中的慧远《庐山略记》、张野《庐山记》,收录于《艺文类聚》卷七中的周景式《庐山记》、王彪之《庐山记》等,均是这一时期的著名的山水记。

1) 陶渊明的《游斜川诗序》:"辛酉正月五日,天气澄和,风物闲美。与二三邻曲,同游斜川。临长流,望曾城,鲂鲤跃鳞于将夕,水鸥乘和以翻飞。彼南阜者,名实旧矣,不复乃为嗟叹。若夫曾城,傍无依接,独秀中皋,遥想灵山,有爱嘉名。欣对不足,率共赋诗。悲日月之遂往,悼吾年之不留。各疏年记乡里,以记其时日。"

2) 李白的《送从侄李遄游庐山诗序》,清新流动,直抒胸臆,是一篇值得欣赏的山水小品。李白在此序中对庐山的描述，实际上是他游庐山的见闻和对美的感受，与他的《望庐山瀑布》有异曲同工之妙，其中最令人品味的是："方告我远涉，西登香炉。长山横蹙，九江却转。瀑布天落，半与银河争流，腾虹奔电，射万壑，此宇宙奇诡也。其上有方湖、石井，不可得而窥焉。"

3）慧远的《庐山略记》中叙述了庐山所处的方位、庐山之名的解释、山体的形态、云雾瀑布的奇异景象，并极富渲染庐山这座"神仙之庐"："其山大岭凡有七重，圆基周回，垂五百里。风雨之所摅，江山之所带，高岩仄宇，峭壁万寻，幽岫穿崖，人兽两绝。天将雨，则有白气先抟，而璎珞于山岭下。及至触石吐云，则倏急而集。或大风振岩，逸响动谷，群籁竞奏，其声骇人，此其化不可测者矣。"

4）周景式的《庐山记》，以介绍自然山水为目的，显示山水胜境的魅力，吸引人们的游览情趣，更加注重山水景物的展现："登庐山，望九江，以观禹之迹。其兹峰乎，东南隐诸岭，不得骈瞩，自庐山人迹所暨，回望处无复出此者。又甚高峻，每雨，其下成潦，而上犹皎日。峰头有大盘石，可坐数百人。"

5）白居易的《庐山草堂记》以娴熟的文笔和技巧，充分表达了自己酷爱山水的癖好，并注入了自己的身世感、沧桑感，使山水别具内涵与风韵："匡庐奇秀甲天下山"，"春有锦绣谷花，夏有石门涧云，秋有虎溪月，冬有香炉雪。阴晴显晦，昏旦含吐，千变万状，不可殚记"；"三间两柱，二室四牖，广袤丰杀，一称心力。洞北户，来阴风，防徂暑也。敞南甍，纳阳日，虞祁寒也。木斫而已，不加丹；墙圬而已，不加白。碱阶用石，幂窗用纸。竹帘纻帏，率称是焉。"

6）苏轼在《记游庐山》中，以挥洒之笔，畅述游览所见的山水气势，由此而兴遐思冥想，使本无生命亦无思想的客观景观，获得理念的灵魂，闪动思辨的光泽；从"发意不欲作诗"开始，至"余庐山诗尽于此矣"结篇，中间叙述游山观感和题诗经过，展示自己心灵感受，阐发出"不识庐山真面目，只缘身在此山中"的绝唱。

庐山随着日益远播的盛名，加上交通便捷，慕名而来的文人络绎不绝，从而为庐山创作了数量可观的山水散文。明清两代，著名的文学家、学者，如袁宏道、王思任、王世懋、徐宏祖、宋之盛、查慎行、袁枚、恽敬、张维屏等都曾游历庐山，放歌山水，抒发情怀。

3. 山水诗歌

自东晋以来，历代诗人、名人以其豪迈激情、生花之笔，歌咏庐山的诗歌有4 000余首。东晋诗人谢灵运的《登庐山绝顶望诸峤》，南朝诗人鲍照的《望石门》，江淹的《从冠军建平王登香炉峰》等，是中国最早的山水诗之一，庐山成为中国山水诗的策源地之一。

东晋诗人陶渊明，一生以庐山为背景进行创作。《归园田居》和《饮酒》是他的重要代表作，他所开创的田园诗风，影响了他以后的整个中国诗坛，庐山由此为田园诗的诞生地。

唐代诗人李白，五次游历庐山，为庐山留下了《庐山谣寄卢侍御虚舟》等 14 首诗歌，他的《望庐山瀑布》同庐山瀑布千古长流，在中华大地及海外华人社会家喻户晓，成为中国古代山水诗歌的极品。

宋代诗人苏轼的《题西林壁》，流传广泛，影响深远，“不识庐山真面目，只缘身在此山中”，成为充满辩证哲理的名句。

庐山风景，是以山水景观为依托，渗透着人文景观的综合体。庐山，通过诗人、书画家、文学家、哲学家们的心灵审视，创造出众多散发着特别浓郁人文氛围的历史遗迹。

唐代诗人白居易的《大林寺桃花》一诗，造就了一处名胜——花径；宋代理学家朱熹的《白鹿洞书院》使白鹿洞书院更受人们的青睐；元代画家赵孟頫的《水帘泉》一诗，赋予庐山瀑泉独具韵味的美感境界；明代开国之君朱元璋的《庐山诗》，展示出雄伟壮美的历史地位。

清代，各种诗歌流派的代表人物王士禛、沈德潜、魏源、陈三立、康有为等，也都在庐山留下了著名的诗篇，从而也使庐山的山水诗展露出一个异彩纷呈的景象。

“一山飞峙大江边，跃上葱茏四百旋。”毛泽东的《登庐山》，再次将庐山的山水诗推向了一个极致，艺术美将山水美推向了极致。

4. *摩崖石刻*

庐山的攀崖石刻共存九百余块，大都为著名文学家、书法家、政治家、艺术家等所书，也有皇帝所题，近代还有外国人题刻的汉字或英文石刻。庐山摩崖石刻不仅具有很高的旅游欣赏价值，还把中国的历史、文化、诗歌、宗教、书法、美学、镌刻熔于一炉。

一块碑，一段凝固的历史，记载着兴衰更替，铭刻着荣辱得失，在血与火中熔铸成永恒的话题；一片石，一首主体的诗歌，礼赞着文治武功，流溢着奇情异彩，在山与水中升华成不朽的绝唱。那折射出历史光辉的数十万计的摩石石刻和石碑，蔚为壮观，楷、草、隶、篆俱全，堪称一部书法字典。用优美的线条，分明的棱角，富有变化的方块，诠释着艺术的真谛，开创了一个充满神奇与幻想，空灵与飘逸的自由王国。

在这个王国里，游弋着一个又一个鲜活的艺术精灵，王羲之、颜真卿、米芾、欧阳修、苏轼、黄庭坚、赵孟頫、董其昌、王守仁、康有为等文人墨客用智慧点化颂石，用心灵沟通青碑，把它们磨砺成稀世珍宝，沉默之余，显现出无法估量的价值和无与伦比的魅力。

(六) 庐山科教文化景观

庐山科技，可以远溯至三国时的董奉行医，杏林春暖；晋代高僧慧远，锦绣谷中采药；东林寺的和尚，制造莲花漏，伴随晨钟暮鼓计时司晨；唐代，太乙宫中熊熊炼丹之炎，凝结出了金丹大法等等；特别是宋代，建于宋祥符七年(1014年)的观音桥(1988年列为全国重点文物保护单位)，历经千年风雨及地震，飞虹长存，至今任人行车往，岿然不动。宋代的《梦溪笔谈》一书，被李约瑟称为"中国科学史上的坐标"，作者沈括曾登上庐山考察地理与气候，探索庐山"四月才开二月花"的奥秘，还有《本草纲目》《农政全书》《徐霞客游记》《天工开物》四部集传统中国科技之大成的科技名著，无一不与庐山息息相关。

进入20世纪30年代，我国著名的地质学家李四光在"一个幸运的季节"，找到了作为"中国第四纪冰川的典型地区"的庐山"这一困惑难解而又耸人听闻学说的诞生场所"，从而正式掀开了中国第四纪冰川地质学的帷幕。

庐山植物园自1934年建立以来，从国外相继引进了千余种植物，使庐山植物增添了许多外来成分。中国现代植物学家奠基人之一的胡先骕教授早在1933年写的《庐山之植物社会》中便有这样的描写："庐山孤峙浔阳、飞瀑悬崖，以深秀著称于世。其中卉木葱郁，多琪花瑶草，春夏艳发，至为美观。"

现在，每年都有十几所高校将庐山作为自然地理、文化地理等课程的实习基地。教育着一代代科技人才。

五、庐山旅游资源及开发

(一) 旅游资源

庐山是座独特的地垒式断块山，从江边湖滨到庐山制高点，蕴藏着丰富的旅游资源。有16大自然景观，景点474处(含人文景观)，已命名的山峰有171座，主峰汉阳峰海拔1 474 m。大江、大湖、大山浑然一体，具有山峰、沟谷、坡地、平原、冰川、溶洞、瀑布、湖泊、河流、云雾等多种类型旅游自然景观，构成以险峻与秀丽刚柔相济，雄、奇、险秀闻名于世的国家级旅游风景区。

庐山地区受一山(庐山)两水(长江、鄱阳湖)地形格局控制，形成了山上、山下各不相同的旅游自然景观。而自秦汉以来悠久的历史文化和不断经济开发的人工塑造，则又为该区域留下了众多人文旅游景观，以及较完备的旅游服务设施和精美旅游商品、地方土特产等地方旅游产品。因此，庐山地区不但蕴藏着丰富的旅游资源，同时为慕名前来旅游的游客提供了良好的旅游环境，为旅游地理等不同学科学者的研究打下了良好基础。

1. 旅游资源总体概括评价

联合国教科文组织评价报告对庐山作为"世界文化景观遗产"评价：庐山的历史遗迹以其独特的方式，融汇在具有突出价值的自然美中，形成了具有极高美学价值的、与中华民族精神和文化生活紧密相连的文化景观。

庐山价值特色评价：三大价值，自然科学价值、自然美学价值、历史文化价值；六大名山，风景名山、文化名山、地质名山、生态名山、宗教名山、政治名山。

江西省庐山、井冈山、龙虎山、三清山闻名天下，人称“庐山天下悠，三清天下秀，龙虎天下绝”。

2. 庐山自然景观资源特征

(1) 地质构造复杂，地貌景观千姿百态

庐山是中国第四纪冰川学说的诞生地和学术界冰川学说讨论的焦点所在地，山麓鄱阳湖滨，遗留着末次冰期时由古季风环流产生的独特的风沙丘群。庐山地区地质构造复杂，形迹明显，主要有北东向华夏式构造和北北东向新华夏式构造。

(2) 风云莫测，气象万千

云海、云瀑、佛光和蜃景在庐山均有出现。因庐山经常为江湖水气笼罩，易生成云雾，云海出现也就频繁，尤以春秋两季最多。

(3) 生物资源丰富

植物资源。庐山本身是座天然植物园(省级自然保护区)，山体的森林覆盖率达 76.6%，植物垂直分带较为明显，从山脚至山顶大体可划分为：亚热带常绿阔叶林、山地温暖带落叶阔叶混交林、山地温带落叶阔叶林、针叶混交林、灌木林带。

动物资源。风景名胜区内共有各种鸟类约 178 种，其中繁殖鸟 121 种，兽类 39 种，爬行类 33 种，两栖类 20 种，昆虫 2 000 种以上(庐山特有昆虫 33 种)。其中一级保护动物 3 种，二级保护动物 18 种，省级保护动物 49 种。

(4) 溪涧遍布，瀑潭众多

长江从庐山以北流过，全国最大的淡水湖鄱阳湖也位于其东南部，是赣江的连河湖。庐山顶的如琴湖和庐林湖是两个较大的人工湖，也成为重要的旅游景点。庐山四周多溪流，飞流奔驰，清澈见底。庐山的瀑泉碧潭是其自然景观的重要组成部分，“匡庐瀑布，山川绝胜”名副其实。

(5) 避暑胜地，气候垂直分带明显

庐山风景名胜区位于北亚热带季风温湿气候区，四季分明。由于山高坡陡、濒湖临江，所以气候垂直分带较为明显，以气温低、湿度大、日照短、云雨多为特征。

3. 自然景观

庐山的自然景点等级如表 9-1 所示。

表 9-1　庐山自然景点与资源等级表

等级	景点名称
特级	五老峰、三叠泉、冰川 U 形谷、鄱阳候鸟区
一级	黄岩瀑布、马尾瀑布、石门涧、三宝树、铁船峰、龙首崖、王家坡双瀑、碧龙潭、迎客松、含鄱口、锦绣谷、含鄱口日出、云海、云瀑(瀑布云)、小五老峰、犁头尖、大坳冰谷、鞋山

续表

等级	景 点 名 称
二级	双剑峰(秀峰景区)、香炉峰、青玉峡、三峡涧、玉渊、汉阳峰、太乙峰、九奇峰、七彩瀑、谷帘泉(天下第一泉)、百丈崖瀑布、好汉坡、黄龙潭、乌龙潭、隐瀑、芦林湖、月照松林、如琴湖、剪刀峡、白果王(银杏)、公孙长老(银杏)、赣北罗汉王(罗汉松)、庐山秋季彩叶植物景观、鄱湖烟云、石门衔日、三叠泉彩虹、雪凇、大天池峰、核杂岩、聪明泉、六朝松、云豹、金钱豹、龙宫洞、石钟山
三级	龙潭、仙浴潭、龟背峰、鹤鸣峰、姐妹峰、文殊峰、招隐泉(天下第六泉)、卧龙冈、卧龙潭、卧瀑、浴仙潭、白鹤涧、桃花溪、康王谷、玉帘泉、爱莲瀑、小天池、石松、一线泉、聚仙峰、仙居洞、折扇峰、冰谷、马尾水瀑布、仙人洞、大天池、飞来石、雾凇、雨凇、亚热带常绿阔叶林、山地温暖带落叶阔叶混交林、山地温带落叶阔叶林、针叶混交林、灌木林、庐山鸟类栖息地、庐山昆虫栖息地、大天池晚霞、涌泉洞、冰桌、相辞涧、浪井、温泉、六棵树、山寺桃花、五老峰杜鹃、狮子洞、落星石
四级	醉石、仙人墩、佛光、蜃景、马祖洞、将军河

庐山自古以来命名的山峰有171座,群峰间散布冈岭26座、壑谷20条、岩洞16个、怪石22处。

无限风光在险峰,著名的旅游景点首推"五老峰",它为五个断层崖高峰并列,耸立在鄱阳湖之滨,危崖于仞,苍松如虬,如同五位气宇轩昂巨人,巍然俯视天下。"五老峰"险崖之前,排列着"五小峰",各显奇态。李白用"庐山东南五老峰,青天削出金芙蓉"颂赞五老峰之险峰群景观。此外,龙首崖、石门涧、含鄱口、汉阳峰、九奇峰、双剑峰、姐妹峰、香炉峰、秀峰,以及剪刀峡、好汉坡、黄家坡等处均为险峻景观的观赏佳处。

而庐山"外险内秀"景观分布在20条沟谷地带。主要旅游景点,如西谷中的锦绣谷、花经等,东谷中的芦林湖、芦林大桥、乌龙潭、黄龙潭等,还有康王谷、莲花谷、栖贤谷等地,构成了庐山幽深秀丽的美景。庐山的岩洞有16个,分别散布在岩体的不同部位,有的是石灰岩、灰岩溶洞,如山上的仙人洞,山下的白鹿洞、狮子洞、龙宫洞。尤其位于庐山东侧彭泽县境内的龙宫洞,是罕见的地下暗河型岩溶洞穴,全长1 700 m,岩溶景观千姿百态。庐山地区岩体在自然风化、崩塌和大自然的成功雕塑下,形成的形态各异的象形石、怪石景点有22处,如思凡石、飞来石、天桥、手指石、鹰嘴石、猿人石、立马石、醉石、蟾蜍石及庐山市南鄱阳湖水中的落星石等。

此外,近代科学家李四光教授,在1931年认为发现了庐山的第四纪冰川遗迹,为中外学者的深入研究提供了探讨之地。而庐山的形成和演化过程,则为地质、地理科学研究提供了理想基地,因此庐山是科考旅游的胜地。

庐山地区充沛的降水、较好的森林植被,使庐山的水系发育,呈放射状由山顶向山麓的北、北西、东、东南方向伸展。由于山体的断裂构造发育和多次抬升运动,这些水系所流经之处,便形成了形态各有特色的瀑布22处、湖潭14处。庐山瀑布形态论磅礴气势及落差之大,当数位于庐山五老峰东侧的三叠泉(又名三级泉或水帘泉)。该瀑布水出自大同山,经五老峰背,落差155 m,分三级双流直落深壑谷中,气势极为壮观,因而人们有“不到三叠泉,不为庐山客”之说。此外,王家坡双瀑、康王谷旁的谷帘泉、石门之涧瀑布、秀峰内的开先瀑布(为东瀑——马尾瀑和西瀑——黄岩瀑双瀑合成)等瀑布也十分有名,扬名最久当为黄岩瀑布,是李白“日照香炉生紫烟”“飞流直下三千尺”之佳句的出处。庐山的深潭一般分布在深壑峡谷陡崖下方,经长期山间溪水、瀑布水等冲刷形成。如:庐山南侧秀峰境内的青玉峡中布有系列深潭,庐山南五乳峰东部的卧龙潭,庐山最大峡谷——三峡涧的玉渊潭,山上东谷下方的乌龙潭、黄龙潭等。而在有利地形部位,经人工刻意修筑成的人工湖泊山上也有分布,如西谷中的如琴湖、东谷中的芦林湖。山下坡麓平原地区受地形引导作用,分布着众多小湖泊和小水库,九江市中心还有较大水域面积的甘棠湖,以及我国的第一大河——长江。庐山南麓则分布着我国的第一大淡水湖——鄱阳湖,其面积达 3 960 km^2。另外,山下还分布着水温达 72℃,含有多种微量元素的温泉,因此,山下的温泉区是游人休闲疗养的好地方。

庐山受气候影响,在冬春季节寒潮来临时,常见到漂亮的冰瀑雨凇、雾凇和混合凇及雪景;在春夏之交和初秋则能见到缥缈不定的云雾奇观。尤其千米以上山峰突兀于云雾之上时,可见到波涛翻滚的云海奇观和玉带云、云梯云。有时运动速度较快的云雾,会翻过高峰顺坡迅猛下滑,如瀑布俯冲谷底而形成短暂壮观的瀑布云。因此,在山地垭口段上部能见到变幻莫测的各种云和气候奇景。如:含鄱口的“雾鸣天籁”,小天池的“瀑布云”,大天池的“梦幻云海”和狮子崖的“佛光”,五老峰、鄱阳湖滨上的“五老峰蜃景”等奇特景观。据牯岭气象台资料,牯岭雾日年平均可达 190.6 天。由于山地拔起于平原之上,与山下有明显温差而成为避暑的胜地。观日出日落可算庐山一奇。瞭望日出,一般以莲花谷、五老峰和含鄱口为最佳之处,但各月观日出时间有差别(表 9-2)。看日落晚霞,可选仙人洞或大小天池景点处,其日落时刻各月不同

表 9-2　庐山观日出、日落时刻表

月　份	日出时刻	日落时刻
1月	7:12	17:38
2月	6:56	18:40
3月	6:27	18:24
4月	5:50	18:43
5月	5:25	19:01
6月	5:15	19:17
7月	5:26	19:18
8月	5:44	18:57
9月	6:00	18:22

续表

月 份	日出时刻	日落时刻
10月	6:17	17:46
11月	6:40	17:21
12月	7:03	17:19

庐山的自然环境复杂，为保存植物的古老类型和引种新的植物种类及丰富野生动物珍稀动物憩息活动提供了有利的环境。因此，庐山有着丰富的植物资源和濒临灭绝的物种，以及野生动物、珍稀动物资源。如：庐山在1981年3月正式建立了省级自然保护区，1983年6月建立省鄱阳湖候鸟保护区，1988年5月国务院批准鄱阳湖候鸟保护区为国家级自然保护区，都为保护庐山地区的动植物资源提供了良好的条件。由于专业人员的精心管理和山民的保护意识加强，使庐山拥有76.6%的森林覆盖率，并在主要旅游景区、景点，如花径、锦绣谷、街心公园、各休疗养处等地，配置了较好的园林花卉和观赏性植物。庐山南侧中国第一座植物园——庐山植物园的各种保护性植物资源，已作为旅游场所向游人开放，以增加知识性及观赏性。庐山完好的森林植被，为游人提供了较好的森林旅游地、休疗养场所，尤其空气中含量较多的负氧离子，使庐山拥有清新的空气，十分有利健康，所以庐山上布有众多休疗养所。庐山的动物观赏处位于西谷花径公园旁。庐山的鸟类不下百种，有画眉、斑鸟、黄莺等，给绿色的森林增添了新景观。庐山之麓的鄱阳湖还有世界著名的候鸟保护区，和当今世界最大的白鹤群、白枕鹤群、白头鹤群等。在鄱阳湖与长江交汇之外的石钟山、庐山博物馆两个旅游景点内，设有庐山昆虫一蝴蝶展馆，给游客在游览过程中增添了情趣。

4. 人文景观

人文景观的分类依据建设部颁布的《风景名胜区规划规范》(GB 50298－1999)，按照园景、建筑、胜迹、风物四种类别进行总结。庐山共选取文化景观71处，分为4个中类、13个小类。

对人文景观的分级评价应建立在对景观价值、环境水平、利用条件、规模范围综合考虑的基础之上。根据“真实性”与“完整性”的总的原则，在考虑评价对象的历史文化价值、欣赏观览条件的同时，要特别注意评价对象的历史原真性。

人文景观评价分为特级、一级、二级、三级、四级共五个等级。

根据以上标准，评价结果如下：

特级4处：白鹿洞书院、观音桥、东谷别墅区、山水诗。

一级11处：庐山植物园、西谷别墅群、近代教堂建筑、庐山大厦、庐山会议会址、庐山恋电影院、仙人洞、东林寺、康王谷古村落、御碑亭、山水画。

二级13处：近代学校建筑、陶渊明墓、陶渊明纪念馆、好汉坡石刻、五老峰石刻、李璟读书台、秀峰龙潭石刻、西林寺、恭乾禅师塔、姑塘海关、星子鼓楼、“庐山高”石坊、林赛公园。

三级 30 处(略)。

四级 13 处(略)。

庐山地区的远古文化遗址,已发现二十余处,距今 6 000 年至 3 000 年。庐山古文化遗址共六百多处,主要古文化遗址有:亭子墩新石器晚期村落遗址,距今约 6 000 年,遗址文物现存于庐山市博物馆;陶渊明故里(公元 365～427 年);鄱阳湖古战场(鄱阳湖、甘棠湖点将台、石钟山建筑群,三国、元、明清);广泛舟岩商农、猎、渔遗址(距今 3 600～3 000 年,现存于石钟山展厅)。

中国第一部纪传体史书作者司马迁,登庐山后将庐山载入《史记》。诗人陶渊明,在庐山开创了中国田园诗风。从公元前 1 世纪至今,谢灵运、李白、白居易、苏轼、王安石、黄庭坚、陆游、康有为、胡适、郭沫若等近 1 500 名诗人先后登山,写诗 4 000余首。庐山有中国最早的书院——白鹿洞书院。公元 940 年初创,经朱熹重建扩充,遂为弘扬“理学”的海内书院第一。

庐山的攀崖石刻共存九百余块,大都为著名文学家、书法家、政治家、艺术家所书,也有皇帝所题,近代还有外国人题刻的汉字或英文石刻。庐山摩崖石刻不仅具有很高的旅游欣赏价值,还把中国的历史、文化、诗歌、宗教、书法、美学、镌刻熔于一炉。主要摩崖石刻有陶渊明石刻(庐山东南麓京山),黄庭坚石刻(秀峰、三峡涧、石镜溪),米芾石刻(青玉峡),朱熹石刻(白鹿洞书院醉石等处),张孝祥石刻(玉渊潭),王守仁石刻(秀峰、大天池),李梦阳石刻(秀峰、白鹿洞),王思任石刻(仰天坪),康熙帝石刻(秀峰寺),冯玉祥石刻(玉渊潭),蒋介石石刻(庐山河东路 180 号美庐内)等,自宋代至近现代存有三百余块,大多为历代名人所书,近代有外文题刻,还有新建的毛泽东诗碑园。白鹿洞书院内也珍藏了众多碑刻。

庐山历来为画家所钟情。晋代顾恺文,唐代吴道子,五代荆浩,宋代李公麟、李龙眠、王涧,明代沈周、唐寅、周臣、王恩任、晁补之,清代石涛、戴本孝、许从龙,现代徐悲鸿、黄秋园等中国著名画家都曾为庐山创作了不朽的绘画,至今不少绘画展出于博物馆内,尤其《五百罗汉图》富有极强的艺术魅力,为东方艺术之精品。

庐山地区现存古建筑遍布山间山麓。历代的寺、观、亭、桥、台、坊、廊等共二百多处,现状大部完好,以各具风格的造型装点美化大自然。其中最早为晋代建筑,最著名的中国重点文物保护单位为观音桥和白鹿洞书院建筑群。主要古建筑景点有东林寺、西林塔、锁江塔、临湖塔、浔阳楼、恭乾禅师塔、白鹿洞书院、陶渊明墓、鄱阳湖紫阳堤、周瑜点将台、明太祖御碑亭、明神宗赐经亭、斗姆亭、望江亭、访仙亭、静观亭、含鄱亭、望鄱亭、观瀑亭、濑玉亭、烟水亭等。而近现代建筑景点有悬索桥、芦林桥、九江大桥、旋转观景台、西林寺、喇嘛塔等。

庐山现存 18 个国家的近代别墅六百余栋,主要分布在东谷,大多为欧洲乡村式别墅，受美国国家公园学说和英国空想社会主义思潮影响，形成了国际性的别墅群落，并与英国自然式园林相结合，构成了庐山特有的旅游人文景观。并且别墅的体量小，隐蔽于绿树之中，不与大自然喧宾夺主，别墅占地面积一般在庭院面积的15%左右，充分体现了英国近代的园林建筑思想，及乡村生活与都市文化相结合的浪漫主义。庐山的主要别墅，如：美庐、原美国威廉斯别墅、原俄罗斯亚洲银行、原美国歇尔曼别墅、原美国雷格尔别墅、原瑞典教会、原英国阿达姆斯别墅、原美国圣会海外教会、原捷克罗贝金莱别墅、原美国赛珍珠别墅、原美国科奇南别墅、原芬兰基督教联合会、原英国钱尔德别墅、原瑞典卡尔别墅、原挪威“信义会”、原中国海关、原葡萄牙阿里维拉、原德国李博德别墅、原“吴庐”、原美国“耶稣升天教堂”、原法国“天主教堂”、原美国牯岭学校、原英国医学会堂、原庐山图书馆、原习学舍、原庐山大礼堂、毛泽东旧居、原林虎别墅等等。在英美欧等别墅区兴建的同时，以中国人兴建的别墅为主的西谷、橄榄山、女儿城、太村等别墅区相继建成。这些别墅别大多为西式，但园林布置多为中国文化传统手法。中国古典建筑是以木结构为特色，而庐山近代别墅绝大多数用石头构建，移植了欧洲建筑文化传统。西式的石砌别墅群和谐地分布在中国文化氛围之中，形成了德国著名建筑师贝歇尔所说的“庐山个性”。中国别墅区与原有的中国古典建筑、园林、摩崖石刻融为一体，形成了中国最具开放品格的风景名胜区。庐山别墅区的形成，可说实现了北宋画家、美术理论家郭熙的山水“可居”的美学理想。这是中国古典美学与西方近代美学的有趣会合。

庐山山下既建有千年古刹（东、西林寺）、千年学府（白鹿洞书院）等历史文化景观，又分布着李白诗中描绘过的秀峰，陶渊明隐居、流连的桃花源，以及星子温泉等优美自然景观。但由于道路隔阻，这些分散的山下景区常成为庐山游客心中的遗憾。新的环南山公路，北起九江荷花垅，沿途经过威家镇、三叠泉、白鹿洞书院、观音桥、庐山市、秀峰、温泉、桃花源等景点，南到通远，与南九高速公路相接，形成了完整的环庐山山脚公路。

（二）旅游开发

庐山地区旅游中心——庐山，1982 年被国务院审定批准为第一批“国家级重点风景名胜区”，1984 年由国务院批准成立“江西省庐山风景名胜区管理局”，1991 年经国家批准为“中国旅游胜地四十佳”，1997 年经联合国教科文组织世界遗产委员会批准为“世界文化景观”内涵的世界级旅游景区，并列入世界遗产名录。2004 年 7 月，庐山世界地质公园揭碑开园，为庐山打造世界级的旅游品牌打下了坚实的基础。

近年来，庐山旅游景点建设以“世界文化景观”为品牌，以秀美的自然风光和厚重的文化内涵为基础，取得了飞速的发展。“庐山国际文化旅游节”等旅游活动更是吸引了大量的国际旅客，游客数量不断增长。2004 年 7 月，庐山成为世界上唯一同时拥有“世界文化景观”和“世界地质公园”荣誉称号的世界级名山，其文化价值和地学价值将更加吸引世界目光。

1. 旅游服务设施

庐山的外部交通，主要通过其依托城市——九江市的对外交通网络，如京九铁路、长江航运和国道、省道等，为直抵庐山旅游景区游玩的游客提供了四通八达的进出通道。庐山的内部交通，则以公路互相沟通。如：隧道沟通东、西两谷，环山公路将南北公路贯穿，山上山下小路更是阡陌纵横。庐山的缆车索道还可方便体弱登山者的游览，庐山市开辟了鄱阳湖水上游船观光旅游的线路。

庐山的宾馆、饭店、旅行社、招待所遍布牯岭街及东西两谷，可谓星罗棋布，高、中、低档的住宿场所均有，游客可自行选取合适住处。庐山旅游公司的旅行社，主要接待外国旅游者，港、澳、台同胞和海外侨胞，以及国内外旅游团体，大中型会议安排。另外，外事接待部门下属的庐山别墅村，一般招待国家各级政府的行政机关、事业单位、社会团体等，以及邀请性的涉外任务。山下九江，则以庐山旅游区的依托基地而担负着游客出入行与食宿等。庐山市星子镇因旅游交通的闭塞，以至很少游人专门前往旅游，仅旅游公司组织专门团队前往鄱阳湖随船观光旅游。因此，旅游服务人员，包括景点服务人员，庐山上多于山下九江、庐山市区。

海拔 1 100 m 的牯岭街，已经形成半边街的特色，在长约 2 km 的半边街区段里，衔接着大林路、电厂路、慧远路、大林沟路、雾凇酒楼至河西路北段的双面街，鳞次栉比地坐落着商店、门点、购物中心等 600 余家，商场酒楼林立，各类商品俱全，景点也有供游客购买纪念品的场所。山上有舞厅、KTV、游艺厅、健身房、娱乐中心等 100 余家，文化、体育生活极度为丰富。

2. 地方旅游商品

庐山牯岭镇、九江、庐山市的特产颇多，其中最有名的有以下几种。

庐山云雾茶：系我国十大名茶之一，栽培历史达一千年以上，宋朝将该茶列为“贡茶”。以味醇、色香、香馨、液清享有盛名，并有怡神解渴和杀菌解毒等功效。

庐山三石：即石鸡、石鱼和石耳。石鸡，为长在潮湿石岩、谷间和山溪的麻皮青蛙，肉质细嫩肥美；石鱼，生长于山泉流水石缝中的体形细小的淡黑透明无鳞鱼，肉质鲜美少腥；石耳，长在悬崖石上，属黑色地衣类肢菌植物，形似木耳。

庐山一滴泉酒：用凉爽的甘露清泉、配以糯米酿制而成。

九江茶饼：源起宋代的传统名产，有小而精、薄而脆、香而爽、酥而甜的特点。

九江酥糖：历史悠久，工艺精湛，入口清爽，桂香扑鼻，麻味骨脆，油润酥甜。

九江封缸酒：呈殷红色，久置不淀，味道醇美。

星子金星砚：宋代起产于庐山南麓，质坚细润，光泽优美，贮水不涸，剩墨鲜艳。

鄱阳湖银鱼：栖息湖口一带，体形细长，色白如银而得名。有养肾、益脾之效。

此外，庐山的竹笋干、笋衣等竹制干货也十分有名。景德镇瓷器虽不属庐山特产，但山上山下不少旅游商店均将其作为江西特产，向游人推销。

六、牯岭镇、庐山市、九江市城市地理特征

1. 牯岭镇发展概况

牯岭镇是庐山政治、经济、文化中心，南北两条登山公路均以此为终点，为江西省九江市庐山市下辖的一个镇，原属九江市庐山区(现濂溪区)。

牯岭街，蜿蜒于日照峰和虎背岭之间一条平缓的山谷长廊上，海拔约 1 167 m，弧形单面街正对着西北剪刀峡和小天池壑口，街市常在云雾之中，时而被云海托起，时而为云雾笼罩，时而又轻纱遮面，楼台亭榭若隐若现，宛若天上城郭，故有“云中都市”之称誉。东、西两谷内，幢幢别墅式建筑的疗养院、休养所、宾馆、电影院、剧院、图书馆、游泳池等旅游服务和配套设施掩映在万绿丛中，构成了庐山游览区吃、住、行、游、购、娱的立体多功能结构。

牯岭是伴随着西方殖民主义者侵入而快速发展起来的。1858 年，清政府被迫签订《天津条约》，九江被开放为通商口岸。1870 年前后，法国传教士在庐山脚下的莲花洞建起第一幢避暑别墅和教堂。1886 年冬，英国基督教传教士李德立由镇江到武汉，途经九江时，由中国教士戴古臣做向导，“经九十九盘、天池寺、黄龙寺到女儿城，登高下望，见长冲一带地方，地势平坦，极适合建屋避暑之用”，遂起开发之心。1895 年，李德立与德化县政府订立了租地契约。12 月 30 日，九江道台与英国驻九江领事签订《牯牛岭案十二条》。1898 年，设立市政议会。这样，牯岭就有了一套完整的自治机构，实现了西方民主式治理。与此相适应，清政府于 1895 年设立庐山警察局，1908 年创设清丈局，标志庐山市镇初步形成。此后，牯岭这块“处女地”逐渐成为庐山的中心。如今，庐山经历了从宗教圣地到避暑胜地到疗养胜地再到旅游胜地的演变过程，经历了 1 000 多年的历史，已经形成了一个人口密集的山顶城镇。

(1) 牯岭镇的城市化

旅游业的发展推动了牯岭镇的快速城市化进程。一方面，牯岭镇有形城镇化扩张较快。具体表现为城镇用地规模的不断扩大，城镇建设密度的不断提高，城镇建设用地向山体蔓延。俯瞰牯岭镇，各种建筑密布牯牛岭两侧谷地，俨然一个山顶城市。另一方面，牯岭镇非物质城镇化过程也十分显著。山顶小镇的现代化氛围颇为浓郁，各种现代化的娱乐场所和设施一应俱全，商品琳琅满目，现代化的生活方式和文化渗透进小镇的日常生活。

20 世纪 80 年代初，牯岭镇开始编制总体规划，但迟迟未获批准，主要争议在于牯岭镇的人口规模，包括常住人口是否搬迁至山下的问题。就目前情形来看，庐山上的牯岭镇规模日趋扩大，日益趋于城市化，安静、宜人的自然环境氛围遭到破坏。目前庐山冬春两季常住人口发展到 10 000 多人，暑期可达 40 000～50 000 人。

庐山上由于常住人口的增加,公共设施的增多,人工建筑物越来越多。陈从周先生曾说过,挤满房屋的山顶城市,有何风景可言。

城市化带来了环境恶化问题。牯岭镇是一个山顶城镇,有限的水资源和土地资源直接制约城镇人口规模和旅游开发规模。目前,牯岭镇的发展不断蚕食自然山体,建筑体量越来越大,水体污染日渐严重,不仅破坏自然环境,也影响景观质量。因此,庐山地区的旅游开发要在合理的环境容量范围内,适当控制人口和建设用地规模。

(2) 牯岭镇的形态与结构

牯岭镇的建设主要沿东谷、西谷两个谷地展开,通过牯岭街相沟通,形成"π"型的城镇形态和"一心两翼"的空间结构。其中,"一心"是指围绕牯岭街所形成的商业中心,以为外来游客服务的零售商业和餐饮业为主,兼有为本地居民服务的职能。"两翼"分别指沿东谷和西谷建成形成的两个片区。东谷,即长冲河谷地,地势平坦,是庐山早期作为避暑胜地开发的别墅区,现在则成为主要的宾馆疗养区和游览区,构成城镇的"东翼"。西谷,可以大致分为两部分,其中沿大林路一带和北部的窑洼地区,是早期开发别墅过程中劳工集中居住区,现在则演化为本地居民的居住生活区;沿慧远路、大林沟一带则是主要的行政办公区和宾馆疗养区。两部分共同构成城镇的"西翼"。此外,城镇中间的牯牛岭,以山林为住,但由于早期香山路一带的别墅开发和后来的旅馆建设,也呈现被建设用地逐渐侵蚀的态势。

奇特的地形和气候景观。单边街,背山、面崖,三面环山(东大月山、西大林山、南牯牛岭),一面临谷(北面剪刀峡、小天池豁口),街市时常在云雾中,素有"云中山城"的美誉。

串联式空间结构,半月形中央街心公园(建于 1954 年,后于 1987 年重修),东联东谷、西连西谷。

独特的"社区+景区+商区"功能布局模式,设施齐全、商品丰富。街上有邮局、银行、电影院、大会堂等,有接待国际、国内旅游者的庐山大厦、云中宾馆、芦林饭店等,有宾馆饭店、招待所、休养所多处,还有西式别墅上千栋,世界少有如此繁荣的高山岭镇。

(3) 牯岭城镇化开发过程

庐山的城市化过程实质上是牯岭旅游地产开发的过程,如今繁荣的牯岭镇就是在 1895 年的城市框架下逐渐发展起来的(罗期等,2015)。

1) 李德立时期的牯岭开发

1895 年之后,为了筹集修路等建设资金,李德立将所租地块进行分块,并充分利用教会成员的推广以及报纸等媒介向在华外国人士进行公开出售,牯岭避暑地知名度得到了极大的提升,地块不久便售罄。而在地块销售之先,李德立等人实施了现代意义上的牯岭镇规划。

a. 前期调研

在 1894 年，英国汉口教会便组织了六位传教士对牯岭进行了严密细致的前期调研，1895 年，托事部委托英国工程师波赫尔主持制定庐山牯岭规划。

b. 完整严格的土地利用规划

庐山 1905 年的波赫尔规划，以东谷长冲河为主要发展轴线，将其两岸的土地用作公园用地以及交通用地，东谷的带形绿地长约 2 400 m，自然式的林赛公园便是整个社区的中心。这与 1898 年英国的田园城市理论中倡导的“社区围绕中心绿地展开”有着异曲同工之妙。

采用方块式的土地划分方法，从河流两岸顺山坡而上，坡度低于 30%的土地被用作居住用地以及公共服务设施用地。居住用地用作建造别墅，而公共服务设施用地则包括商业、学校文体、宗教、办公、医疗卫生等用地。长冲一带划分为 297 块，每块 0.247 hm^2，只允许建设一栋别墅。地块划分方式衔接了前期出让地块的切割，为后期内部道路体系提供了基本的框架。

c. 道路交通规划

对外交通方面，庐山北麓与九江市交界于莲花洞。九江市至莲花洞 12 km，莲花洞至牯岭 7.5 km。通过长江水运可从武汉、上海等地至九江市，九江市到莲花洞有大道相连，但莲花洞到牯岭却道路崎岖，交通十分不便。1894 年，李德立确定了由剪刀峡至莲花洞的上下山路线，该道路于 1895 年开工，1896 年完成，建成后便改变了庐山交通闭塞的状态。

内部道路方面，社区采用了网格式的道路布置手法，与方格式的地块划分相契合(出行不甚方便，平原区)。规划将山上道路以长冲为中心向四周辐射，修筑了南北向三条道路，东西向一条道路，形成了方便、规整的道路网络。长冲地区的道路，以贯穿于其中的河流作为依托，河流的两岸规划出两条较宽的人行主干线，南北又以河两岸为起点，纵向将山地分为许多条道路，同时在两块地间设一条道路，间隔 7.5 m 左右。

d. 市政系统规划

1899 年，选举产生市政议会，负责牯岭道路、桥梁、公共建筑、植树、公共卫生、给排水、照明等的建设活动。1899 年至 20 世纪初，牯岭便已有电灯，并且在路旁设有路灯，方便了居民夜晚生活。

e. 绿地系统规划

东谷长冲河畔的林赛公园是整个社区的中心，是一块山间谷地里长约 2.4 km 的带状绿地，以自然式的田园布局，保持了山林特色，充分利用山峰、岩石、花木、河流、树林等自然景观，并布置人行步道、景观小品、石阶等，形成了环境优美的英国自然式园林，也成为社区居民休闲娱乐的主要场所。房屋周围均有庭院式园林，保持着自然斜坡与天然树木，建筑与自然在此美妙地相融。同时规划严格将建筑密度控制在 15%左右，使规划范围仍有 80%以上的绿地。

f. 公共服务设施规划

庐山上不仅有为满足不同国家儿童的就学需求而建的英国学校、美国学校、法国学校,还有 18 处网球场、儿童游乐场、5 处游泳池、影戏院、医院、教堂、邮局、办公楼、饭店等,商业办公娱乐休闲等公共设施一应俱全。

庐山的首次规划虽然是西方传教士在租借地内完成并实施的,首先在器物层面上创造了一批以"班加卢"别墅为代表的住宅建筑,以学校、旅店为代表的公共建筑和以教堂为代表的宗教建筑,相对于庐山古代历史文化的物质载体多已无存,仅余以文字和口头方式传承的非物质形态的文化遗产而言,这些器物是西方建筑文化(石构建筑)、殖民地建筑风格(外廊式)、现代建筑材料(如铁皮)和本土建筑材料(如石材)、工艺(如雨淋板)等的创造性结合,包含了大量那个西方发达国家已经完成工业革命而中国刚刚步出传统农业文明时代的物质文化信息,能成为学术研究、历史教育和旅游观光的物质载体,会同庐山的自然资源和其他文化遗产一起构成世界文化景观。其次,在制度层面上,牯岭规划原则以及保证规划实施的规划管理也有一定的时代先进性。

2) 1936 年、1946 年国家公园计划、行政院部办公房屋计划

1924 年民国政府将庐山最早列为风景名胜区;1926 年成立了庐山管理局;1933 年 8 月 8 日蒋介石夫妇入住庐山美庐别墅,同时民国政府行政院、财政部、外交部等一些部委的办公场所也迁移到此,标志着庐山已经成为国民政府的"夏都"。

1936 年"牯岭租借地"收回后,中央甚为满意,决定每年拨十万元为庐山事业费,以从事建设。并由省政府牵头,就收回租借之地,建立大规模的国家公园计划。但这个规划构想有点宏大而不切实。

真正酝酿并进入实际操作的是民国政府行政院、财政部、外交部等一些部委的办公房屋计划,内容还包括 1935 年、1936 年建设计划要点,其中有芦林湖、牯岭自来水厂、芦林人工湖、庐山公墓、上山公路、小学、幼儿园校舍和运动场等建设项目,还有一些风景亭和风景建筑建设项目。

3) 1956～1968 年的"疗养城"规划构想

1956 年 6 月,中央卫生部和苏联疗养专家到庐山考察后,提出"庐山不仅是一个有名的避暑胜地,而且是我国最理想的高山气候的天然疗养区",这个提法把已经成为事实的风景区疗养功能诱导发展成"疗养城"规划构想。提出的目标是"在十二年内建设成为具有现代化交通工具的新兴城市","首先实行电气化的一个城市"。计划将庐山由 1956 年接待约 1.5 万人,建设成为一个'经常供二万五千人以上的劳动者、知识分子疗养的疗养城。到 1968 年时,"庐山成为拥有十二万到十五万人规模巨大的疗养城……一座花园城市,接待更多的劳动人民和国际友人来山休养、游览和避暑……是劳动人民疗养和休养的理想地区"。

规划中包括保留原有避暑住宅区和开辟新疗养区的功能分区构想、修建"像蛛

网一样的密布在庐山各处”的环山公路和一条无轨电车道的内部交通构想；山中公园、街心公园、烈士纪念园等园林绿化乃至“绿色城”构想，还有图书馆、电影院、灯光球场和游泳池等公建配置构想；为解决电力供应问题，还构想利用“庐山二百多公尺高的瀑布”来搞“水力发电”。

4）1982～2002 年庐山风景名胜区总体规划

同济大学、庐山管理局和江西省城乡规划设计院，共同编制了《庐山风景名胜区总体规划》。其规划定位是在尽可能短的时间内把本区建设成为一个有独自风景特色（包括社会效益、环境效益、经济效益）、游览内容丰富、接待服务周到、交通电讯便捷和环境优美、文明、整洁的风景名胜区。

规划原则是庐山山上以发展旅游事业为主，兼顾休养，限制疗养，景区现有疗养机构要逐步迁出；遵循“加强保护，统一规划，突出重点，分期开放”的原则，合理安排全区的各项建设，要把对风景资源和环境的保护放在景区管理建设的首位。

规划内容包括风景点的建设原则、旅游发展要求、景区内建筑风格要求、景区划分、三级保护区、导游路线、主要服务设施分级配置、道路交通规划等，还包括绿化规划、给水排水规划、电力电信规划、环境保护规划、副食品基地规划、建设项目安排、投资效益估算和规划实施主要措施等；还提出风景名胜区的维护与建设要逐步做到“以山养山，以山建山”。

5）1984 年江西省庐山自然保护区总体规划

江西省人民政府以（赣政发［1981］22 号）文件批转省农委、省农林垦殖厅《关于江西庐山自然保护区区划和建设问题的报告》，正式批准建立江西庐山自然保护区。希望通过自然保护，使生物物种得到保护和发展，从而维持生态平衡。按自然环境以及物种分布情况将庐山自然保护区划分为三级，采取不同层次的保护措施。

6）2004～2020 年庐山风景名胜区总体规划

1996 年起，庐山作为世界文化景观、世界地质名山的地位被确认。1982～2000 年的总体规划到期后，在新形势发展要求下，江西省委、省政府组织成立了庐山国家风景名胜区总体规划编制领导工作小组。2004 年 4 月，在庐山举行的《庐山风景名胜区总体规划（2004—2020）》专家论证会上通过了清华大学建筑学院和庐山风景名胜区管理局联合修编的庐山总体规划大纲。

（4）仰天坪房地产开发与思考

近年来庐山由于错位超载的开发，一些景区人工化、商业化、城市化的现象十分严重，自然风景遭到一定程度破坏。仰天坪房地产就是典型案例。

在仰天坪开发房地产不是一件孤立的事情，有着其深刻的社会背景。随着生活水平的提高，人们对居住环境的要求越来越高，越来越多的购房人开始关注区域景致对居住环境的影响，在这种需求的催生下，越来越多的楼盘开始借助名胜风景区和城市周边的山、水、园、林来作为开发的卖点。

但仰天坪房地产项目粗制滥造,缺乏文化品位,完全割断历史文脉,人为折断了历史文化积淀的交流与传承。未能与整个风景区景观形成完整统一,相反却有碍观瞻,破坏风景区氛围。为了使用户取得较好的景观环境,而忽视了景观点本身效果。新建的设施,在格调、功能等方面很难与原本的老建筑融汇、对话与交流,同时又过分强调开发利益,破坏了原本朴实、纯真、恬淡、怡然的自然意境和野趣韵味。

庐山作为国家级风景名胜区,应将旅游业放在首位。为了维护自然景观和人文风貌,提高旅游服务水平,必须实行有序开发。庐山作为国家重点风景名胜区,建立之初就明确是中国的国家公园,应在保护的前提下,按功能分区,应明令禁止在风景区内招商引资搞开发,招商引资应到区外旅游服务基地去,景区是国家遗产,不是企业,不是商品,应禁止上市,并不准出让或变相出让。

2. 庐山市城市地理特征

2016 年 5 月,根据国函〔2016〕58 号文,江西省政府经研究,撤销星子县,设立县级庐山市,将九江市庐山区牯岭镇划归庐山市管辖。以原星子县和九江市庐山区牯岭镇的行政区域为庐山市的行政区域。

庐山市辖南康镇、牯岭镇、海会镇、白鹿镇、温泉镇、横塘镇、华林镇、星子镇、蛟塘镇、蓼南乡及东牯山林场和沙湖山管理处,面积 913 km^2。庐山市中心城区坐落在星子县旧城区,四至:东南沿鄱阳湖岸线至十里湖,北至海会镇刘赤湾,西到宋家垄,面积约 23.1 km^2;庐山市总人口近 28 万人,世界文化景观、世界地质公园、庐山风景名胜区均已全部纳入庐山市行政区划之中。

庐山市地理区位北倚庐山风景名胜区,南临我国最大的淡水湖鄱阳湖,由于地处鄱阳湖中心腹地,水上运输四通八达,上连武汉、重庆,下接南京、上海。陆路交通便捷,境内环庐山一级公路与昌九高速对接,105 国道、九江绕城高速贯穿全境,都九高速,市区距九江半小时车程,距昌北机场一小时车程。江西的赣江、抚河、饶河、信江、修河五大水系,在市境东南部的杨兰水域交汇,古称“江湖之会”。此外,还有博阳河、杨柳津河,分别从土牛嘴、沙湖山流经市内。庐山市主体湖泊为鄱阳湖的一部分,面积 373.38 km^2。温泉水分布在温泉镇,称庐山温泉,温泉沿东西向构造成泉群出露,共有九组泉点,展布在长 80 m、宽 20 m 的范围。庐山市有裸子植物 9 科 34 属 95 种,被子植物 154 科 864 科 2 015 种,共计 2 110 种。其垂直分布特征,在海拔 600～800 m 为黄山松与马尾松过渡带。市境内有花岗岩、青石、石英、型砂、高岭土、钾长石等多种非金属矿产资源。

(1) 城市定位与目标愿景

1) 城市定位①

国际著名的山水文化休闲旅游城市,长江经济带上重要的文旅创新基地。

---

① 本部分源自《庐山市城市总体规划(2017—2035 年)》批前公示稿。

2）目标愿景

构建“悠然天下，山湖致城”的城市形象，将庐山市打造成为生态福地、人文圣地、悠游娱地。

3）阶段目标

2020 年，推进发展路径转型。

规划近期，专业化旅游城市的建设和城景一体化发展的绿色转型策略初显成效，城市风貌显著提升，经济实力显著增强。

2035 年，建设创新基地与旅游名城。

远期至 2035 年，初步实现文化旅游产业创新基地和山水文化休闲旅游名城的建设。城市可持续发展水平显著提升，构建山水相映、文化彰显、宜居宜游、和谐共享的开放新发展格局。

（2）城市规模

1）人口规模

至 2020 年，市域常住人口约 27.6 万人，常住人口城镇化率达到 60%。至 2035 年，市域常住总人口约 34 万人，常住人口城镇化率达到 70%。

2020 年中心城区常住人口 11 万人，旅游当量人口 2 万人。2035 年中心城区常住人口 15 万人，旅游当量人口 4 万人。

2）用地规模

2020 年，中心城区城镇建设用地规模控制在 14.2 km^2。常住人口对应的人均城市建设用地指标控制在 130 m^2/人以内。

2035 年，中心城区城镇建设用地规模控制在 19.8 km^2。常住人口对应的人均城市建设用地指标控制在 130 m^2/人左右。

（3）市域城镇空间格局

规划形成“双心引领，中线带动，廊带支撑，三区协同”的空间结构。

“双心引领”，打造庐山中心城区综合服务中心和山上牯岭人文休闲核心。

“中线带动”，依托三叠泉、庐岳古道等景点的游览观光道，强化山上山下的交通联系、生态渗透、产业融合、管理协同，构建山上山下联动发展轴。

“廊带支撑”，形成山南特色城镇走廊和滨湖城镇联动发展带。

“三区协同”，规划庐山生态文化保护区、山下城镇特色发展区、鄱阳湖生态保护区三个特色片区，协同一体发展。

（4）大庐山全域旅游发展

1）全域旅游发展格局

规划形成“一心一核，环轴串联，三区联动，多点支撑”的全域旅游空间结构。一心一核，建设庐山市中心城区综合旅游服务中心，以及牯岭人文旅游核。环轴串联，强化观音桥—牯岭镇间的山城旅游发展轴、环庐山轻轨与环庐山公路为骨架的环庐山旅游发展环、鄱阳湖大道为基础滨湖旅游发展轴，串联全域各景点。三区联动，提升庐山风景名胜旅游区，优化山下城镇特色旅游区，保护南部生态湿地保护区。多点支撑，设置海会镇、温泉镇、星子镇、蛟塘镇二级旅游服务中心，结合乡村旅游布点形成全域旅游整体格局。

2）全景区打造旅游产品体系

提炼庐山人文哲学、诗画美学、自然生态和地质科学四大核心价值，全域构建四大主题板块区域，打造悠学圣地、悠远史诗、悠闲自得、优质科普四大产品体系。

3. 九江市城市地理特征

(1) 城市概况

九江市位于江西省北部，地处赣、鄂、湘、皖四省交界处，扼长江黄金水道和京九铁路大动脉，地理位置优越。

九江之称，最早见于《尚书·禹贡》中"九江孔殷"及"过九江至东陵"等记载。九江称谓的来历有两种：一是"九"为古代中国人认为的最大数字，"九江"的意思是"众水汇集的地方"，"九"是虚指；二是"以为湖汉九水（江水、鄱水、余水、修水、淦水、盱水、蜀水、南水、彭水）入彭蠡泽也"，即九条江河汇集的地方，"九"是实指。长江流经九江水域境内，与鄱阳湖和赣、鄂、皖三省毗连的河流汇集，百川归海，水势浩淼，江面壮阔。

九江开发历史较早。夏、商时期，九江属荆、扬二州之域，春秋时九江属吴之西境、楚之东境，因而有"吴头楚尾"之称。九江作为行政区划最早出现在秦代，秦始皇划天下为三十六郡，就有九江郡。此后九江又有江州、柴桑、浔阳、汝南、湓城、德化等古称，但主要以九江、柴桑、浔阳、江州著称于世。

九江全境东西长 270 km，南北宽 140 km，总面积 18 800 km^2，占江西省总面积的 11.3%，人口 460 万。其中，中心城区北至长江，西至长平路、昌九大道，南至杭瑞高速、庐山风景区边界，东至鄱阳湖岸线，面积约 554 km^2。辖浔阳区、濂溪区、柴桑区、武宁县、永修县、修水县、德安县、都昌县、湖口县、彭泽县、瑞昌市、共青城市、庐山市。1992 年被国务院批准为长江沿岸开放城市。

(2) 城市形成发展条件与制约因素分析

a. 优势条件

首先，九江市城市发展的区位条件十分优越。地处黄金水道长江和大京九铁路的交会处，处于我国东、中、西三大经济梯度推移地带的过渡地区和南北交通轴线的中段，大区位优势十分突出。其次，九江滨江临湖，是江西省对外开放的窗口。第三，九江交通条件和资源优势明显。拥有水路、公路、铁路、航空等多种交通方式，对外联系十分便捷。市域矿产资源、农林资源、旅游资源丰富，水资源充足。第四，城市建设用地充裕。九江地处庐山山麓与长江之间的丘陵地区，老城东部、南部，十里河谷地带及新港的湖宾区属龙岗边缘河谷平原及侵蚀残丘地形，是理想的城市建设用地。

b. 制约因素

首先，九江市内湖泊众多，交通干线穿越，给市区建设用地安排和交通组织带来不利。市内有龙开河、甘棠湖、南门湖、老观塘、白水湖等河湖水面，东西向纵列分布，将城区分隔成数片。此外，又有京九铁路、高速公路等对外交通干线穿越市区。其次，洪涝威胁较大。九江每年受外洪内涝威胁严重。长江年均流量为 24 300 m^3/s，8 月份最高可达 48 100 m^3/s，极端最大流量可达 58 000 m^3/s。长江水位每年 7～9 月均有 40 天高于市区内河湖水面。1998 年夏长江特大洪水，造成七里虎江堤溃决。第三，城市现状功能布局不尽合理。尤以布置在城市上风向的重工业对城市大气环境污染严重，问题较为突出。

(3) 城市性质与职能

九江市是江西省通江达海的门户城市，长江中游重要的区域中心城市，国际知名的山水文化旅游城市。九江是江西省北部经济门户城市，是江西、湖北、安徽三省邻接地区跨行政区的区域性经济中心。长江水道和大京九铁路在此交汇，使得九江成为我国重要的水陆交通枢纽。庐山、鄱阳湖等风景名胜，更使得九江成为著名的山水文化旅游城市。未来城市发展愿景是努力把九江建设成为长江经济带绿色发展的示范城市；区域航运中心、绿色智造基地、宜居山江湖城、转型发展示范。

(4) 城市空间形态与结构

九江市沿长江岸线带状延伸，东西长，南北短。中部甘棠湖、南门湖两个大型水体和南湖公园构成城市大型开敞空间。京九铁路从城市南侧通过，成为城市向南发展的重要门槛。十里大道的修建，成为城市新的发展轴，加之昌九高速公路的建成通车，城市南部的区位条件大为改善，跨越铁路向南发展呈现出不可阻挡的趋势，十里大道沿线南向拓展迅速，城市建成区已经逐渐与和庐山区连为一体。

九江的城市空间结构具有明显的港口城市特点，即以港口地区为中心，以长江为边界向一侧发展，形成半开放式的空间结构。由于沿江一带是九江最早开埠建设的地区，港口及其附近地区是城市的商贸中心，构成城市的核心区域。城市居住生活区主要分布在城市中段由浔阳东路和十里大道所包围的扇形区域内。城市的工业区则主要分布在两侧，其中棉纺等轻工业主要分布在上游一侧，石化等大型重工业主要分布在下游一侧。

九江市域形成“T 轴两翼、一主两副两区”的空间结构。

“T 轴两翼”。T 轴即沿江城镇发展轴和昌九城镇发展轴，两翼即西部城镇特色发展带和东部城镇特色发展带。

“一主两副”。在 T 轴地区形成一主两副城镇发展核心区，即九江-瑞昌-庐山主核心区、共青城-德安-永修副核心区、湖口-彭泽副核心区。

“两区”。两翼地区突出特色发展，形成都昌特色发展区、修水-武宁特色发展区。

中心城区形成“一心、一核、三片”的空间结构。

一心：城市绿心。推动八里湖、赛城湖一体化发展，共建九江城市绿心，以生态安全为前提，加强景观建设，形成以都市休闲、文化展示、生态体验、科普教育为主的滨湖景观魅力区。

一核：城市核心区。整合八里湖组团、十里组团与老城区组团，集聚区域公共服务职能，形成长江中游重要的商业商贸中心、金融商务中心，江西省重要的科教基地，九江市行政中心、文化与体育中心。

三片：城西片区、城南片区、城东片区。城西片区，整合城西港区、赤湖工业园区、港口街镇，形成全省重要的临港产业与先进制造业基地、保税物流基地和现代临港综合服务中心。城南片区，依托高铁站、赛城湖新区、柴桑城区，形成旅游服务基地和商贸物流基地、高新技术与战略性新兴产业基地。城东片区，依托鄱阳湖生态科技城研发资源，整合带动城东港区、姑塘产业区产业升级，建设成为石化产业基地、产业创新试验区、高新产业研发孵化区，面向庐山的旅游接待服务中心。

规划各类功能布局：

a. 产业空间布局

(a) 构筑五大产业平台

聚焦城西港产业平台、城东港产业平台、共青城-德安产业平台、永修产业平台、彭湖产业平台(湖口产业片区、彭泽产业片区)，强化先进制造业集聚效应，推动科技创新成果转化，打造长江中游地区的智造基地，发挥区域引领作用，实现产业升级。

(b) 现代服务业空间布局

八里湖新区：集聚商务金融、文化体育、行政办公、会议会展为主的现代综合中心。

鄱阳湖生态科技城：集聚新产业研发孵化、生态展示、产业创新等功能的科技研发创新中心。

赛城湖新区：集聚旅游休闲度假、健康养生、文化体验等功能的具有区域影响力的旅游服务中心。

共青城南湖新城：集聚教育培训、金融、文化创意设计、通用航空等现代服务业的文化创意中心。

(c) 旅游业空间布局

规划形成“一核、两圈、两带”的旅游功能格局。一核，建设九江文化休闲旅游核心区。两圈，打造环庐山旅游经济圈和庐山西海旅游经济圈。两带，打造沿鄱阳湖旅游经济带、沿长江旅游经济带。

b. 居住空间与公共服务中心

(a) 居住空间布局

优化居住空间布局，引导人口合理分布。中心城区总人口规模控制在 180 万人左右。其中,城市核心区人口规模约 89 万人,城西片区人口规模约 8 万人,城东片区人口规模约 32 万人,城南片区人口规模约 51 万人。

(b) 公共服务中心体系

构建市级主中心、市级副中心、组团中心三级中心体系。

市级主中心 1 个。由八里湖中心、十里中心与老城-浔南中心共同组成,是九江城市核心功能的主要承载区。

市级副中心 3 个。包括城西临港中心、芳兰中心、柴桑中心。

组团中心 6 个。除出口加工区组团与姑塘组团外,在其他就业居住组团内,各配置 1 处公共服务中心。

c. 绿地开敞空间

优化城市绿地布局,构建"一心七廊、多园网络"的绿地系统结构。

规划构建以"市级综合公园-区级公园-社区公园"三级体系为重点、专类公园为补充的城市公园系统。规划到 2035 年形成 18 处市级综合公园,因地制宜布置 21 处区级公园,建成一批服务半径 300～500 m,满足市民日常休闲、娱乐、健身需求的社区公园。

构建江湖相通、水城共生的城市蓝道网络,改善八里湖、甘棠湖、南湖、十里河等水体水质,提高赛城湖、八里湖、蛟滩河、沙河等水系的防洪与调控能力,营造多元化的城市滨水功能区。

d. 美丽乡村

结合乡村自然资源禀赋、社会经济发展水平、产业发展特点以及民俗文化传承等条件,按照环境美、生活美、产业美、人文美的基本内涵,将美丽乡村分为产业发展型、生态保护型、文化传承型、渔业开发型、环境整治型、休闲旅游型、高效农业型 7 种类型进行分类指引。通过加快基础设施向农村延伸、推动基本公共服务均等化、实施乡村人居环境综合整治、规范村民建房和健全乡村治理机制,加强乡村建设与治理。

七、庐山土地利用变化与人地关系

土地,对于任何社会经济活动来说都是必不可少的,因为任何社会经济活动都需要空间,而土地正好提供了这种空间。庐山是以自然与人文景观兼具的风景名胜区,除了城镇建设用地,还有大量的山地、河流、水域及散布于群山中的景点。人文地理学的实习需要从历史的角度,了解庐山土地利用的变化过程,同时,要对现状土地利用状况进行调查并填图。

1. 庐山土地利用变化

土地利用变化反映了社会经济的发展过程,庐山的土地利用变化格局反映了庐山的宗教、文化、别墅、旅游、城镇建设等方面活动。庐山的开发从早期的宗教活动到近代的别墅建设,再到现在的全方位旅游景区的建设,可以将庐山的土地利用变化大致划分为如下阶段。

(1) 早期以宗教活动为主的土地利用格局

随着东晋慧远禅师创净土宗,庐山成为中国重要的佛教中心,以及中外禅师的主要学术交流场所。宗教活动的兴盛推动了庐山南麓的寺庙、道观、书院等的建设。史料记载,熙怡大师在庐山弘法 40 年,"四方学者,擦肩继踵"。上弘和尚剃度的僧人多达 15 572 人。两宋之交、元朝末年、明末及太平天国革命等时期,庐山释道两教均遭到战乱袭扰,寺院大多毁于兵火。进入民国后,庐山寺院又有所恢复。可见,这一时期庐山土地利用主要是以宗教用地为主,且主要集中在山南。

(2) 近代以别墅建设为主的土地利用格局

历史的车轮驶入近代以后,庐山经过历代的开发,山南山北布满了佛寺、道观、书院、碑碣和历代名人的遗迹,留下了众多诗人的吟咏。庐山的常住人口也由原来的僧、道、尼而发展成为含有其他人员的社会公民,出现了庐山第一代居民。西方文化也开始渗入,影响这块古老的土地,使其意识形态发生了明显的变化。公元 1885 年,俄国商人最早登临庐山,并租用了庐山北麓北门山南的九峰寺。接着英国传教士李德立,租借了牯牛岭长冲地区。接踵而来的是美国传教士海格思,他租用了牯牛岭的医生洼地面,俄国东正教牧师尼娑盗买了芦林地区,法国人樊体爱租借了庐山狗头石地面等,庐山逐渐成为外国人的避暑居住区。1895 年,庐山被辟为英、俄、法等国的租借地。

强租长冲土地之后,李德立等人又组成牯岭公司,将长冲土地依据"规划",划号出售。经十余年经营,至 1905 年已初具规模,河东路、河西路沿长冲河谷展开。英国自然式园林沿着长冲河谷呈轴线铺展开,区内道路顺山势以石径铺就,纵横交错,体现出特有的繁荣。到 1933 年,牯岭别墅达 848 幢,形成了一个有欧洲、美洲、亚洲等 18 个国家的居民同住一山的小社会。1935 年底,国民政府收回牯岭租借地后,达官显贵,豪门富贾,纷纷到牯岭建房修路,创业经营,使这座钟灵毓秀的山城,逐渐成为庐山的中心,庐山的标志。此时牯岭的土地开发主要是西谷以民国政界要人或商界名流修建别墅为主,集中在东谷和西谷两条冲沟之上。但相对于东谷较为科学的土地利用规划,西谷的土地开发显得较为凌乱,相应的基础设施也不配套。在小天池附近,也出现了相对集中的较小的居民点。

(3) 新中国成立后庐山的土地利用变化

庐山解放后,国家没收了帝国主义和国民党的行宫别墅,接管了庐山的管理与开发。这一段时期庐山及牯岭镇的土地利用总体格局并没有太大变化。中央及地方部门纷纷修建了大量疗养院,主要集中于牯岭街附近。

改革开放以后,庐山旅游业得到了快速的发展,这也直接加速了庐山土地利用的变化。20世纪80年代，庐山编制了风景区总体规划，城镇建设及景区开发不断趋于科学。牯岭镇面貌变化很大，基础设施及配套服务体系不断完善，兴建了宾馆、医院等大型公共建筑设施，土地利用类型也不断多样化，成为整个庐山景区的经济、文化及旅游服务中心。

但由于规划控制不严，随着庐山常住人口的增加，这一时期大量的私人房屋、别墅也得以出现。新建的建筑大多集中在牯岭街附近，如医生洼一带，参差不齐的私人住宅不仅浪费了珍贵的土地，而且严重破坏了已有的自然、建筑、人之间和谐的格局。进入90年代后，旅游房地产项目也在庐山出现。如仰天坪一带的别墅开发，破坏了大片的植被，占用了大量的土地，呈现在眼前的却是一幢幢的“烂尾楼”。

庐山山下近年来也出现了大量的私建豪华别墅。庐山莲花洞森林公园位于庐山北麓，九江市南郊，交通便捷。这里峰峦叠翠，林木幽深，拥有好汉坡、莲花洞、龙门沟三大景区，史上莲花洞曾是儒、释、道、天主四大教派聚集之地。而近年来，一些人到这里违规圈地建房，山涧两边竖立起了一幢幢别墅，国家生态林环境遭到破坏。

2. 庐山人地关系

人地关系——也就是人与自然环境的关系，是人文地理学研究的核心内容之一。中国传统哲学强调“道法自然”、“天人合一”，实际上表达了对人与自然协调发展的追求。西方的人地关系理论主要有环境决定论（environmental determinism）、人地相关论（或然论，probabilism）、适应论（adjustment theory）、人类生态理论（human ecology）、文化景观论（cultural landscape）、生产关系决定论、环境感知论（environmental perceptionism）、文化决定论（cultural determinism）等观点。根据科学发展观及人本主义，对人地关系的理解不仅要关注环境对文化的影响，更强调文化对环境的影响、文化与环境双向作用的协调性。同时，这一环境应该包括自然地理环境和社会文化环境。

庐山的开发已有数千年的历史。从早期来看，尽管经历了多次战乱破坏使得庐山自然、人文环境受到很大影响。但是由于开发活动毕竟有限，而且寺院、书院等在选址时强调顺应地势、利用地形，自然资源及自然景观并没有受到很大的破坏。即使到了西方殖民文化入侵的近代牯岭西谷别墅建设时期，由于遵循了当时先进的田园城市及城市公园理论，别墅设计者及规划师本身就非常强调对自然环境的主动融合，更强调将自然环境引入居住建筑空间。并且，由于当时庐山的常住居民较少，且主要为西方贵族、国民党要员或富商，所以对自然环境的影响还是比较小的，开发强度也不高。

改革开放以后，尤其是进入20世纪90年代以来，国家将旅游业作为重点发展的产业，从而推动了庐山由单纯的面向部分人群的疗养胜地向服务于大众的旅游胜地转型。这一方面加速了庐山城镇化进程，改变了原先基础设施较差、配套服务差的格局，但另一方面却带来了新增的常住人口、大量服务人口及游客。并且，由于牯岭承担着庐山地区重要的经济中心及旅游服务中心功能,使得小小的牯岭街正面临着沉重的人口压力。

大量私人别墅及新的景点建设,忽视了与特有的自然地理环境和人文建筑文化相融合,正在对这一世界少有的融世界文化景观、地质公园为一体的人类遗产进行侵蚀与破坏。同时,日益增加的游客在为庐山旅游业带来繁荣的同时,也在加速影响着庐山原有的地域文化及空间景观。由于地处高山,水资源的缺乏是一个重要的问题,同时,废水的处理也是一个关键方面。

因此,从人地关系协调发展角度对庐山进行综合开发非常重要。首先要树立大旅游的观念,从整个九江地区考虑,以庐山为中心,将周边的鄱阳湖等景区有机整合起来,搞好景点建设及游览路线、旅客集散等问题。其次,庐山风景区范围内应严格禁止任何形式的破坏性开发。严格控制景区居民数量,应适当将现有牯岭镇居民向山下疏散。第三就是要加强现有近代别墅的保护性开发,既要发挥相应的经济效益,更重要的是要保护好这一人类共同的文化遗产。

第二节　人文地理学调查工作方法

综合人文地理学野外教学实习,不仅要观察和研究各种人文事象(事物和现象)的空间分布、组织结构、地域分异、演变规律,而且还要了解和认识地理环境要素对人类经济活动的影响,因此需要运用多种方法去进行分析和研究。

一、文献资料收集

这是对静态的人文地理信息资料的收集,主要分以下两个阶段来进行。

1. 实习准备阶段文献查阅

这一阶段主要是通过文献查阅,收集与实习地区有关的书籍、论文、图集、照片等基础资料。通过对文献资料的整理、阅读,以了解实习地区基本情况,形成对实习地区的初步认识,并确定需要继续深化调研的主要内容、实地考察的重点以及需要解决的问题。

2. 实习期间的资料收集

根据调研的需要,向有关部门收集有关资料。包括文字资料、统计数据和图形图像等。

文字资料,包括有关地方史志、政策文本、专项研究报告等,如地方志、城市规划说明书、社会经济发展报告、政府工作报告以及其他相关政策文件。

统计资料,包括统计年鉴和有关部门的统计报表。统计年鉴,既有综合性的统计年鉴,也有专项统计年鉴(如城市统计年鉴)。此外,有些部门(如交通部门、工商部门、计划生育部门等)的统计数据也有很重要的研究价值。对有关现象的历年统计数据的搜集、整理和分析,以及不同地区之间的横向比较,是了该地区社会经济发展过程、结构与特征的重要依据。

图形图像,包括纸质和电子的地形图、专项地图、规划图,以及反映人文地理特征的各种图片、图像等。有些图提供重要的城市人文地理信息,有些图则是进行进一步分析研究的基础底图(如地形图)。

二、座谈与访谈

座谈与访谈是通过他人间接了解地方信息的重要途径。包括向地方领导、熟悉情况的当地人员和有关专业人士学习和了解调研地区的情况。可以采取请人做报告和召开座谈会的方式,也可以采取个别访谈的方式。

座谈与访谈要注重计划性与开放性相结合。所谓的计划性,即要事先明确调研的目标,做好充分的准备工作,拟定调查提纲,清楚所要了解的内容,并且能够在调研开始之前让座谈和访谈对象对目的和内容有所了解。所谓开放性,即在调研过程中要充分利用面对面交流的互动性和灵活性,发掘新信息、新问题。

三、问卷调查

问卷调查一般包括抽样调查和随机调查。所谓抽样调查就是从调查对象的整体中选出一部分代表加以调查研究,用以说明整体的特性。其中关键是样本选择的过程,一种是根据研究任务的要求和调查对象的分析,主观地、有意识地在总体中进行选择;另一种是运用概率论,通过随机抽样选择样本。随机调查则不需要进行周密的样本选择。

问卷调查前期需要进行问卷设计。设计时需从被调查者的角度着想,并且充分考虑阻碍调查的因素(如被调查者的阅读能力、理解能力和表达能力),让问卷易于明白和便于回答。一般而言,问卷包括前言部分和主体部分。前言部分要对调查目的进行简单介绍,排除被调查者的心理疑虑,并注明调查单位。主体部分就是问卷的内容,一般有选择、填空和开放式问答题等形式。根据问卷调查的时间、地点和对象活动特征,选择便于开展调查的方式。一般而言,对于在行动中的游客进行的问卷,应该以简洁明了、易于作答的选择题为主。

四、实地考察

实地考察是观察认识世界,获取对调研地区感性认识的重要手段。在考察过程中,人们对人文地理现象的认识和理解,以及对认识的检验是同时进行的。例如,在庐山锦绣谷仙人洞一带,当观察到一棵松树傲然挺立在悬崖峭壁之上,下边谷中云团翻腾的时候,就更能体会"暮色苍茫看劲松,乱云飞渡仍从容"的意境;当仰望秀峰黄岩瀑布似银练飞舞的时候,"飞流直下三千尺"的感觉就会油然而生。因此,实地考察是任何从其他间接途径获取信息所无法比拟的,是非常重要的传统研究方法。实地考察一般分线路考察法和典型调查法。

1. 线路考察

根据实习内容要求选择具有代表性的考察路线,可分为综合性考察路线和专题性考察路线。综合线路考察主要观察沿线的自然地理景观和人文地理景观特征及其变化,要注意自然地理界限与自然景观的变化,特别是自然景观类型和文化景观的变化,这是人类活动与自然地理环境相互作用的反映。在考察过程中,既要观察人类对自然环境的改造、利用的积极成果,也要考察人类活动对自然环境破坏所引起的负面影响。专题性考察路线主要用于人文地理某项实习内容的专题考察,例如,旅游路线的专题考察,主要考察沿线的旅游资源数量、特征和组合状况,开发利用的程度和合理开发方向等。

2. 典型调查

典型调查是对某一具体问题进行定点考察。如对某一工厂企业的考察,主要考察厂址选择、原料、燃料、劳动力和市场等的指向性,以及生产过程和企业发展远景。又如对城市中商业-金融中心的职能调查等。通过典型调查,有利于对某个突出问题进行解剖分析。

五、遥感和GIS技术

现代科学技术的发展使人文地理学研究方法不断现代化。在教学实习中,主要是遥感技术的辅助应用。运用遥感技术对实习区域卫星影像的判读,利用地面波谱特性对地面物体的判别,进行农业土地分类、城市结构变化等研究。在人文地理学野外教学实习的室内总结阶段,利用GIS技术,对实习区域各种人文地理数据进行存储、处理和表达,能够更加快捷、直观地反映实习地区的人文地理特征。

六、智能化大数据技术

随着移动智能、传感器、5G技术等信息化技术的逐渐发展和普及,数据获取、存储、挖掘、应用技术日益智能化、自动化和信息化,由智能化设备记录、生产、存储的大数据具有海量化、无规则、结构复杂、类型多样的特征,这些大数据资源对新时代科学研究、舆情监督、国家治理能力现代化带来了诸多机遇和挑战。随着智能化大数据成为一种全新的资源、思维模式、商业服务技术、方法论和技术手段，大数据技术逐渐能够对庞大的数据进行模拟并分析，具有数据多、处理速度快、类型多、价值高和具有真实性的优点。在人文地理学野外数据采集和分析方面，运用穿戴设备、移动互联终端、信息发布技术（微博、微信、直播、自媒体）等新型智能化设备与技术，并可借助云平台、爬虫、信息抓取等技术可快速有效获取大体量、群体性、自主化的各类数据，经过数据清洗、信息脱敏、再组装等方法或技术手段，进一步获取传统人文地理学调查方法所难以掌握或涉及的信息。

思考题

1. 庐山、九江的区位条件分析。
2. 简述庐山开发过程。
3. 分析庐山发展与地理环境的关系。
4. 庐山文化景观的主要内涵有哪些？
5. 简述庐山别墅建设及特色。
6. 分析庐山别墅分布特征。
7. 简述庐山、九江城镇的主要特征。
8. 分析牯岭镇发展存在的问题和出路。
9. 分析庐山旅游发展的优势。
10. 试述庐山地区主要旅游资源特色。
11. 庐山发展旅游的瓶颈有哪些？
12. 庐山景区建设存在的问题和解决办法。
13. 仰天坪开发分析。
14. 庐山旅游产品存在的问题和出路。
15. 你认为庐山地区的旅游资源应怎样开发（含九江、庐山、鄱阳湖）？
16. 怎样协调山上山下的旅游线路？
17. 分析庐山人地关系经验和存在问题。
18. 分析庐山土地利用对环境的影响。

第十章 地理信息技术与“数字庐山”

地理信息技术是地理信息系统(GIS)、遥感(RS)、全球导航卫星系统(GNSS)、测量、数字制图,以及新一代地理信息云处理技术(Cloud - GIS)、地学传感器网络(GSN)等技术及其集成系统的总称。20 世纪 90 年代以来,以“3S”(GIS、RS、GPS)等技术为代表的地理信息技术,开始在地理野外综合实习中发挥着越来越重要的作用。一方面,地理信息技术成为支撑地理学综合实习的基础平台(数据采集、数据管理、空间分析、数字制图与实习成果分享);另一方面,地理信息技术服务于数字教学平台建设,支持网络环境下的虚拟仿真教学,构建起信息时代地理学野外综合实习的新模式,提高了教学质量,加强了数字成果建设与信息共享,得到广大师生的欢迎。

第一节 地图与地理学野外实习

在庐山地区开展地理学野外综合实习,学会阅读地图,特别是地形图,开展实地踏勘与专题填图,是地理综合考察与实习的一项基础工作,并贯穿于庐山实习的始终。通过野外地形图识图与填图实习,可以帮助学生掌握地形图使用和地理考察的基础技能,增强地理学专业综合素养。

一、地图是地理学的第二语言

地图以其特有的尺度和图形符号直观展现人类居住的地理环境(大到整个地球,甚至外星球,小到我们生活的居民小区),通过抽象、概括、转换等,直观展示自然界的时空现象,以及反映人类的政治、经济、文化、历史等各方面的活动。凡是具有空间分布特征的任何现象,不论具体或抽象,不分现实或假想,也不分过去与未来,皆可以地图来表达。从过去的二维平面地图,到现代计算机技术支持下的三维、动态、可交互,具有多媒体、超文本特征的新型数字产品,地图产品的样式、功能发生了巨大的进步。

地图与文字、数学等工具相类似,是一种描述空间关系与空间分布的图形语言,是地理学的第二语言。以下从现代地图的定义、特征、功能来做简单说明。

现代地图是根据特定的数学法则，将地球（或星球）上的自然和社会经济现象，通过制图综合，并以符号和注记缩绘在平面上的图像；这种图像能反映各种物体和现象在时空上的分布、组合与联系，揭示事物的发展和变化（马永立，1998）。

现代地图具有以下基本特征：

1）现代地图依据严密的数学法则开展实测制图或编绘成图。地图的数学基础主要包括建构大地基准测量控制基础［大地水准面（geoid）、参考椭球体］，以及测绘坐标系统（地理坐标系、平面直角坐标系、高程基准、大地控制点等）。同时，现代地图多采用地图投影法，将球面地物转绘在平面上。地图投影是依据地图精度与变形（长度、角度、面积等）要求，将不可展的地球曲面运用特定的数学方法展示到平面上，最终在地表面点与地图平面点之间建立一一对应的关系。现代地图就是基于以上数学基础与技术方法而开展科学制图，是测区一定比例尺下的正射投影产品（图像、图形）。因此，现代地图具有可量测性，即在图上可以测量地物位置、方位、距离、面积、体积等，但其精度主要取决于地图比例尺与制图方法等。

2）现代地图使用适当的图形符号（地图符号）与文字注记。地图具有信息载负和信息传输的功能，这些功能的发挥依靠一种的图形化语言——地图语言。无论是制图者将制图区域的地理环境信息存储在图上，还是将地图图面上所载负的信息反映给读图者，都要运用地图语言工具。地图语言由特殊的图形符号系统（图解语言，一般包括点状、线状或面状地图符号）和注记系统（文字语言）这两部分组成，两者有机结合，相辅相成。地图语言同样具有“写”和“读”的功能，“写”就是制图者运用一定的符号和注记把地理环境及地物特征（制图对象）表示在地图上，“读”就是读图者通过符号和注记的识读，认识制图对象。

3）现代地图在编绘过程中经过科学、美学的制图概括表达（制图综合），以反映制图区域的基本特征与主要特点。制图综合，又称地图概括，是地图制图的重要法则与手段之一，其实质是在有限的图面上表示出制图区域的基本特征和制图对象的主要特点。考虑到地面上的地理要素与现象种类繁多、形态各异，要全部表示到地图上是不可能的，需首先进行分类，并用符号加以表示。从地面资料到地图数据，完成地图制图的第一次综合（地理要素的分类、取舍选择与符号化）。同时，随着地图比例尺由大到小，图面上所能容纳的地物越来越少，必然要选择主要的、本质的加以表示，而舍弃次要的、非本质的，这就是从大比例尺地图到小比例尺地图的制图综合，包括地图图形概括、简化与抽象等工作内容。

4）现代地图是地理信息的载体，是科学产品也是艺术作品。“一图胜千言”，地图是地理空间信息的载体，具体是通过地图语言，将制图区域内的有关信息经过加工处理后存储在纸张（或计算机）中，地图存储的信息包括直接信息和间接信息。地图的信息载负量大，也是其他手段所无法比拟的。同时，相较于文字、表格、遥感影像(航片、卫片)、数学模型、物理模型等而言,地图集成了直观性、一览性、抽象性、可量测性、几何相似性等多种特性。此外,优秀的地图产品兼具科学性、艺术性相统一的特点,或者说是科学与艺术的结晶。地图的美,无论是传统的纸质地图,还是现代的数字地图,都不仅表现于地图外在形式的艺术性,而且也表现于它内在数据的科学性,前者是地图图形、色彩等物质属性所直接体现的美,而后者则是支撑开展地理定量分析与决策支持的坚实支撑。

从功能而言,一般认为现代地图具备地理时空模拟、地理信息载负、地理信息传输、地理空间认知等多种功能。

从分类来看,地图主要分为普通地图与专题地图两大类。

普通地图是指以相对均衡的详细程度,综合表现制图区域内各种自然和社会经济现象的一大类地图,其表达的地理要素主要有:地貌、水系、土质与植被、居民地、交通线、境界线、独立地物及其他等。普通地图一般包括以下几种类型:① 地形图,地形图是着重表现地形地貌的普通地图,其特点是地图比例尺构成系列,具有统一的大地控制基础、有统一采用的地图投影和分幅编号系统;在生产过程中均严格按照测图规范、编图规范和图式进行作业。② 平面图,不考虑地球曲率影响,把小块地区的地球表面(水准面)当作水平面,将地面上的地物按铅垂线投影到水平面上,用缩小的相似图形表示其平面位置及其相互关系所测绘的地图,称平面图。③ 地理图,指以高度概括的形式反映广大制图区域内最主要的地理要素和区域的重要特征的地图。

专题地图则是以普通地图为地理基础,着重表示制图区域内某一种或几种自然或社会经济现象的地图,主要由地理底图和专题内容构成。

二、地形图是地理学野外实习的基础地图

地形图是按一定比例尺表示地貌、地物平面位置和高程的一种正射投影图,是普通地图的一种。地形图一般由国家测绘机构统一负责制图与分发,因此又称国家基本比例尺地形图。中国国家基本比例尺地形图就是根据国家颁布的测量规范、图式和比例尺系统测绘或编绘的全要素地图,简称“国家基本地形图”、“基础地形图”。2017 年 10 月,中国发布了新版国家基本比例尺地图图式系列国家标准(标准编号:GB/T 20257.1－2017、GB/T 20257.2－2017、GB/T 20257.3－2017 和 GB/T 20257.4－2017),中国地形图在原有 1∶5 000、1∶10 000、1∶25 000、1∶50 000、1∶100 000、1∶500 000 和 1∶1 000 000 八种比例尺地形图基础上,又增加了 1∶500、1∶1 000 和 1∶2 000 三种大比例尺地形图。

国家基本比例尺地形图具有以下特征:① 以大地测量成果作为平面和高程的控制基础,并印有经纬网和直角坐标网,能准确表示地形要素的地理位置,便于地

物定位和图上量算；② 以航空摄影测量为主要手段进行实地测绘（大比例尺地形图）或根据实测地图编绘而成（中小比例尺地形图），内容详细准确；③ 地貌一般用等高线表示，能反映地面的实际高度、起伏状态，具有一定的立体感，能满足图上分析研究地形的需要；④ 有规定的比例尺系列；⑤ 有统一的图式符号，便于识别使用；⑥ 为保持地形图的现势性，规定定期更新。

地形图又可按其比例尺范围，划分为大比例尺地形图（1∶5 000～1∶10 万）、中比例尺地形图（1∶25 万～1∶50 万）和小比例尺地形图（小于 1∶100 万）三类。由于比例尺范围不同，其用途与功能也具有一定差异。其中，大比例尺地形图中大于等于 1∶1 万比例尺的地形图多为航测直接成图或地面实测成图，表达地物的精细程度最高。在大比例尺地形图上，可以直接量取各种精确的数据，并能在图上进行规划设计，可作为专业调查和填图的工作底图和编制专题地图的底图；在军事上，大比例尺地形图是指挥人员组织战斗或战役中不可缺少的工具。由此可见，大比例尺地形图由于其数据精度高、资料更为翔实准确，因此往往具有较高的科学意义与应用价值。

地形图是经济建设、国防建设和文教科研的重要图件，又是编绘各种地理图的基础资料，其测绘精度、成图数量和速度等是衡量国家测绘技术水平的重要标志。地形图的一般用途包括：① 用于全面了解研究区域概况；② 提供基础地理资料和数据；③ 地学野外工作的基本工具；④ 作为填绘地学野外考察内容的工作底图；⑤ 编制专题地图的底图。在地理学野外考察中，地形图发挥着重要的作用，一般也是地理考察的基本工具和工作底图。

同时，所有地形图都具有一定保密性，需要重视，以确保地图的规范使用与安全。根据《中华人民共和国测绘法》《地图管理条例》和《测绘管理工作国家秘密范围的规定》等法规，对相关比例尺地形图产品有如下规定：① 1∶2.5 万、1∶5 万和 1∶10 万的地形图，属于机密级国家秘密；② 1∶50 万、1∶25 万和 1∶1 万的地形图，属于秘密级国家秘密，涉及军事禁区的密级则更高；③ 由于地形图具有较强的稳定性，长时间关系国家安全和利益，保密期限均设定为长期；④ 1∶1 万、1∶5 万全国高精度数字高程模型，属于绝密级国家秘密；⑤ 地形图保密处理技术参数及算法，属于绝密级国家秘密。

三、地形图的基本内容

地形图与其他普通图一样，在其图面上，主要由三大要素组成，即：地理要素、数学要素和辅助要素。

1. *数学要素*

数学要素是地图的数学基础，是一切现代地图的基本要素，地图的精度首先是由地图的数学基础决定的,地图上各种地理要素的空间位置与几何形状也取决于数学基础。数学要素包括坐标网、控制点、比例尺和定向指标线(真子午线、磁子午线和坐标纵线)等。其中,坐标网是编制地图时作为绘制地图内容的控制网格,阅读地图时又可依据它确定地面点的位置和进行各种量算。坐标网又包括地理坐标网和平面直角坐标网,在大中比例尺地形图上,一般都重点绘制平面直角坐标网。平面直角坐标网,又称方里网(公里网),它由平行于投影带中央经线和平行于赤道的横坐标线构成,用于准确指示点位,快速量测方向和计算距离。我国地形图一般采用高斯-克吕格投影(图 10-1),图上的平面直角坐标网根据高斯平面直角系构成,主要在 1∶1 万～1∶25 万地形图上使用。

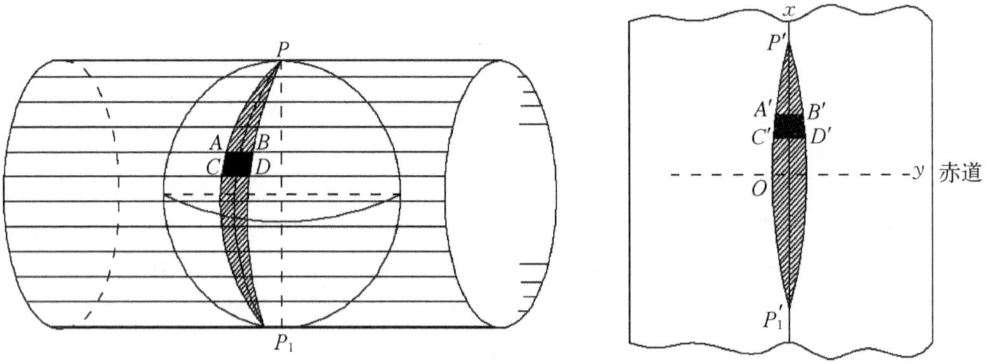

图 10-1　高斯-克吕格投影(横轴等角切椭圆柱投影)示意图

2. 地理要素

地理要素是地图描绘的主题内容,按其性质可分以下两大类。

1) 自然地理要素：涵括成图区的地理景观和自然条件的各种要素(水、土、气、生;地下、地上、大气),具体包括地形地貌、水系、气象、气候、土壤、土质、地质、地球物理、植被、动物、自然灾害等地理要素,其中尤以地形地貌、水系等要素表达为重点,特别是采用等高线等方式详细表示地形的高低起伏与地貌单元分布。

2) 人文社会要素：包括人类社会活动所形成的经济、文化,以及与此相关的各种人文现象等,具体包括行政区划及境界线、聚落(城市、乡村)、人口、交通、产业(工、农、商)、基础设施(电、水、能源、通信等)、政治、军事、外交、旅游、区域规划、城市管理、环境保护、卫生防疫、历史文化、语言、民族、文化交流、学术研究等丰富多彩的主题要素。

在地形图上,主要以地貌、水系、土质与植被、居民地、交通线、境界线、独立地物及其他等为主,均衡地表达自然地理与人文社会要素,如图 10-2 所示。

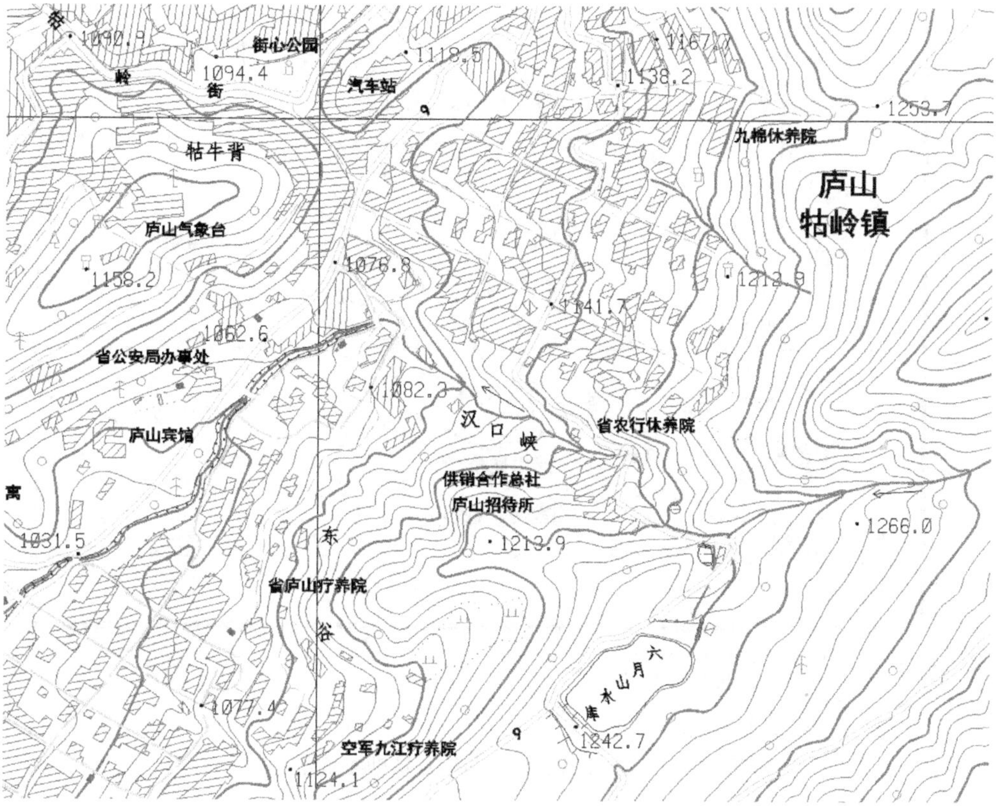

图 10-2　地形图图面均衡表达自然地理要素与人文社会要素

3. 辅助要素

辅助要素则指地图图廓上及其以外的有助于读图、用图的辅助性内容，主要包括图名、图例、接图表等(图 10-3)。

1) 读图工具：图名、图号、图例、比例尺(数字式、图解式)、坡度尺、三北方向图、图幅结合表、区划略图、其他。

2) 参考资料：文字性说明，对编图等情况做简略说明，具体包括编图及出版单位、航测、编图及出版时间、地图投影、坐标系、高程系、资料说明、其他。

四、地形图分幅与编号系统

一般而言，对于各种比例尺的地图，除相对于某一区域的一览图能以一幅涵盖全区外，其余的都因某种需要而将制图区域划分为若干块，分别绘制在适合制图与用图的统一大小幅面上，并以一定规则编注每幅地图的编号。这种按照一定幅面大小将某种比例尺地图所包含范围内的图幅划分为若干幅面，并编注编号的做法，

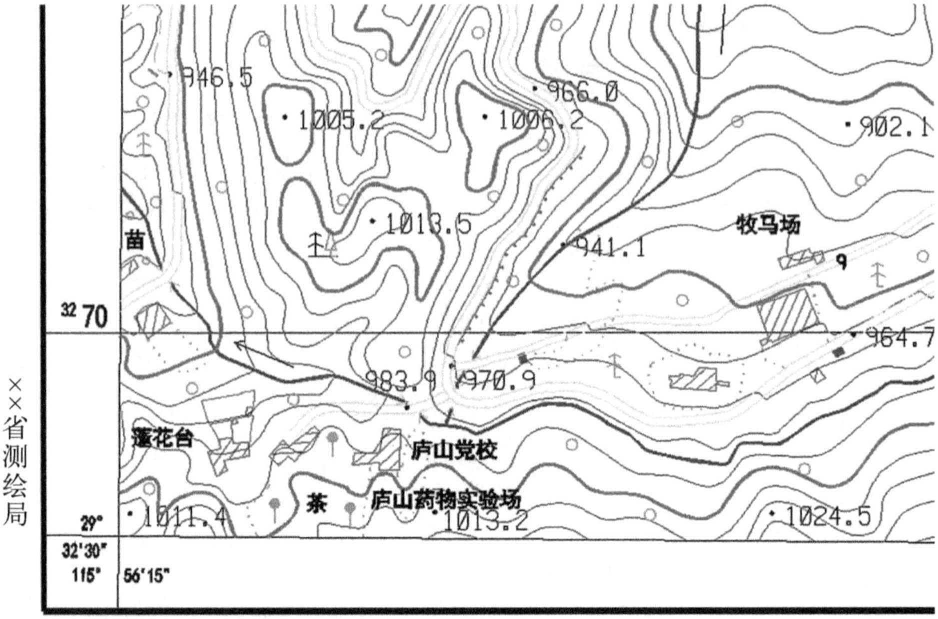

2003年10月航摄，2006年9月调绘。
1993年版图式，2006年11月成图。
1980西安坐标系。
1985国家高程基准，等高距10米。

图 10-3　地形图的坐标网格及辅助要素示意图

称为地图分幅编号。

国家标准《国家基本比例尺地形图分幅和编号》是国家基本比例尺地形图绘制的基本要求之一，也是我国基础地理信息成果生产的主要依据。自 1992 年以来，我国已颁布两套国家基本比例尺地形图分幅和编号的相关标准。目前我国现有地形图的分幅编号，大体可分三个时期：① 截至 1990 年国家基本比例尺地形图的分幅编号；② 1992 年颁布国家基本比例尺地形图的分幅编号，按照《国家基本比例尺地形图分幅和编号(GB/T 13989－1992)》标准执行；③ 2012 年颁布国家基本比例尺地形图的分幅编号，按照《国家基本比例尺地形图分幅和编号(GB/T 13989－2012)》执行。在地理学野外实践教学中，需要申请相关地形图时，需要按不同时期，分别遵照相关规范，去查找相关地形图图幅。例如，在申请使用 20 世纪初的庐山地区地形图时，应按后两套标准开展计算，牯岭镇 1∶1 万幅地形图，其图号即为 H50G059032(计算方法见后)。

总体而言，1992 年以来，中国国家基本比例尺地形图的分幅与编号系统基本一致，2012 年新颁标准增加了关于 1∶500、1∶1 000 和 1∶2 000 三种新增比例尺地形图的分幅和编号说明。

1. 国家基本比例尺地形图的分幅编号(1992 年以来)

《国家基本比例尺地形图分幅和编号(GB/T 13989－2012)》明确规定，我国基本比例尺地形图均以 1∶100 万地形图为基础，按规定经差和纬差划分图幅。其中，1∶100 万地形图分幅采用国际百万分一地图分幅标准。每幅 1∶100 万地形图的范围是经差 6°、纬差 4°；在南北纬度 60°～76°，则为经差 12°、纬差 4°；在南北纬度 76°～88°时，选择经差 24°、纬差 4°为分幅依据。据此，根据庐山地区的地理范围(东经 115°52′～116°13′，北纬 29°22′～29°26′)，可查知，其所在 100 万分之一地形图编号为 H50。

各种比例尺地形图的分幅均以 1∶100 万地形图为基础图。每幅 1∶100 万地形图，按经差 3°、纬差 2°，分为 2 行 2 列，划分为 4 幅 1∶50 万地形图；按经差 1°30′、纬差 1°，则分为 4 行 4 列，共 16 幅 1∶25 万地形图……依次类推，按经差 3′45″、纬差 2′30″，则分为 96 行 96 列，共 9 216 幅 1∶1 万地形图，如此还可进一步细分为 36 864(192×192) 幅 1∶5 000 地形图、331 776(576×576) 幅 1∶2 000 地形图、1 327 104(1 152×1 152) 幅 1∶1 000 地形图和 5 308 416(2 304×2 304) 幅 1∶500 地形图(图 10－4、表 10－1)。

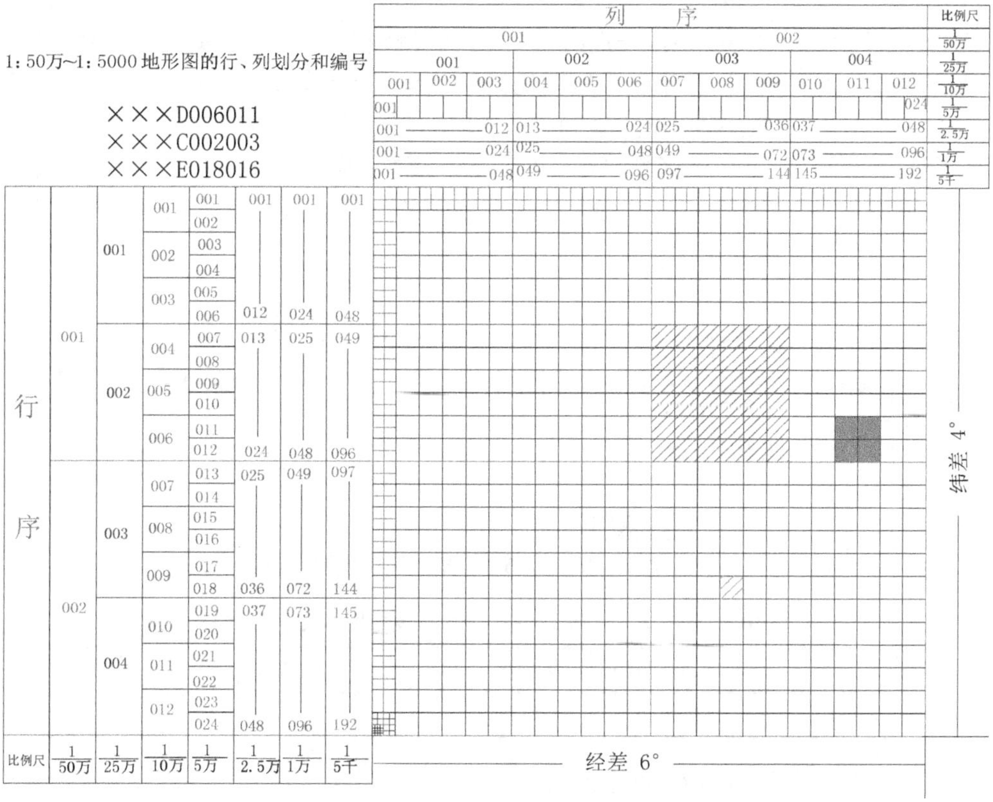

图 10－4　中国 1∶50 万～1∶5 000 地形图的分幅方法图示

表 10－1　国家基本比例尺地图的分幅范围及比例尺代号

比例尺	图幅大小		比例尺代号	1∶100 万图幅包含该比例尺地形图的图幅数(行数×列数)	某地图图号
	经差	纬差			
1∶500 000	3°	2°	B	2×2=4 幅	K51B002002
1∶250 000	1°30′	1°	C	4×4=16 幅	K51C004004
1∶100 000	30′	20′	D	12×12=144 幅	K51D012010
1∶50 000	15′	10′	E	24×24=576 幅	K51E020020
1∶25 000	7.5′	5′	F	48×48=2 304 幅	K51F047039
1∶10 000	3′45″	2′30″	G	96×96=9 216 幅	K51G094079
1∶5 000	1′52.5″	1′15″	H	192×192=36 864 幅	K51H187157
1∶2 000	37.5″	25″	I	576×576=331 776 幅	K51I510150
1∶1 000	18.75″	12.5″	J	1 152×1 152=1 327 104 幅	K51J01000150
1∶500	9.375″	6.25″	K	2 304×2 304=5 308 416 幅	K51K01200130

同时,定义各大中比例尺地形图(1∶50 万～1∶5 000) 的图号,均由五个元素,共 10 位数字码组成。自左向右,分别由 1∶100 万图幅行号码(1 位,英文字符号)、1∶100 万图幅列号码(2 位,数字码)、地图比例尺代码(1 位,英文字符码)、所在比例尺图幅行号码(3 位,数字码)和图幅列号码(3 位,数字码)(图 10－5、表 10－2),由此,通过计算可知,庐山地区牯岭镇 1∶1 万地形图的图号为 H50G059032(算法见后)。同时,1∶2 000、1∶1 000、1∶500 地形图的编号方法略有不同,可详参国标 GB/T 13989－2012。

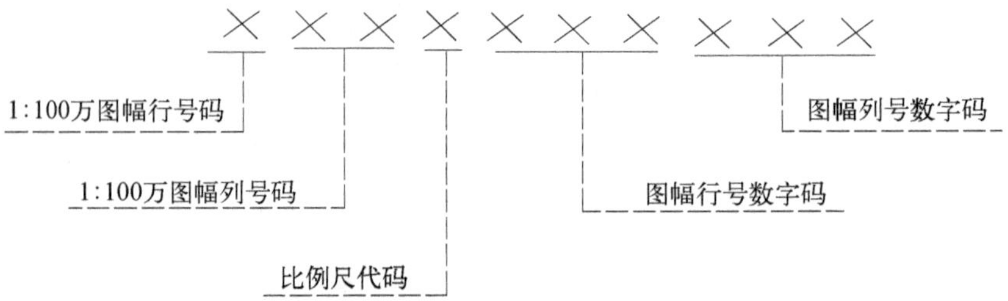

图 10－5　中国 1∶50 万～1∶5 000 地形图的图号组成(10 位码)

表 10－2　中国 1∶50 万～1∶5 000 地形图的比例尺代号

比例尺	1∶50 万	1∶25 万	1∶10 万	1∶5 万	1∶2.5 万	1∶1 万	1∶5 千
代　码	B	C	D	E	F	G	H

2. 地形图分幅编号的计算方法

根据上述国家标准,经过计算,可由已知某地地理坐标来计算某一比例尺地形图的图号，或者根据已知地形图图号，来计算该图幅所涵括的图幅经纬度范围。这两类计算在实际应用中非常有用，在此做如下简要说明。

1）由已知某地的经纬度(λ, φ)或图幅西南图廓点的经纬度，计算该地所在某比例尺地形图的图号。

例：某地(庐山大月山水库)所测地理坐标，经度为 115°59′05″，纬度为 29°33′52″，计算其所在 1∶1 万地形图图幅的编号。

计算方法如下：

① 第一步，根据下式计算该地所在 1∶100 万地形图的图号。

$$h=\left[\frac{\varphi}{\Delta\varphi}\right]+1$$

$$l=\left[\frac{\lambda}{\Delta\lambda}\right]+31$$

式中，h、l 分别为 1∶100 万图幅所在行号与列号。λ 和 φ 分别为某地的经度和纬度，$\Delta\lambda$ 和 $\Delta\varphi$ 为百万分一地形图图幅的经纬差，[ ] 为商取整运算符号。式中，在计算列号 l 时，如果是位于西半球的地点，则加 1，而不是 31。

根据上式，把庐山大月山水库所在经纬度数据代入计算：

$$h=\left[\frac{29°\,33'\,52''}{4°}\right]+1=8$$

$$l=\left[\frac{115°\,59'\,05''}{6°}\right]+31=50$$

因此，该地所在 1∶100 万地形图的图号为 H50(行号为 8，对应英文字母码为 H)。

② 第二步，根据下式，计算所求比例尺地形图在 1∶100 万图幅划分网格中的行、列编号(h'、l')。

$$h'=\frac{\Delta\varphi}{\Delta\varphi_i}-\left[\left(\frac{\varphi}{\Delta\varphi}\right)\Big/\Delta\varphi_i\right]$$

$$l'=\left[\left(\frac{\lambda}{\Delta\lambda}\right)\Big/\Delta\lambda_i\right]+1$$

式中，h'、l' 分别为所求比例尺地形图在 1∶100 万图幅划分网格中的行、列编号；λ 和 φ 为某地的经度和纬度；$\Delta\lambda$ 和 $\Delta\varphi$ 为百万分一地形图图幅的经纬差；$\Delta\lambda_i$ 和 $\Delta\varphi_i$ 分别为所求比例尺地形图图幅的经度差和纬度差；[ ]为商取整运算符号；( )表示商取余值。

根据上式，把所在经纬度数据，以及 1∶1 万地形图经度差 $\Delta\lambda_i$ 为 3′45″，纬度差 $\Delta\varphi_i$ 为 2′30″，代入计算：

$$h'=\frac{4°}{2'30''}-\left[\left(\frac{29°33'52''}{4°}\right)\Big/2'30''\right]=96-\left[\frac{1°33'52''}{2'30''}\right]=96-37=059$$

$$l'=\left[\left(\frac{115°59'05''}{6°}\right)\Big/3'45''\right]+1=\left[\frac{1°59'05''}{3'45''}\right]+1=\left[\frac{7\,145}{225}\right]+1=032$$

综合以上,可知庐山大月山水库所在的 1∶1 万地形图编号为 H50G059032。

2) 已知地形图图号,计算该图幅所在经纬度范围。

同理,可根据已知比例尺地形图的图号,反推算出该图幅西南图廓点的经纬度,进而计算该图幅所在经纬度范围。具体算法可参见相关教材,本书从略。

五、地形图在地理考察中的应用

利用地形图进行野外地理考察,是地理工作者必须掌握的基本技能,进行地理野外工作,要在实地使用地形图,掌握包括地形图野外定向、实地读图、实地对照读图、特征地貌识别等基础能力。

1. 地形图野外定向

地形图野外定向就是使地形图的方向与实地一致,图上地物符号与地面上相应的物体方向对应。野外识图时,可采用的定向方法包括利用罗盘与地形图磁子午线进行定向(图 10-6)、利用地图上的直长地物对应实地进行定向(图 10-7)以及利用明显地形标定方向(图 10-8)等主要方法。

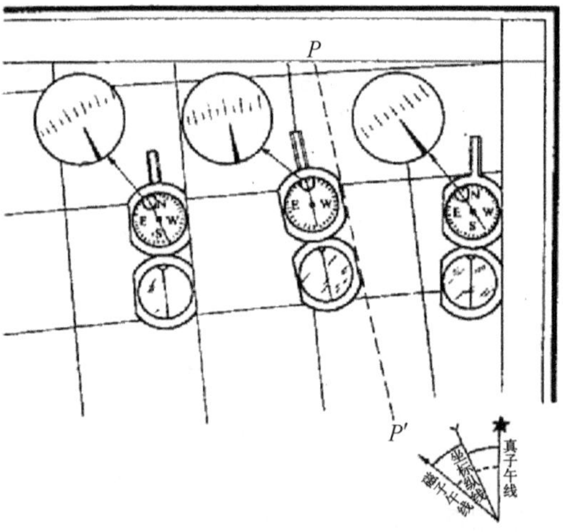

图 10-6 利用罗盘和磁子午线定向

图 10-7 利用直长地物定向

如图 10-8 所示,利用明显地形标定方向时,首先确定站立点在图上的位置(如图中桥的一头),然后,根据视线所及的明显方位物(三角点、独立树、水塔、烟

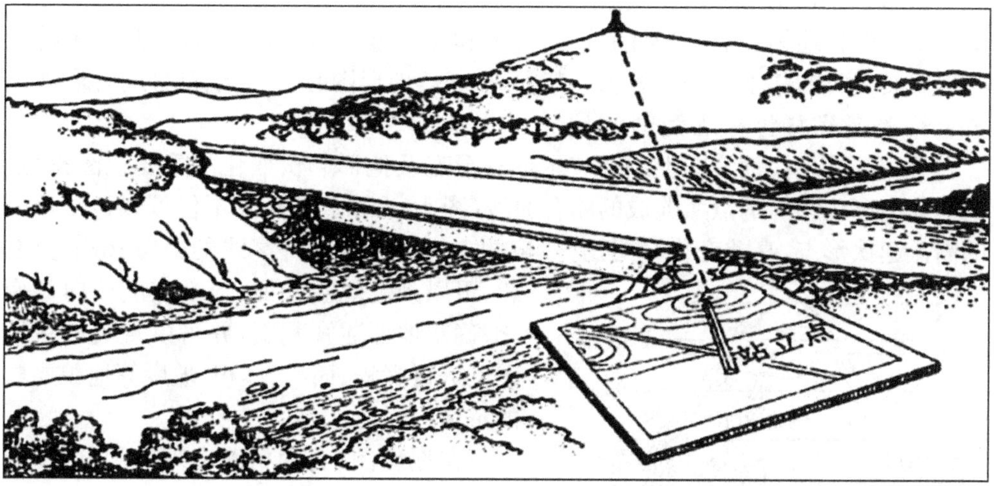

图 10-8　利用明显地形在地形图上标定方向

囱、道路交点、桥涵等)，对照实地与地图，进行地形图定向。具体做法是先将直尺贴放在图上的站点和某一方位物的连线上，然后转动地形图，当直尺照准线通过地面的相应方位物(图中三角点)时，则地形图已定向好。

2. 实地对照读图

实地对照读图，就是将地形图上各种地形地物符号，与实地相应地形、地物进行一一对照，把学到的东西，与实地结合起来。地形对照的原则：先特殊后一般、先大后小、由远及近、由点到面综合对照。

地形图识图，主要根据地形图图式(表 10-3)，首先在内业开展读图。地形图图式规定了国家基本比例尺地形图、电子地图等地图表示的各种地物、地貌要素符号和注记的颜色、规格，使用的原则、要求，以及地图整饰等相关技术要求。

表 10-3　中国已颁行的地形图图式规范

类　型	名　　称	国标体系编号
地图图式	国家基本比例尺地图图式 第 1 部分：1∶500、1∶1 000、1∶2 000 地形图图式	GB/T 20257.1-2017
	国家基本比例尺地图图式 第 2 部分：1∶5 000、1∶10 000 地形图图式	GB/T 20257.2-2017
	国家基本比例尺地图图式 第 3 部分：1∶25 000、1∶50 000、1∶100 000 地形图图式	GB/T 20257.3-2017
	国家基本比例尺地图图式 第 4 部分：1∶250 000、1∶500 000、1∶1 000 000 地形图图式	GB/T 20257.4-2017

以 GBT 20257.2－2017 为例,该标准图式规定了 1∶5 000、1∶10 000 地形图上表示的各种地物、地貌要素的符号、注记和图幅整饰内容,以及在绘制地图符号与地图阅读时的基本方法与要求。其中,在阅读地形图时,等高线符号最为重要。

3. 等高线与特征地貌识别

等高线是现代地形图上一种表示地貌形态及地形起伏变化的重要地图符号,是地面上高程相等的点所连成的闭合曲线(图 10－9)。等高线不仅可以显示地面的高低起伏形态、高差变化,并且有一定的立体感。根据等高线的分布、密度及变化,可以判定地貌特征、地面坡度坡向及变化、确定地形通视范围,并可以直观地在地图上进行高程、面积、体积、坡度等地貌要素的量算。

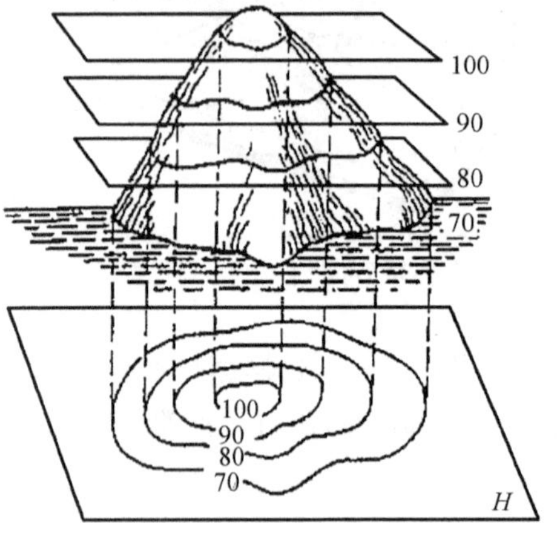

图 10－9　等高线绘制原理

在地形图上,为精确表现地貌,便于测图和用图时计算高程,将等高线主要分为以下四种。

1) 首曲线:又称基本等高线,即按相应比例尺地形图所规定的基本等高距,由高程基准面(0 m)起算而测绘的等高线,如 1∶5 万地形图上首曲线为 0 m、10 m、20 m、30 m……,图上用 0.1 mm 细线表示(图 10－10)。

2) 计曲线:又称加粗等高线,为读图时判读等高线高程方便和使加粗等高线为整米数,由零点起算,每隔 3 根或 4 根首曲线加粗描绘的首曲线,称为计曲线,如 1∶1 万地形图上首曲线为 50 m、100 m、150……,图上用 0.2 mm 粗线表示(图 10－10)。

3) 间曲线:又称半距等高线,当用首曲线难以表示某些重要的地形碎部(如小山头、阶坡、鞍部等)时,则采用 1/2 等高距的等高线予以补充描绘,图上用 0.1 mm 细长虚线表示。

4) 助曲线:又称辅助等高线,当首曲线和间曲线都不能显示出某些重要的微地貌时,则采用 1/4 等高距的等高线予以辅助描绘,图上用 0.1 mm 短虚线表示。因间曲线与助曲线只用于局部地段,所以无须像首曲线那样一定要自身闭合。

等高线的特性包括:① 同一条等高线上各点的高程相等,各同名等高线的高程亦相等。② 等高线是闭合的连续曲线,只在图幅边缘才断开;若不在本图幅内闭合,则必然在相邻图幅内闭合。③ 除悬崖、绝壁外,不同高程的等高线不能相交。④ 在比例尺和等高距相同条件下,等高线越疏,则地面坡度越平缓,反之则越陡;等高线平距相同,则地面坡度相等。⑤ 等高线与山脊线、山谷线成正交,并分别向山脊线降低和山谷线升高的地方凸出。⑥ 等高线间最短距离(即垂直于两条

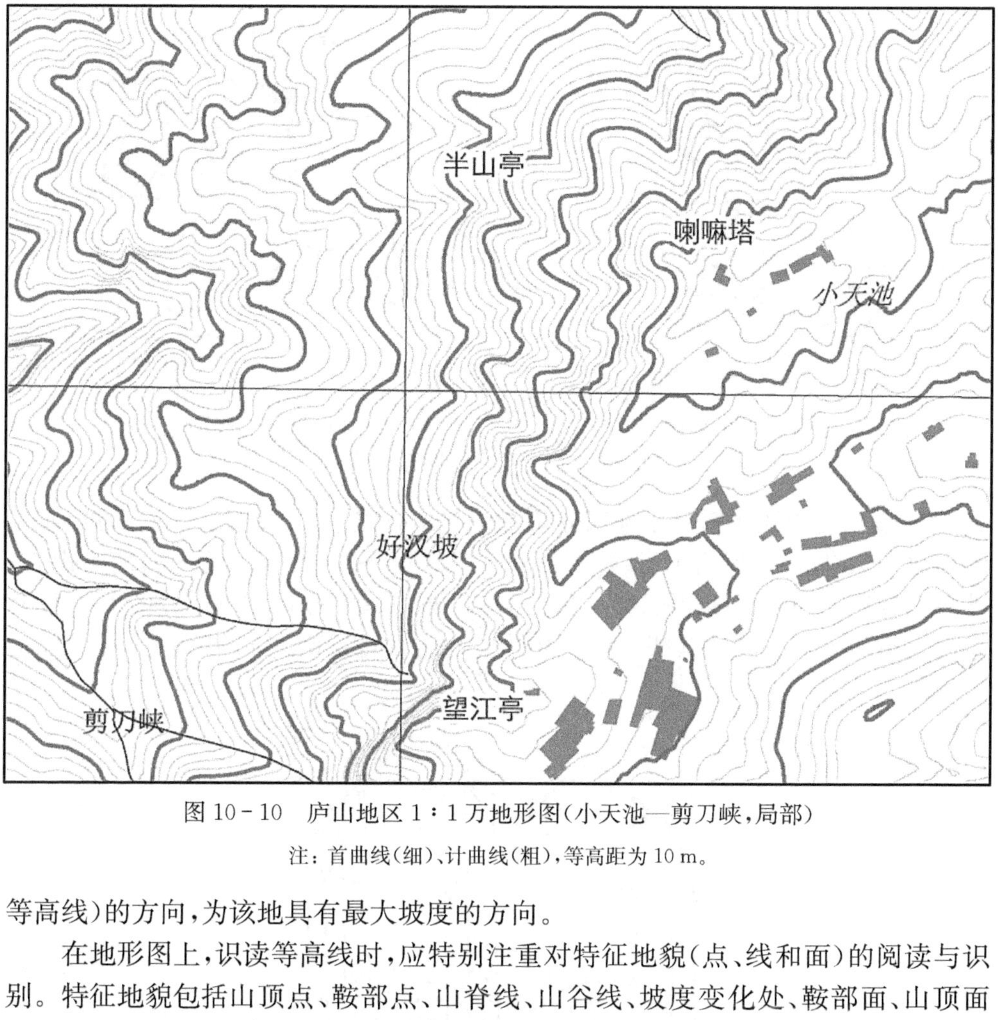

图 10 - 10　庐山地区 1∶1 万地形图(小天池—剪刀峡,局部)

注：首曲线(细)、计曲线(粗),等高距为 10 m。

等高线)的方向,为该地具有最大坡度的方向。

在地形图上,识读等高线时,应特别注重对特征地貌(点、线和面)的阅读与识别。特征地貌包括山顶点、鞍部点、山脊线、山谷线、坡度变化处、鞍部面、山顶面等。阅读时,注意区别山头与洼地,两者的实际地形形态相反,但在地形图上容易混淆,从等高线分布来看,山头在地形图上,越向中心海拔越高[图 10 - 11(a)],洼地则反之;如地形图上加绘了示坡线[图 10 - 11(b)],示坡线指向低处,便于区分。

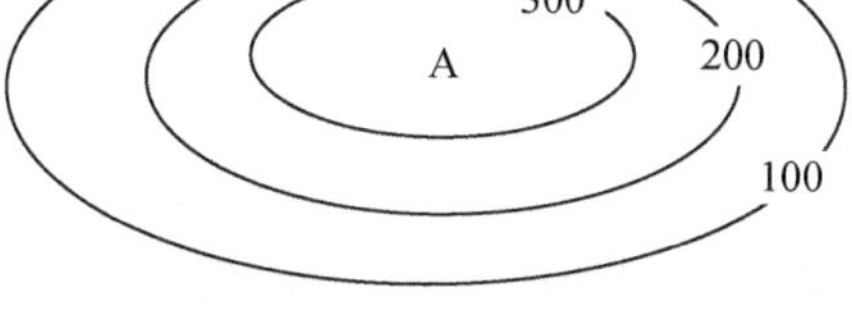

(a) 山地（山头）

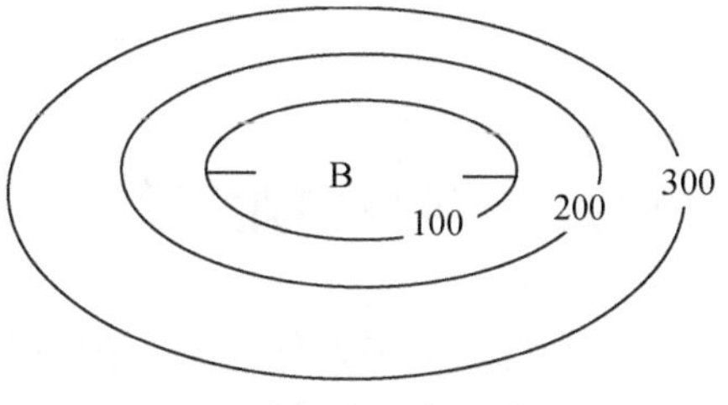

(b) 洼地（盆地）

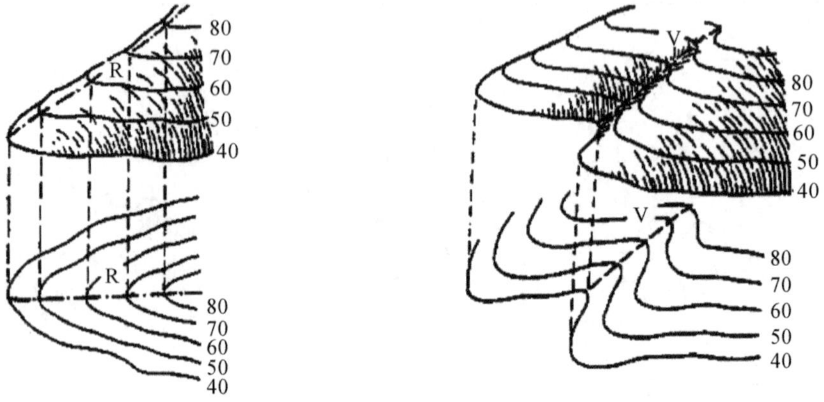

(c) 山脊与等高线　　(d) 山谷与等高线

图 10－11　不同地形等高线

同时,在地形图上需要正确区分山脊线与山谷线。山脊线是向一个方向延伸的高地,其最高棱线称为山脊线[图 10－11(c)]。两个山脊之间的凹地为山谷,其最低点连线为山谷线[图 10－11(d)]。此外,需能识别地形鞍部(图 10－12),鞍部是指两个山头间的低凹处(图中的"S"),往往也是两个山脊和两个山谷的会聚处。

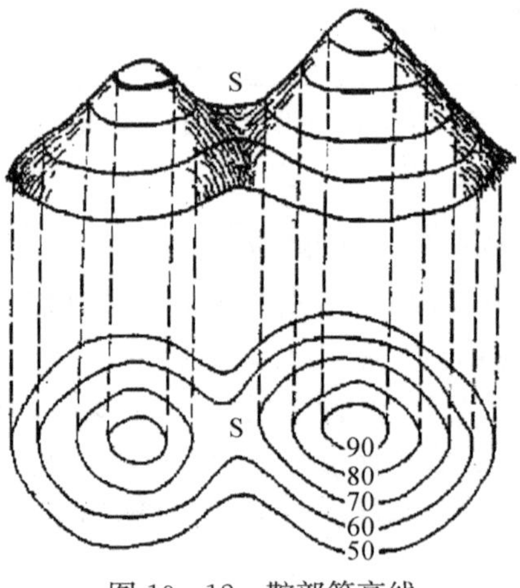

图 10－12　鞍部等高线

六、野外填图与内业工作

野外填图是指在野外将调绘内容(地理要素),用地图符号与注记文字标绘在地图上。填图要求为标绘内容清晰易读,定位准确、表达简明。

在庐山野外地形图识图与填图(图 10 - 13)作业中,学生需要学会正确阅读地图,并能利用地形图开展野外考察与填图作业。具体工作内容包括:选择野外考察路线,沿途考察地形地貌与其他地理现象,实地对照,全面观察,阅读地图内容各要素及其表示方法,学会在实地正确认识并应用地形图,掌握野外定向、定位以及实地地物与地貌类型的识别及其在地形图上的对应关系。通过沿途观察和记录,填绘周边区域的地理要素分布(如土地利用、植被、土壤分布等)。

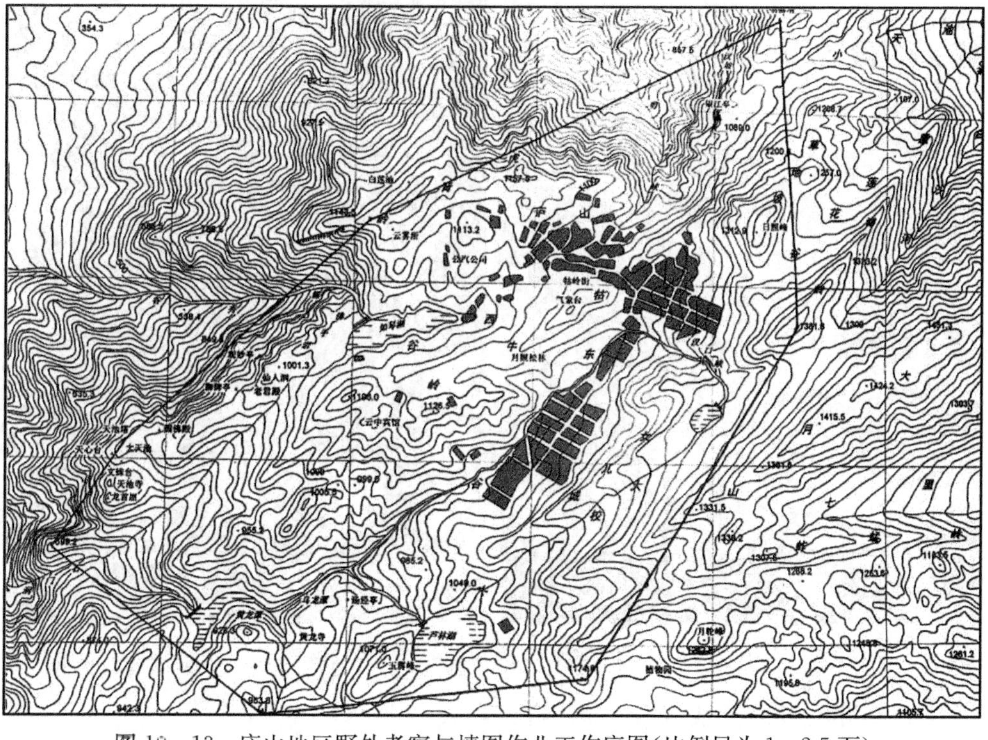

图 10 - 13　庐山地区野外考察与填图作业工作底图(比例尺为 1∶2.5 万)

注:范围及高程点:喇嘛塔—白莲池—1 143.5—天池塔—699.2—963.8—1 174.8—1 381.6 m。

通过野外选线与填图作业,着力培养学生以下能力:① 锻炼地理学野外工作能力,培养团队协作精神,提高学生的综合分析与科学研究水平;② 复习与巩固已有实习内容;③ 培养地图识图与制图能力,展示考察区地理要素空间分布特征。

庐山野外填图训练工作有以下具体要求:① 组建跨专业分组,每组 6～7 人,开展分工协作;② 准备地形图底图及野外工具仪器,如 GPS、罗盘、地形图、旅游图、手机 APP“奥维互动地图”、“户外助手”(图 10 - 14)等;③ 各组自主选线,安排好时间、交通方式,针对地理填图范围,开展野外综合考察,做好野外记录;④ 在内业阶段,小组合作,完成专题填图作业(图 10 - 15)。

地理考察与野外填图作业的具体内容,包括以下部分。

图 10 - 14 野外填图辅助 APP(户外助手)

1. 使用地形图开展野外定向、定点与定位训练

1) 在野外结合 GPS、罗盘仪,利用地图进行定点定位和定向,用罗盘仪来确定地形图上的北方对应实地的北方,使地形图与实地完全吻合。

2) 地形图上已绘出的具有明显特征的,并与实地能相对应的点,称为已知点(包括地貌特征点、突出独立地物点等),准确地判定这些点位是野外阅读地形图的重要依据,也是实地填图和现场定位的控制点。

3) 定位。将人在实地的位置正确地标定在图上,这是野外用图最基本的方法。具体的定位方法有追踪法、交会法(前方交会、后方交会法)、方向距离法、GPS定位法等。

4) 利用 GPS 采集沿途观测点或重要地物点的坐标数据。

2. 实地对照读图,利用地形图判识地物、地貌类型,观察人文地理要素的变迁

1) 利用地形图,综合运用地理学知识,沿考察路线确定沿途地物和地貌类型。

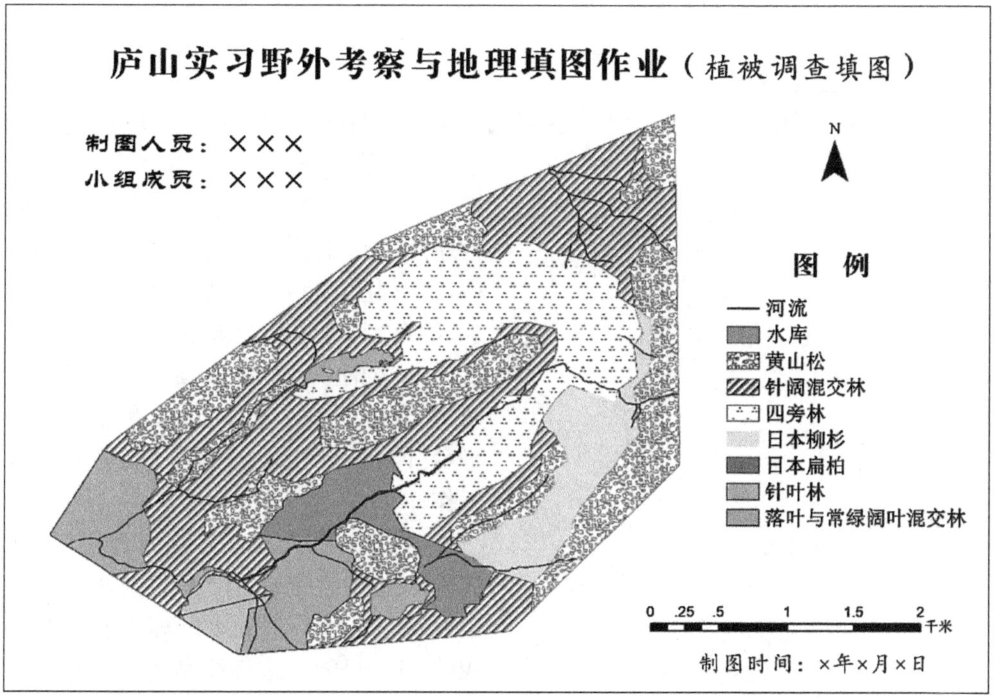

图 10－15　庐山地区野外考察与填图作业成果样图(比例尺为 1∶2.5 万)

注：以植被调查填图为例，据 2018 年南京大学实习队第二组同学制图改绘。

2）掌握等高线读图基本知识，学会实地判识山顶、山脊、山谷、鞍部等地形部位。

3）重点分析周边区域的地形地貌及重点地段的自然/人文地理格局。

4）同时，注意观察周边区域社会人文要素的变迁，如城镇、交通线（铁路、公路等）、水系、工矿、旅游景点及土地利用格局等。

3. 以庐山地形地貌、植被分布等为主题，开展野外调查分析与制图作业

1）设计和学会运用各种地图符号。

2）利用罗盘、GPS 等测定或按地物相关位置，确定填图对象的方位。

3）依照地图比例尺，以观察站立点作方位控制，将填图对象用相应符号填绘于地形图上，依据地物分布的地形部位，按地形勾绘出地物分布的范围界线。

4）初步整理手工绘图成果，并在内业完善，学会使用 GIS 软件编绘野外调查成果数字地图。

同时，在野外考察过程中，要求各组考察路线选择时，需完成 3 个地貌点位（清静阁、观云亭、大校厂剖面）打卡记录；野外填图时，需按地理要素类别，分别对地貌、植被（遥感辅助填图）、土壤类型三类自然地理要素进行调查，并将野外观察结果彩绘在纸质工作底图上；对于人文地理要素，庐山旅游资源单体调查表（发放纸

质表格),每组需要填写调查表,并将本组调查的旅游资源单体资源的点位标绘在工作底图上。

4. 地形图室内作业

地形图在不仅在野外应用广泛(如野外定向、路线选择、填图等),在室内应用(纸上手工作业、计算机数字地形分析)也很广。具体工作内容包括:求图上任意一点坐标、求图上任意一点的高程、地形起伏的判定、提取汇水区(积集水区)范围、测定地面坡度、绘制剖面图、量取曲线的长度、量算面积与体积等。同时,地形图室内作业的重点是 GIS 平台开展计算机地图制图、数字分析等工作。

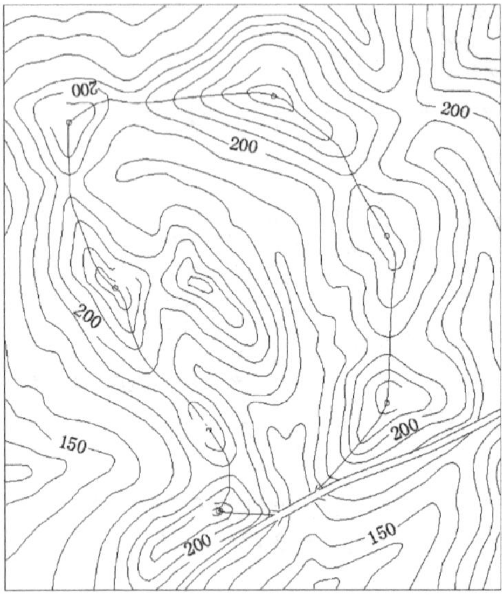

图 10-16 提取汇水区范围

以提取汇水区范围研究为例,汇水面积的边界是指某地能汇集雨水的实际边界。它是一系列分水线即山脊线的连线(图 10-16)。边界线是通过一系列山脊线以及各山头、鞍部的曲线,并与河道指定断面形成的闭合环线。

第二节 手持卫星导航定位装置的原理及其使用

手持卫星导航定位装置,特别是 GPS 设备,在地理学野外实践教学中发挥着重要作用,是开展野外实习点地理位置数据采集、野外实习路线导航服务的主要手段之一。因此,需要学生熟悉其技术原理,掌握手持装置的基本使用方法。

一、全球卫星导航系统(GNSS)

目前,国际上两种主流的空间定位技术是全球导航卫星系统和基于蜂窝网络的无线定位技术。

全球导航卫星系统(Global Navigation Satellite System,GNSS)是一种以空间卫星为基地的无线电导航系统,可以在全球范围内,全天候为海上、陆地、空中和空间的各类用户连续不断地提供高精度的三维位置、三维速度和时间信息。

目前,GNSS 一般包括全球、区域和增强型三类系统,如美国的 GPS、俄罗斯的

GLONASS、欧洲的伽利略卫星导航系统、中国的北斗卫星导航系统，以及相关的增强系统，如美国的WAAS(广域增强系统)、欧洲的EGNOS(欧洲星基增强系统)等。

目前，使用最为广泛的GNSS系统包括以下几种。

全球定位系统(Global Positioning System，GPS)是出现最早、发展最成熟、应用最广泛的全球导航卫星系统定位技术，往往也是全球卫星导航与定位技术的代称。美国从20世纪70年代开始研制GPS系统，于1994年建成。GPS卫星导航系统，共包括三大部分：GPS卫星星座(空间部分)、地面监控系统(地面控制部分)、GPS信号接收机(用户设备部分)。在运用GPS信号进行导航定位时，解算每个站点的三维坐标，必须同时观测4颗GPS卫星，接收由GPS卫星发出的C/A码(粗码)和P码(细码)。2018年12月，美国首颗第三代GPS卫星“韦斯普奇”发射成功，目前共有31颗在轨运行的GPS卫星，标志着GPS系统建设进入第三代阶段。

北斗系统(http://www.beidou.gov.cn/)是中国自主建设运行的全球卫星导航系统(图10-17)，自20世纪后期开始建设，分三期逐步实施。2000年底，建成北斗一号系统，面向中国提供服务；2012年底，建成北斗二号系统，向亚太地区提供服务；截至2019年12月底，成功发射28颗北斗三号卫星(其中，1颗地球静止轨道卫星、24颗中圆地球轨道卫星、3颗倾斜地球同步轨道卫星)。2020年正式完成三期工程，北斗三号全球卫星导航系统正式开通，标志着北斗系统迈进全球服务时代，全面为全球用户提供全天候、全天时、高精度的定位、导航和授时服务。北斗系统由空间段(卫星星座部分)、地面段(地面控制系统)和用户段三部分组成。同时，北斗系统具有定位导航授时、星基增强、地基增强、精密单点定位、短报文通信和国际搜救等多种服务能力，标志着其全球卫星导航服务能力位于世界领先水平。

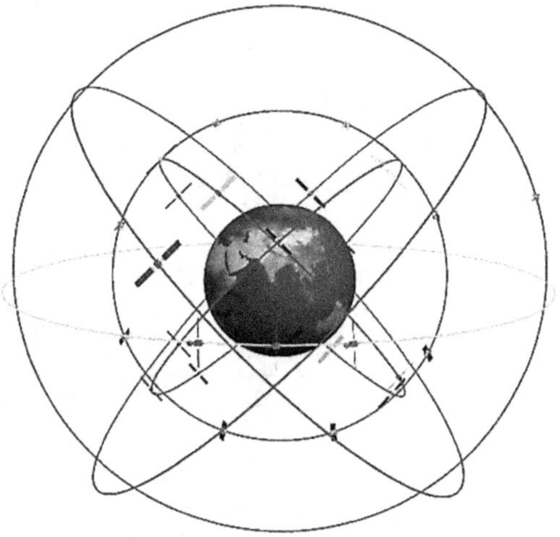

图10-17　北斗系统星座示意图

图片来源：https://tech.china.com/

此外，国际上正在进行和实施的GNSS还有：俄罗斯的全球导航卫星系统(GLONASS)、欧盟的伽利略卫星导航系统(Galileo)。其中，GLONASS系统现由26颗卫星构成，包括24颗“GLONASS-M”卫星和2颗“GLONASS-K”卫星。截至2016年底，GALILEO系统已发射了18颗工作卫星，初步具备初始全球服务能力。

另外，还有一些国家发展的系统作为区域系统或广域增强系统加入。例如日本的 QZSS(准天顶卫星系统)、MSAS(多功能卫星增强系统),印度的 IRNSS(印度无线电导航卫星系统)、GAGAN(静地增强导航)等。

近年来,GNSS 与 GIS、移动网络技术融合,形成一个大的空间信息服务产业——位置定位服务(location based services,LBS),通过移动终端和移动网络的配合,实时确定移动用户的地理空间位置,通过电子地图等方式为各层次用户提供所需要的与位置相关的服务信息。中国企业合众思壮公司结合云计算时代的技术趋势,发展"位置云"服务系统(图 10-18),这是一种基于"3S"技术、IT 技术、网络与通信技术的综合性位置服务体系,包含基础设施、服务与开发平台、产品解决方案等部分,吸纳所有与位置相关的资讯,能够为社会各领域提供基于位置的多需求解决方案。

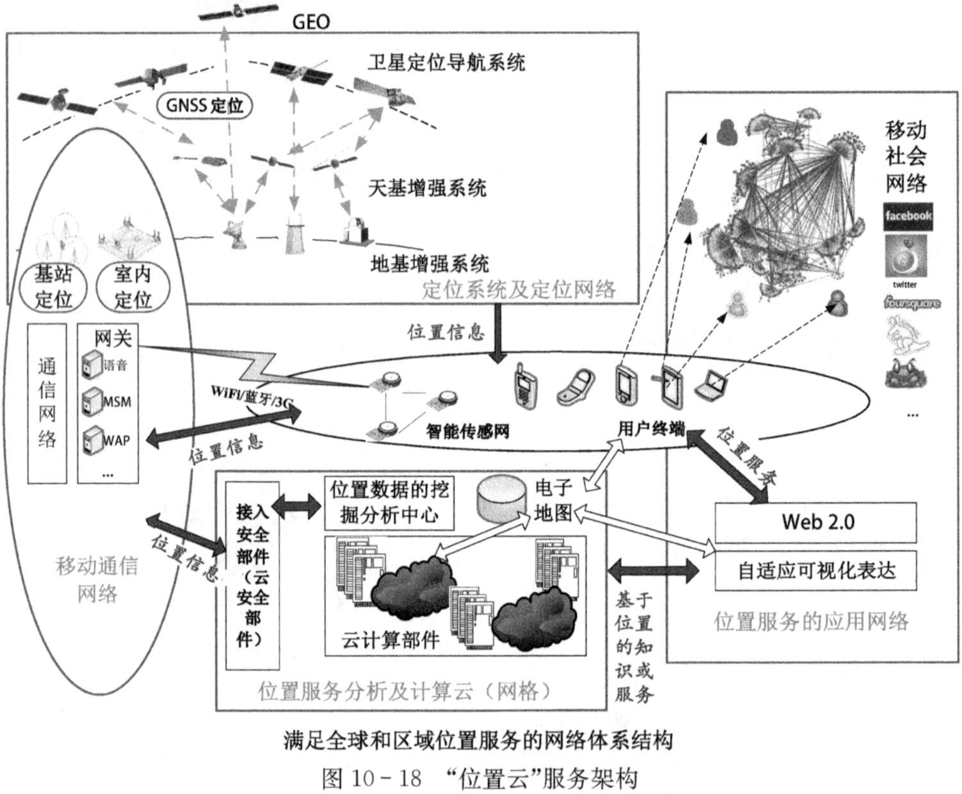

满足全球和区域位置服务的网络体系结构

图 10-18 "位置云"服务架构

图片来源:http://www.unistrong.com/

二、GNSS 手持设备使用

以 GPS 为例,它包括 GPS 接收机硬件和机内软件以及 GPS 数据的后处理软件、硬件等。GPS 接收机由主机、天线、电源和数据处理软件等组成,其主要功能是，接收卫星发播的信号，获取定位的观测值，提取导航电文中的广播星历、卫星钟改正等参数，经数据处理而完成导航定位工作。

单机GPS设备绝对定位的原理是以地球质心为参考点，确定接收天线在WGS－84坐标系中的绝对位置，即以GPS卫星和用户接收机天线之间的距离观测量为基准，根据已知的卫星瞬时坐标，从而可以确定用户接收天线所处的位置。由于定位过程中仅需一台接收机，因此又称为单点定位，适用于低精度测量领域。

1. 基本概念

航点：GPS采集的空间定位点。

航线：若干有路由性质（可能只有A、B两点）的航点组合。

航迹：按照一定规则自动记录运行的轨迹。以一定的时间/距离间隔连续记录下一串航点的记录。

航点管理：对已存航点进行浏览、查找、排序、编辑和导航等操作。

2. 基本操作（以UniStrong G1型为例）

UniStrong G1型设备（图10－19）是支持GPS应用的手持型产品，可通过GISoffice软件，实现多种空间数据专业采集。设备内置电子地图，支持直线导航和智能导航功能，内置各类兴趣点信息，支持兴趣点查询和导航。同时，自带三轴电子罗盘和气压测高计，配有日历、日月、计算器等实用工具，适用于野外地理学考察与实习工作。

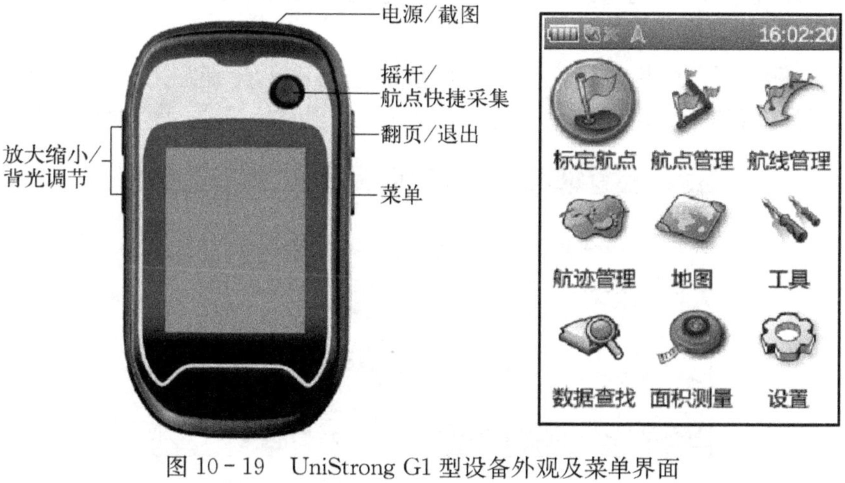

图10－19　UniStrong G1型设备外观及菜单界面

下面针对该设备，选择主要功能进行简介。

（1）系统设置

1）GPS模式。共有正常、模拟和关闭三种模式。正常，系统进入正常使用模式（图10－20）。模拟，GPS在室内或者无法定位情况下，需演示定位信息等内容，可选此模式，数据为模拟数据，而非真实数据。关闭，关闭GPS模块，不接收卫星定位数据。

图 10－20　UniStrong G1 系统设置界面

2）导航选择。控制导航的方式，有三种模式：直线导航，当前点与目标点连线；沿路导航-最优时间，即按照最短时间规划导航路线；沿路导航-最短路径，即按照最短路线规划导航路线。

3）外部电源断开。控制使用数据线连接电脑时的手持机状态。

4）广域差分（SBAS 差分）。是一种免费差分数据源，有助于提高定位精度。

（2）设置（其他重要设置）

1）时间设置。时间格式：12 小时、24 小时。默认 12 小时。时区：北京时间和其他地区时间，默认北京时间（东八区）。

2）坐标设置。坐标系统：用户可选基准 1～基准 4，分别定义 4 套坐标系统。可选择 *BLH* 或 *XYH* 形式表示坐标（图 10－21）。地理坐标单位：度、度/分、度/分/秒。

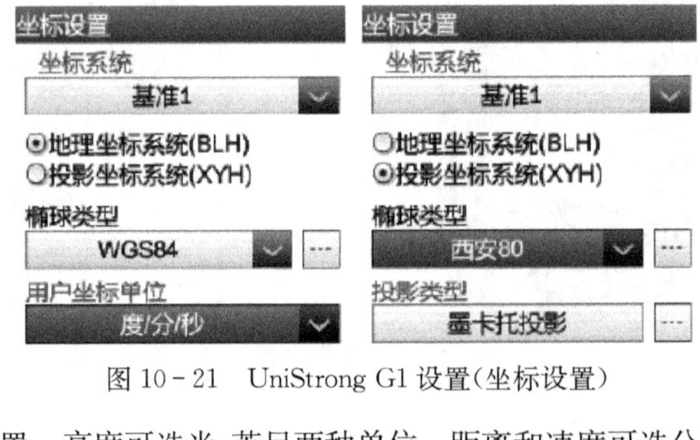

图 10－21　UniStrong G1 设置（坐标设置）

3）单位设置。高度可选米、英尺两种单位。距离和速度可选公制、航海与英制。

（3）标定航点

标定航点，用于点位信息的记录和采集（图 10－22）。

1）图标。采集的航点可以使用不同的图标。点击左上角的“图标”按钮，进入“选择图标”界面。

图 10-22　UniStrong G1 标定航点

2）名称。采集航点的名称，默认航点以 wpt＋数字命名。通过此项可对采集航点进行名称修改和重命名。

3）备注。在备注项目可以输入对采集航点的描述，可编辑。默认内容为日期和时间。

4）GPS 坐标。显示当前 GPS 定位得到的坐标，可编辑。一般地，GPS 坐标采用 WGS-84 坐标系，这是一种国际上采用的地心坐标系，其坐标原点为地球质心，其地心空间直角坐标系的 Z 轴指向国际时间局（BIH）1984.0 定义的协议地极（CTP）方向，X 轴指向 BIH 1984.0 的协议子午面和 CTP 赤道的交点，Y 轴与 Z 轴、X 轴垂直构成右手坐标系。

5）高度和精度。高度记录当前位置海拔，可编辑，水平估算精度值，不可修改。

6）平均。自定义时间段的平均值。

7）地图。点击“地图”按钮，即可进入地图导航界面，航点显示在地图上。

（4）航点管理

航点列表以名称和距离显示，距离是该航点到当前位置的直线距离（图 10-23）。主要功能包括以下几点。

1）添加航点。标定当前点为航点，等同于标定航点功能。

2）编辑航点。可对选择的航点进行图标、名称、备注、坐标和高度的修改。

3）按距离排序。将已存的航点按照距离（与当前位置的距离）由近到远的顺序排列。

（5）航线管理

航线管理指管理已存航线，对已存航线进行编辑等操作，同时可以新建航线和进行航线导航等操作（图 10-24）。主要功能包括以下几点。

1）新建航线。依次选择需要添加的航点，新建一条航线。

2）添加航线。在此界面可以依次添加航点，且在此界面菜单项界面可以调整航点的顺序等操作。

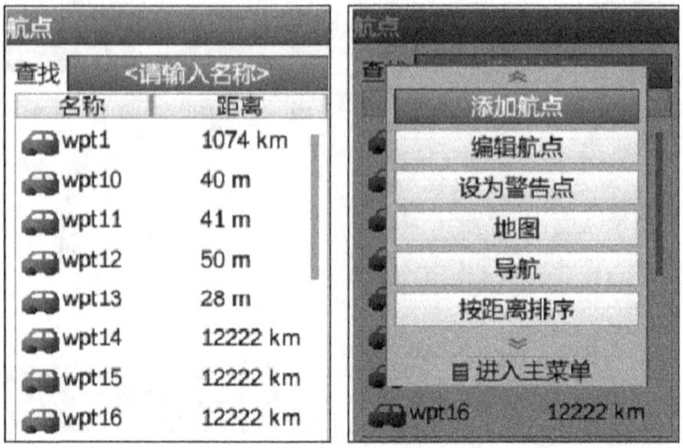

图 10-23　UniStrong G1 航点管理

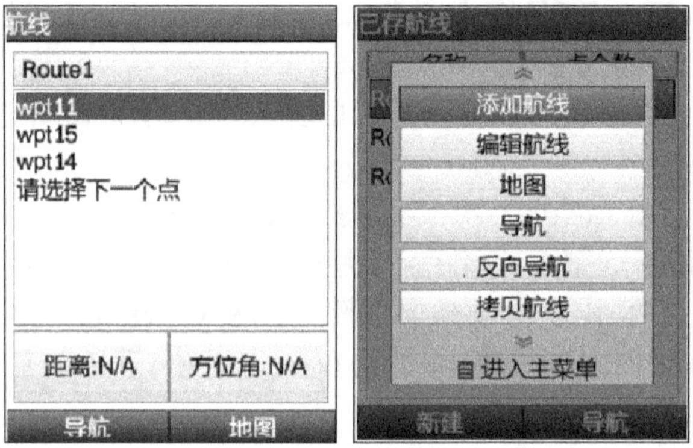

图 10-24　UniStrong G1 航点管理

3）反向导航。可以按照航点排列倒序的顺序依次进行每个航点的导航。

4）编辑航线。对已有航线进行编辑。

5）拷贝航线。可以完全复制已存的任意一条航线。

（6）航迹管理

航迹管理指对航迹记录进行设置，控制航迹功能的开关等操作（图 10-25）。主要功能包括以下几点。

1）记录航迹。当 G1 系列已经处于定位状态时，选择“打开”，机器会沿着运行线路记录一条轨迹，称为“航迹”。点击“保存”，将当前记录的航迹保存到机器中。

2）清空（航迹）。将当前记录的临时航迹数据全部清除，此操作并非清除已存的航迹数据。

3）查看历史航迹。点击已建航迹名称，即弹出该航迹的信息页面。

4）设置。记录满后是否覆盖：将光标移至该选项栏，如在前面的“□”内打“√”，则表示当航迹存储空间已满时，从最先记录的航迹开始覆盖。颜色：用来设置航迹在地图上显示时的颜色。记录模式：有距离、时间或自动三种记录模式供选择。

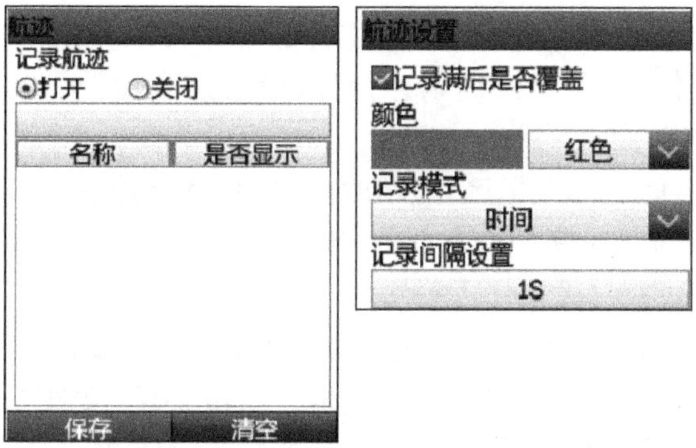

图 10 - 25　UniStrong G1 航迹管理

(7) 其他工具

G1 设备提供地图、罗盘、旅行计算器等诸多工具,如图 10 - 26 所示。

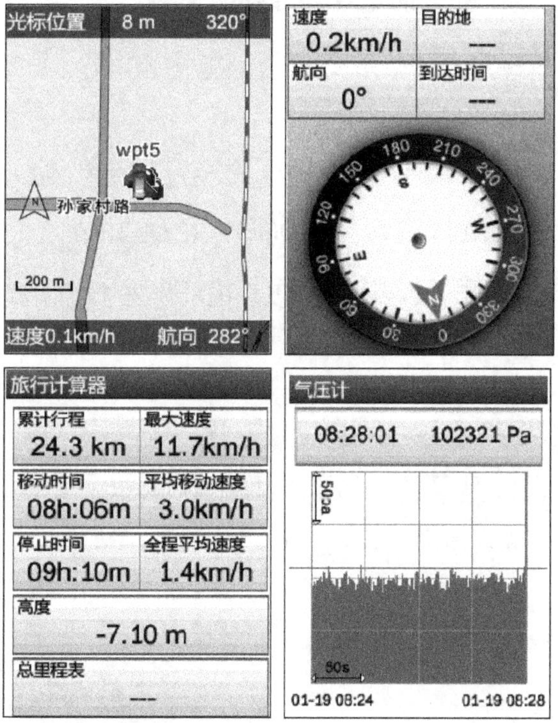

图 10 - 26　UniStrong G1 主要工具

(地图、罗盘、旅行计算器、气压计)

1) 地图(导航地图)。显示导航地图及导航相关指标。地图界面默认有两条信息栏,上方的叫光标位置信息栏,下方的叫速度航向信息栏。

2) 罗盘。显示当前速度、距离、目的地、航向等信息,并直观地显示一个罗盘图片表示当前的目标方向、前进方向和北方向。

3）旅行计算器。记录手持机累计行程、最大速度、移动时间、平均移动速度、高度和总里程等信息。

4）气压计。页面上部数据区，显示时间、气压和高度信息。中央图形区，显示高度气压或气压相对于时间的变化曲线（剖面图）。

（8）数据导出

G1 设备采集数据可以方便地导出管理。首先，在电脑上安装 GIS Office 软件，并将手持 GPS 通过 USB 接口连接到电脑上。点击菜单“文件”与“从 G1 手持机接收”，即可管理所测数据（图 10－27）。在相应的数据下点击右键即可导出数据（gpx 格式）。同时，结合 ArcGIS、Google Earth 等工具转为 shp 等常见空间数据格式。

图 10－27　GIS Office 数据管理工具

1）转为 shp 格式。用 ArcGIS 软件可直接打开所导出的 gpx 格式数据。在属性中显示相应的属性。在图层处点击右键“Data”与“Export Data”；转为 shp 格式（图 10－28）。

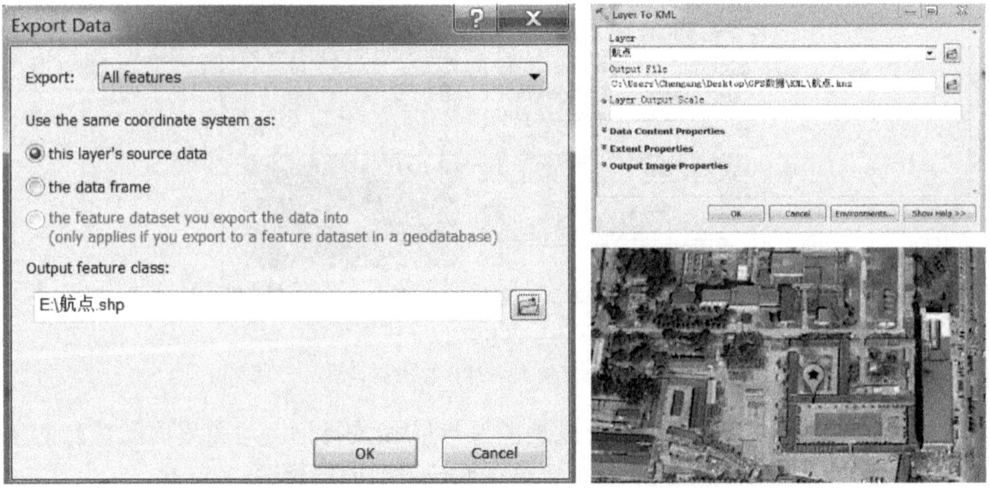

图 10－28　UniStrong G1 采集数据转为 shp、KML 文件格式

2）转为 KML 文件。用 ArcGIS Conversion 工具将 gpx/shp 文件转为 KML 文件，这样就可在其他电子地图平台上使用。

三、GNSS 采集数据格式

以 GPS 为例，在地理学野外考察实习中，各组同学配合具体讲课内容（如地貌、水文、土壤、植被、气象等），在每一实习点，首先做好 GPS 数据采集，并在野外笔记本上做好记录（表 10 - 4），回到室内后，再使用 GIS Office、ArcGIS 等软件将 GPS 数据转入 GIS 平台（图 10 - 29），用于电子制图与空间分析等工作。

数据记录格式，建议如表 10 - 4 所示。

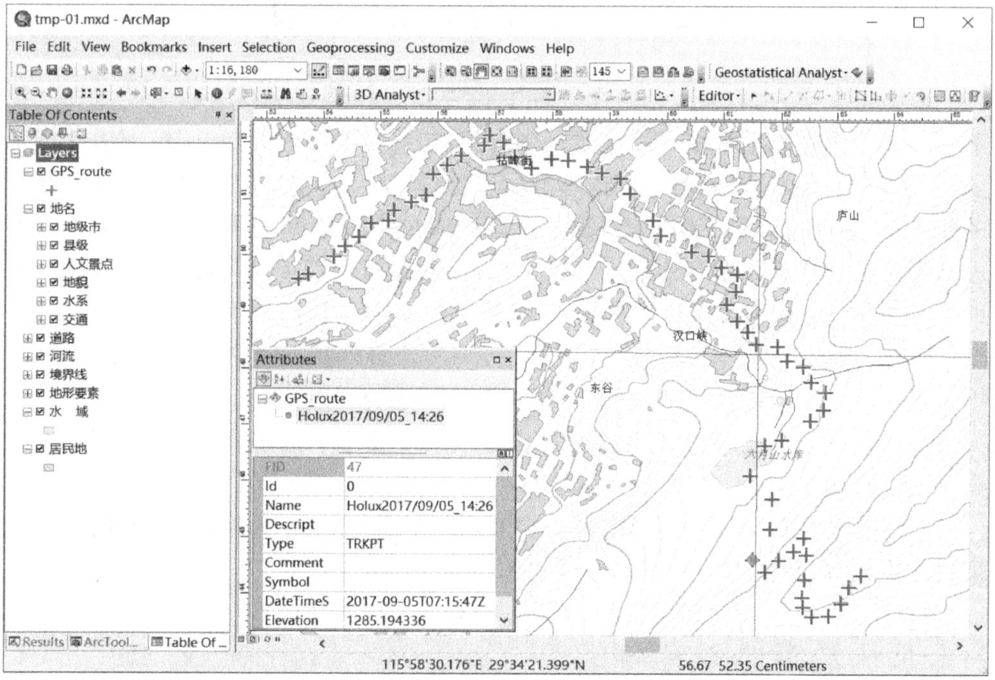

图 10 - 29　GPS 航迹数据导入 ArcGIS 平台（以庐山地区为例）

表 10 - 4　GNSS 采集数据格式（以庐山地区为例）

编号	记录日期/（年/月/日）	记录时间	采集地点	实习内容	东经 E	北纬 N	东经 E/（°）	北纬 N/（°）	高程/m
D01	2019/9/1	08:45	东谷入汉口峡处	庐山整体地貌	115°59′01″	29°34′01″	115.984	29.567	1 150
D02	2019/9/1	10:35	汉口峡口	河流袭夺	115°59′08″	29°33′56″	115.986	29.566	1 220

续表

编号	记录日期/(年/月/日)	记录时间	采集地点	实习内容	东经 E	北纬 N	东经 E/(°)	北纬 N/(°)	高程/m
D03	2019/9/1	12:18	大月山水库东侧岸	水文与水质测量	115°59′56″	29°33′52″	115.985	29.564	1 238
D04	2019/9/1	13:55	大月山沿山公路	土壤采样与测量	115°59′06″	29°33′43″	115.985	29.562	1 270
D05	2019/9/1	15:20	大月山顶	北山岭谷地貌观测	115°59′11″	29°33′39″	115.986	29.561	1 380

第三节 “数字庐山”建设

以南京大学为例，为配合庐山地理学野外实践教学与实习基地建设，开展“数字庐山虚拟仿真教学系统”(简称“数字庐山”)与实习网站建设，利用地理信息技术融合虚拟仿真技术，在庐山基础地理数据库建设基础上，实现庐山自然和人文要素的数字化、地理过程的三维动态模拟、地理要素的三维空间分析、地理信息集成管理和专题成果自动制图等功能。基于本系统，学生可以直接参与数字庐山建设，有助于培养学生的综合知识运用与地学创新思维能力；同时，学生可开展课前实习、野外对照、数据采集、空间分析、专题制图，为学生野外实习过程提供了极大帮助，提升了实习效果与教学效率。同时，虚拟教学平台充分利用信息技术优势，让野外实习与课堂教学借助于可视化、虚拟化、交互式等技术手段融为一体，也便于教师与学生的沟通与协作。

“数字庐山”服务于地理学野外综合实习，包括庐山数字地图编绘、庐山基础地理数据库、庐山数字地形分析等多项工作。

一、庐山数字地图编绘

庐山地区地形图(1∶1 万)是地理学野外实践教学的工作底图，是教学基础资源。

围绕庐山地区地理学综合实习需要，首先从省级测绘主管部门，经过合法程序，申请相关地形图资料(1∶1 万)(图 10－30)，共 27 幅；其中，核心地区 9 幅。在地形图资料使用中，应遵照《测绘法》和《地图法》等相关法规，在确保数据安全情况下正确使用。

围绕“数字庐山”建设，可采用 WGS－84 坐标系，以配合 GPS 或其他数据采集

城门乡	刘家大屋	莲花镇	东城畈	
狮子镇	九江县 H50G058031	东林寺 H50G058032	捉马岭 H50G058033	
高家村	赛阳镇 H50G059031	庐山（牯岭镇） H50G059032	青莲寺 H50G059033	崔家湾 H50G059034
李河	汤桥村 H50G060031	仰天坪 H50G060032	海会镇 H50G060033	廖咀上 H50G060034
岷山乡	吴官村 H50G061031	秀峰村 H50G061032	白鹿镇 H50G061033	饶家潭 H50G061034
	观口	归宗 H50G062032	星子县 H50G062033	谢师塘 H50G062034

图 10－30　庐山地区 1∶1 万地形图接图表

（灰色区域为实习核心地区）

成果的空间套叠使用。在原始地形图资料基础上，结合实习工作需要，在 GIS 软件平台（ArcGIS）上，经过地图扫描数字化（或直接利用基础数字地图成果）、坐标系转换、图层设计（按地理要素分类）、投影设定、图形编辑、属性添加、地图综合等作业过程（图 10－31），编绘“庐山综合地理实习工作底图”（图 10－32）。

二、庐山地区综合地理数据库建设

在 GIS 平台上，编绘庐山综合地理实习工作底图，同时开展庐山地区综合地理数据库设计与建设工作。该数据库包括基础地理数据（表 10－5）、专题地理数据两大部分，这是服务地理学综合实习、开展“数字庐山”建设的基础。

基础地理数据集建设，包括遥感正射影像、DEM 数据，构建矢量地图、栅格图像为一体的综合数据资源。

在此基础上，围绕地理学综合实习需要，开展专题地理要素图层（人文地理要素为主）建设，具体内容包括：庐山自然与人文旅游资源（路线、景点、配套设施等）、庐山世界文化景观遗产、牯岭镇城市基础设施、庐山别墅、庐山云雾茶、庐山宗教、庐山区新区划与新规划等。

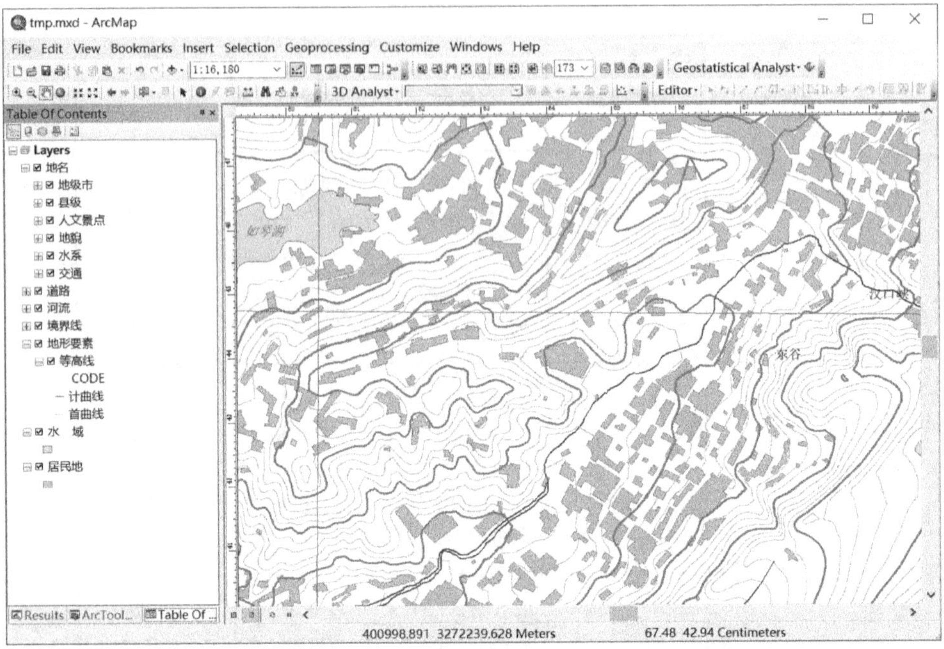

图 10-31 庐山实习地形图编绘(ArcGIS 平台)

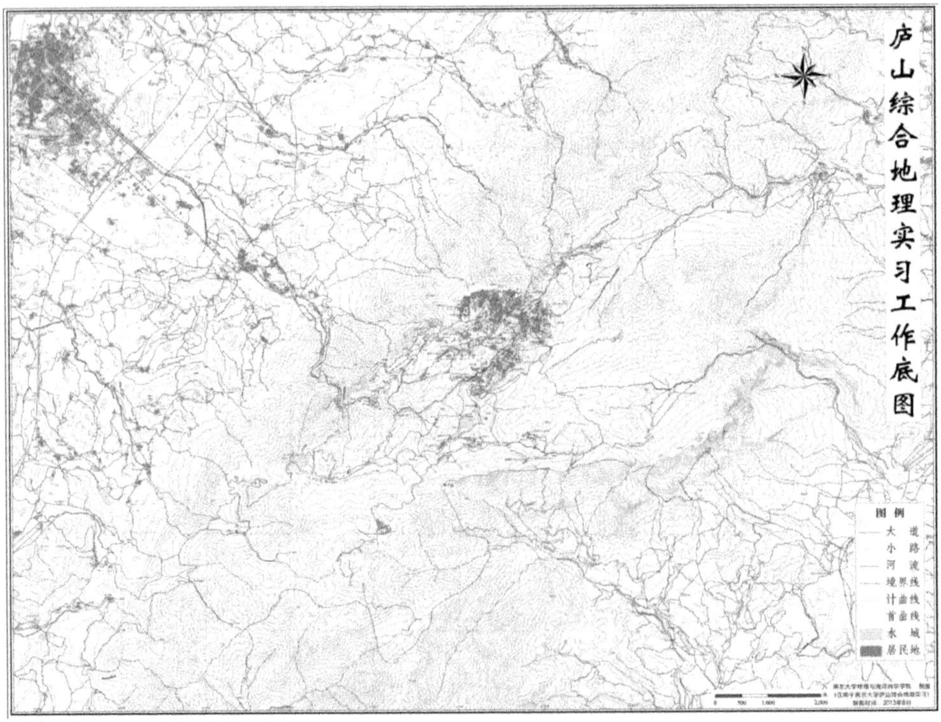

图 10-32 庐山地区综合地理实习工作底图

表 10－5　庐山地区综合地理数据库(基础地理数据部分)

数据集		层　名	层要素	几何特征
基础地理数据	空间几何要素	境界线	境界线	polyline
		道路	大道	polyline
			小路	polyline
		地貌	高程点	point
			等高线	polyline
			陡崖	polyline
			河流	polyline
			水域	polygon
		居民地	居民地	polygon
	栅格影像要素	SPOT 影像	SPOT 影像	Raster
		GeoEye 影像	GeoEye 影像	Raster
		DEM 数据	DEM 数据	Raster
	地名注记	行政区划	地级市行政区	point
			县级行政区	point
			乡级行政区	point
			村级行政区	point
		自然要素	地貌	point
			水系	point
		人文要素	交通	point
			人文景点	point
			商业设施	point
			公共服务设施	point

三、庐山数字地形分析——以水文分析为例

流域是指在一定地表范围内，由地表水和地下水流经，并具有共同出水口和由分水线围合的集水区域。在山地、丘陵地区，一般以山脊连线(山脊线)作为分水线；在地表起伏不明显的平原河网地区，一般可由人工堤防、道路等构成分水线。

数字流域分析则是指利用 DEM 数据，借助 GIS 平台及其空间分析算法来勾

绘流域范围并提取河网等地形要素的数字地形分析。DEM 数据是流域地形、地物识别的基础数据源,DEM中蕴含了丰富的地貌与水文信息。水文分析所用的DEM数据应选取地形起伏度较大的地区,对于平坦地区效果较差。针对庐山地区,选用该地 ASTER GDEM 数据,空间分辨率为 25 m,地理坐标系为 WGS-84,投影为墨卡托投影(图 10-33)。

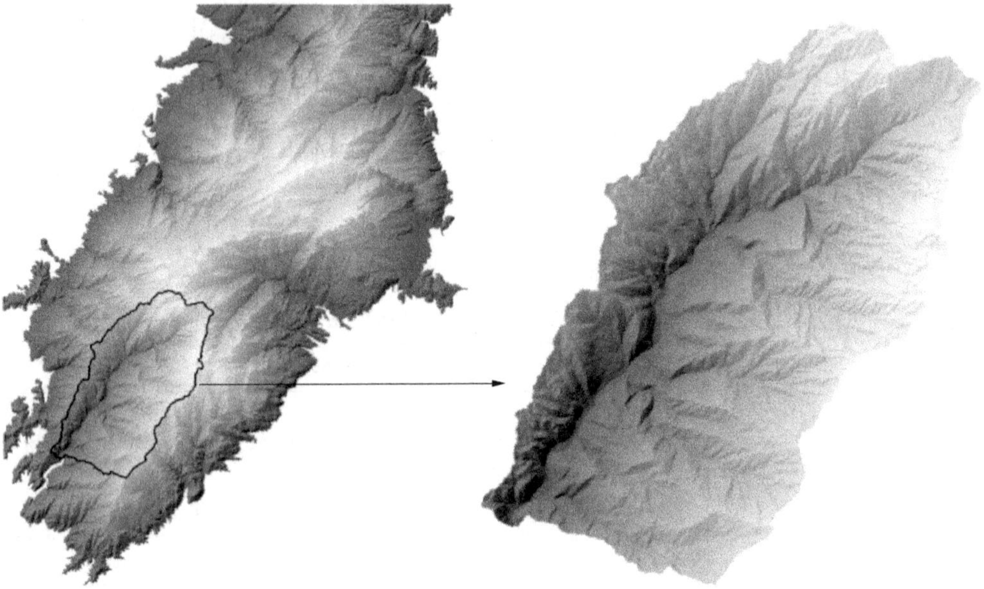

图 10-33　庐山地区 DEM 数据

注:右图为庐山局部(典型小流域区)。

利用 ArcGIS 中的水文分析工具 Hydrology Tools,可以根据 DEM 数据提取出某地区的水系并进行一定的分析,如河网分级、流域划分等。此外,利用 DEM 还可以对一些水文现象进行分析,例如河流袭夺现象,还可以进行水库蓄水或洪水的淹没分析等。

本节以庐山地区的 DEM 数据为例,利用 ArcGIS 环境下的 ArcHydro Tool 工具集进行洼地的填充、汇流累积量的计算、水流长度的计算、河网的生产、河网分级以及流域的确定。具体的流程如图 10-34 所示。

1. 洼地填充

DEM 被认为是比较光滑的地形表面的模拟,但是由于内插的原因以及一些真实地形(如喀斯特地貌)的存在,使得 DEM 表面存在一些凹陷的区域。那么在对这些区域进行地表水流模拟时,由于低高程栅格的存在,从而使得进行水流流向计算时在该区域得到不合理的或错误的水流方向,因此,在进行水流方向的计算之前,应该首先对原始 DEM 数据进行洼地填充,得到无洼地的 DEM。

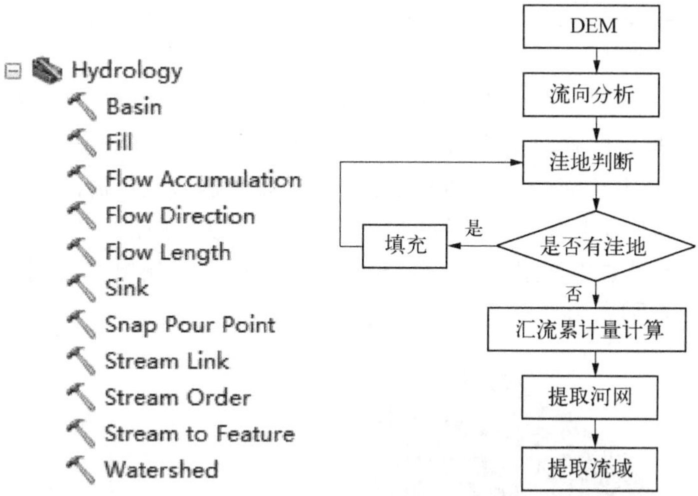

图 10－34 ArcGIS 水文分析工具集和流域分析流程图

ArcGIS 在水文工具集 Hydrology Tools 下提供了洼地检测 Sink 工具，输入 DEM，得到洼地分布数据，利用 Fill 工具进行填充，得到填充后的无洼地 DEM 数据(图 10－35)。

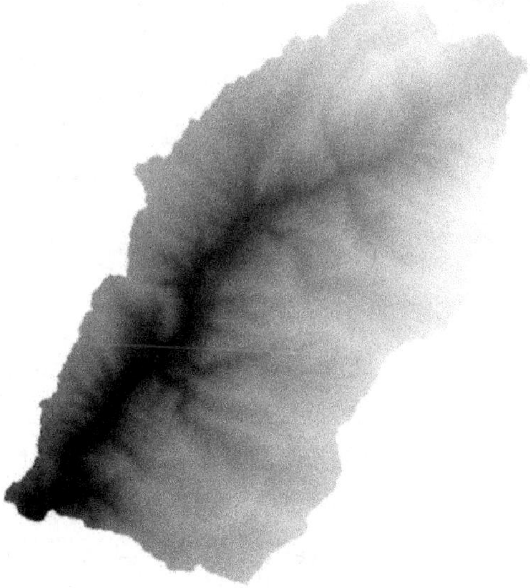

图 10－35 填洼处理后的 DEM 成果

2. 流向确定

流向栅格显示水流离开每一个已填洼高程栅格单元时的方向。确定流向的方法中目前使用最广泛的是八方向法，ArcGIS 也是用该方法确定流向。八方向法(D8 算法)赋予一个栅格单元的流向指向周边 8 个栅格单元中的每一个栅格单元，该栅格单元的距离权重坡度最大。该方法的局限是不允许水流分散到多个栅格单元(张康聪,2010)。

在 ArcGIS 中使用 FlowDirection 工具,输入填充后的 DEM 数据,即可得到流向删格数据。本工具有两个可选项,"Direction of measurement (optional)"如果勾选,则 DEM 数据边缘的栅格会被强制向 DEM 数据区域外流出,而不再按 D8 算法进行计算,一般不选择。下降率栅格用于显示从沿流向的各像元到像元中心间的路径长度的最大高程变化率,以百分比表示,可以选择输出。得到的水流方向结果(图 10-36 左图),再对其进行重分类(图 10-36 右图)。

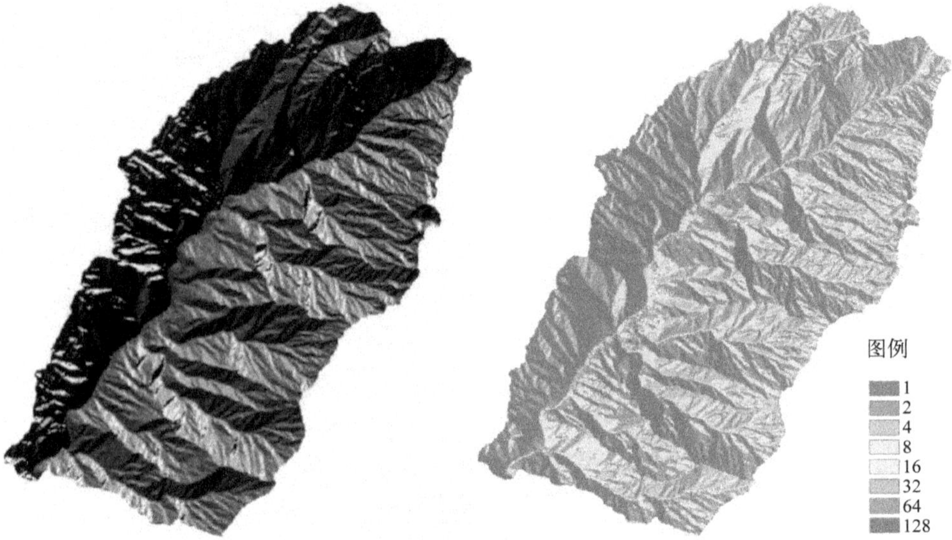

图 10-36　获取水流方向

3. 水流长度

河段水流长度通常是指在地面上一点沿水流方向到其流向起点(终点)间的最大地面距离在水平面上的投影长度。该值可以表征该点的水的侵蚀强度,对水土保持的分析有重要意义。对于河段水流长度的提取,在 ArcGIS 中提供了两种方向上的水流长度的提取方式,一种是顺流计算,一种是朔流计算。

ArcToolbox 中的 Flow Length 工具主要用来计算河段长度,需要输入流向栅格数据。本工具有两个可选项,"Direction of measurement (option)"中 DOWNSTREAM 是指到下游出水口的水流长度,UPSTREAM 是指到上游源头的水流长度;"Input weight raster"是在像元需要权重时输入,默认不添加。下面选择下游出水口的水流长度进行计算,最终得到的结果如图 10-37 所示。

4. 汇流分析

汇流分析即计算汇流累积量,自上游起汇入某一像元的栅格数目,用于确定水

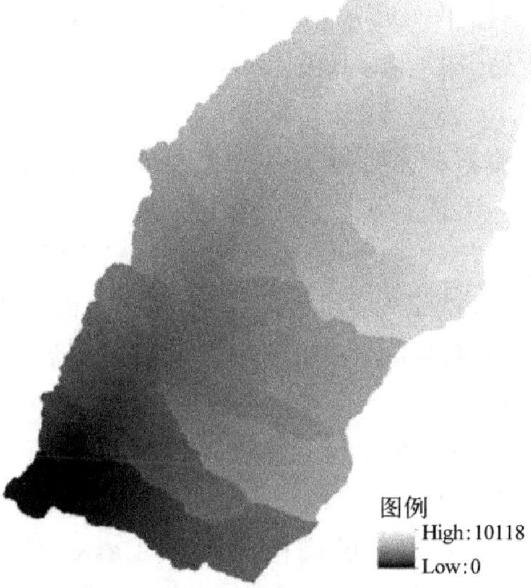

图 10 - 37　获取水流长度

流路径。每一个栅格的流量就代表该像元处有多少水流到这里，为后续的河网提取做数据准备。

在 ArcGIS 中该过程用到 Flow Accumulation 工具，输入无洼地 DEM 流向分析的结果，运行得到汇流累积量结果如图 10 - 38 左图所示，然后对其进行重分类，得到图 10 - 38 右图。

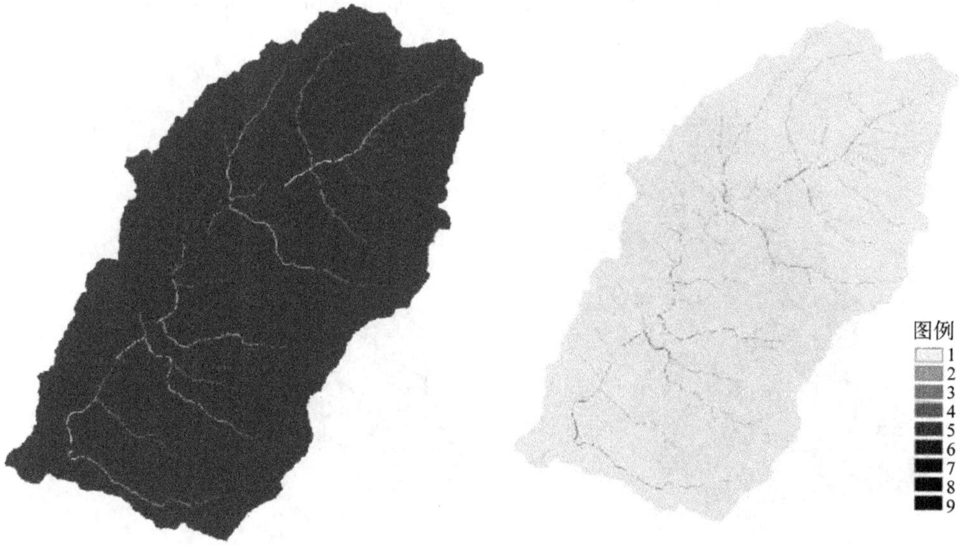

图 10 - 38　得到汇流累积量并进行重分类

流量累计栅格可以用两种方式来解释：第一，高累积值得栅格单元一般对应于河道，而0累积值得栅格单元通常是山脊线。第二，如果乘以栅格单元的大小，所得的值等于排水面积(张康聪，2010)。

5. 河网生成

河网的生成是在汇流累积量计算的基础上完成的，在河网提取之前，首先要确定汇流累积量的阈值。在汇流累积量的计算中，每一个单元的汇流累积量代表着能够注入该栅格的所有单位水量的参数，当栅格的汇流累积量大于某一个给定的阈值时，就认为该单元格是位于水系上的。若阈值设置的过大，则只能提取主干河道；若阈值设置得过小，河网的提取则过于密集。所以汇流阈值是河网提取的关键参数，也是河流认定的最低门滥。阈值的设置取决于很多的因素，例如坡度、地表植被以及地形起伏度等，因此，在实际的操作过程中会根据不同的地形情况设置不同的阈值。

生成河网需要用到 ArcGIS 中的栅格计算器“Raster Calculator”工具，在地图代数表达式处输入公式“Con(“flow_acc”>10 000，1) ”，该表达式是指选取汇流累积量大于 10 000 的栅格单元，并赋值为 1，输入到新的栅格里面。10 000 的阈值为人为设定的，阈值不同提取的河网也不同，需要做多个阈值的河网结果图，进行对比后选择所需的河网。图 10 - 39 是阈值分别为 5 000、10 000、20 000、50 000(从左到右、从上到下排序)所提取的河网，通过对比，选取 20 000 为最佳阈值。

6. 河流链接

河流链接用于向各交汇点之间的栅格线状网络的各部分分配唯一值，从而将栅格河网分割成不含汇合点的栅格河网片段，也可以得到该汇水区域的出水点。

(a) 5000

(b) 10000

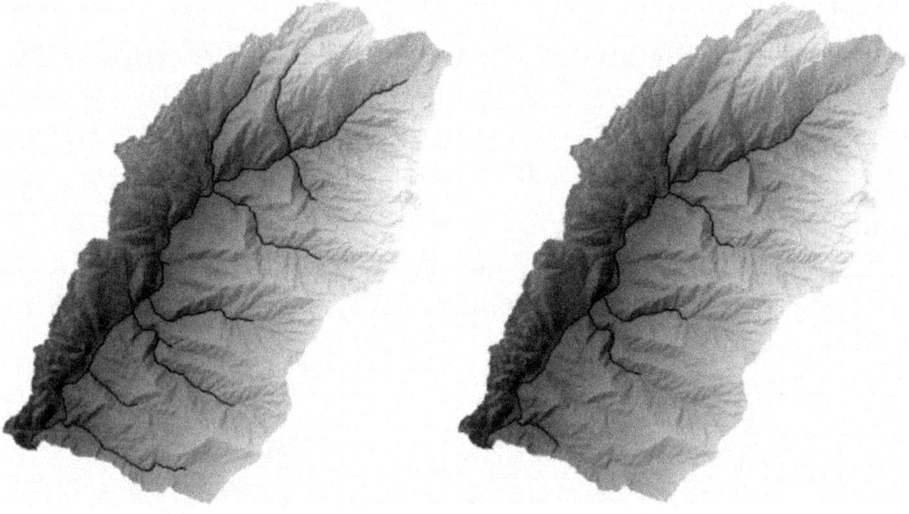

(c) 20000　　　　(d) 50000

图 10 - 39　阈值分别为 5 000、10 000、20 000、50 000 的河网

河流链接后的栅格河网也可以矢量化成河道。这些数据对于水量和水土流失等研究具有重要作用。此外,出水口点的确定,也为后续的流域分割做了数据准备。河流链接的计算需要基于水流方向数据和栅格河网数据。

ArcGIS 中提供了 Stream Link 工具来进行河流链接,输入最佳阈值下的河网栅格及无洼地 DEM 的流向分析结果,得到的链接栅格如图 10 - 40 左图,将该删格数据转成矢量线状要素如图 10 - 40 右图所示。

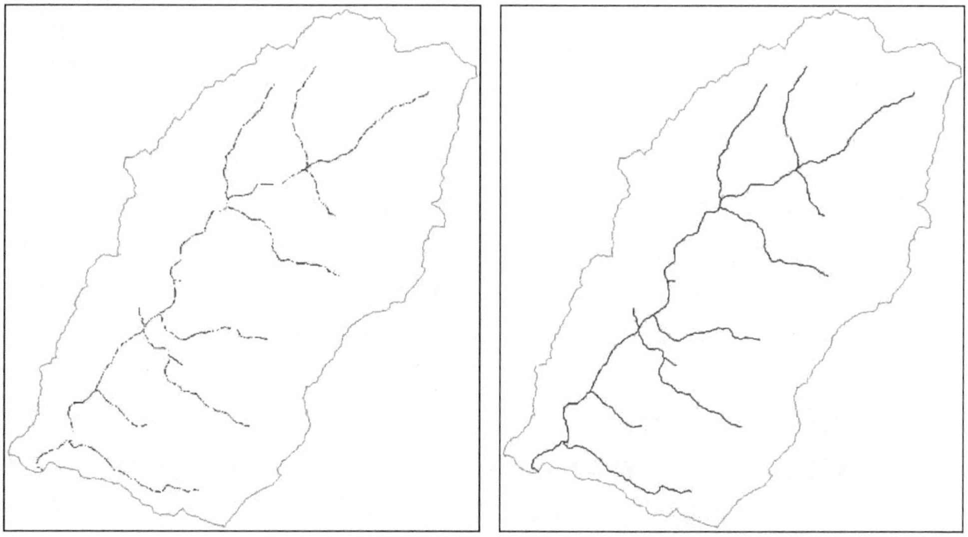

图 10 - 40　河流链接分析结果

7. 河网分级

河网分级是一种将河流网络中的河道赋予一定级别的方法，根据河流的级别，可以推断河流的一些特点。常见的包括 Strahler 法和 Shreve 法两种，两种方法都将最上游的河段赋值为 1 级。Strahler 法与 Shreve 法的区别在于前者仅在河流级别相同的河流交汇时级别才会提高，后者是任何两条河流交汇时级别都会为两者之和。

打开 ArcGIS“Stream Order”工具，输入最佳阈值下的河网栅格，输入最佳阈值下的河网栅格及无洼地 DEM 的流向分析结果，分别使用 Strahler 和 Shreve 方法得到河网分级结果如图 10－41 所示。

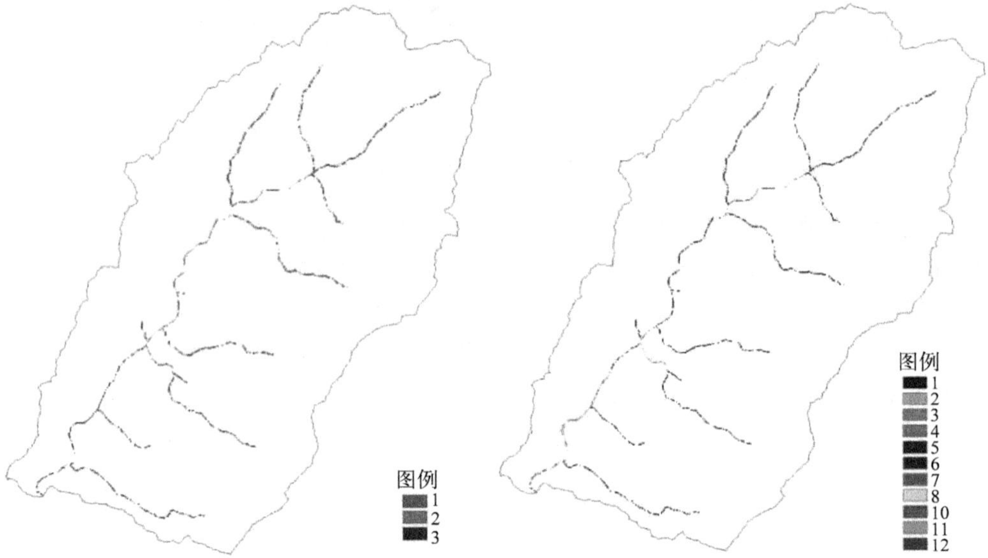

图 10－41　河网分级结果

8. 集水区域

流域的集水区由分水岭分割而成，需要根据流向栅格来确定哪些区域的像元流到一块儿。流域分析工具可以将整个区域分割成很多流域，从而可以提取出自己感兴趣的流域进行研究，减少工作量。而分水岭工具与盆域分析略有区别，后者是一个较大的集水区域，而分水岭工具得到的是更小的流域单元，以应用于不同的研究需求。

执行 Hydrology 工具集中的“Basin”命令，生成流域盆地，而执行“Watershed”命令则生成集水区域(贡献区域)。值得注意的是：ArcGIS 中的 Hydrology 工具集中的“Basin”工具所提取的所有流域盆地均是人为盆地的出水口在研究区域的边缘。下面分别以 Basin 和 Watershed 命令生成庐山流域分割结果，如图 10－42 所示。

图 10－42　流域盆地及集水区域

通过水文分析工具的应用，有助于了解排水系统和地表水流过程的一些基本概念和关键过程，以及怎样通过 ArcGIS 水文工具从 DEM 数据上获取更多的水文信息。将庐山整个区域的 DEM 作为地图，进行流域分析，得到的水系分布及流域划分如图 10－43 所示。

庐山地区河流水系的空间分布整体上受构造线和抬升中心控制，大致存在两个分水中心(岭)：山体北部较明显，以虎背岭—牯牛岭—日照峰—大月山—梭子岭一线为中心，主要河谷分别呈平行状向东北、南西延伸；山体南侧则不明显，空间形状以仰天坪—小汉阳峰—汉阳峰一线呈"之"字形。在庐山北部，河谷的发育主要受到褶皱构造和岩性的影响，主要的河流大致沿北东—南西向、南东—北西向构造线延伸。如王家坡合流谷底，主流大致顺向斜谷向北东方向延伸，其支流受倾状褶曲的影响，与主流呈锐角相交，形成树枝状水系。青莲寺谷底的河流主谷沿向斜构造向东北方向流去，青莲寺以上发育为树枝状，向下为主干状，但至三叠泉以后，河流突然折向东南，沿断裂线发育，兼有直角状水系的特征。由于东谷、锦绣谷、剪刀峡、石门涧、三叠泉谷地侵蚀基准面相对较低，发育在这些主谷的支流溯源侵蚀，在合适时期便产生河流袭夺现象，导致水系的演变，变平行状水系为网格状水系。

9. 淹没分析

利用 DEM，可以建立显示淹没范围的图。大坝的修建会淹没上游低于一定高程

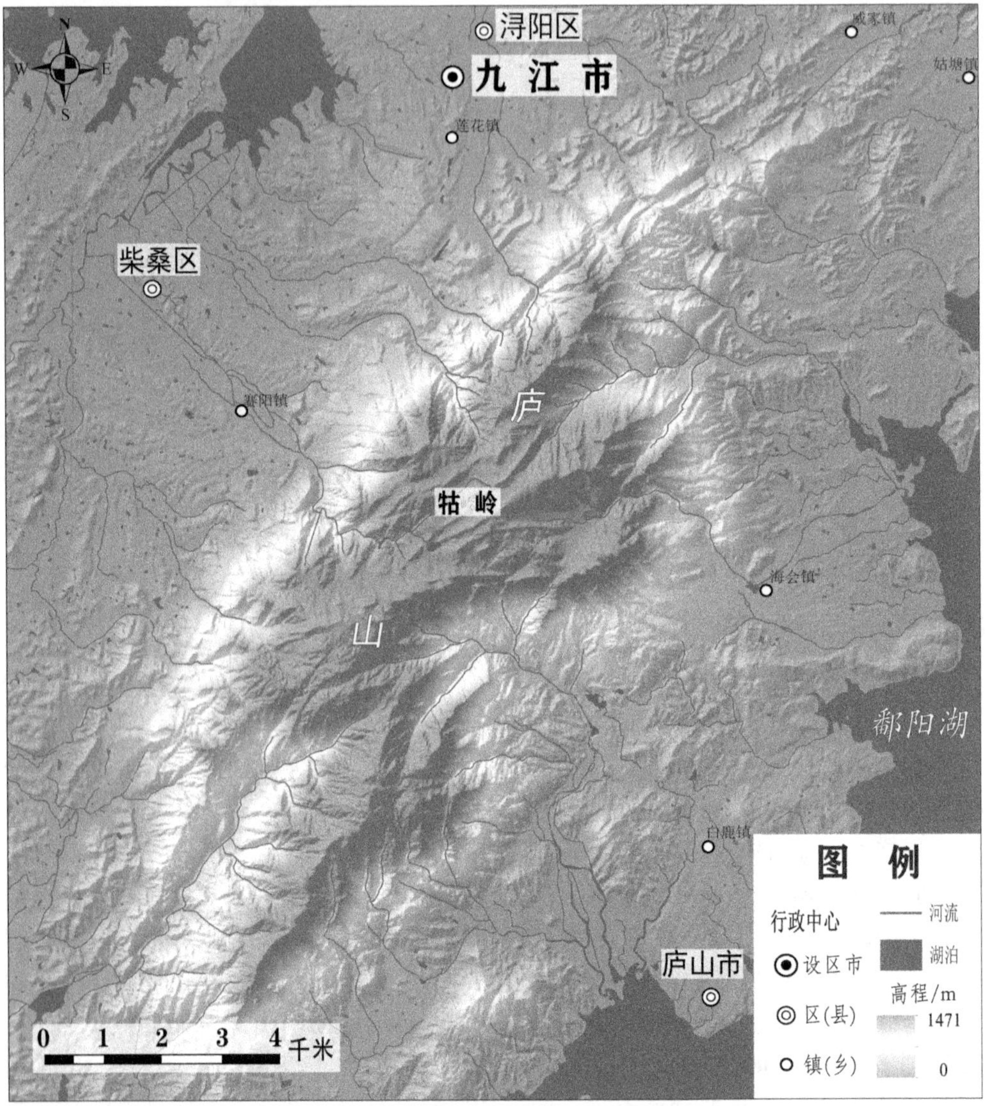

图 10-43 庐山地区流域水系分布图

且与坝址相连的范围。若只是简单地将 DEM 分为一定的高程，这将不能显示真实的淹没面积。为了寻求地形上相连的面积，需要应用 GIS 的邻近功能(neighborhood function)。

在该实验中，我们假设要修建一座坝，这将导致坝址处水位增高 20 m，就需要绘制出淹没水体分布图，计算淹没深度及淹没水体的体积。

(1) 数据准备

1) 在 ArcGIS 中添加填充后的 DEM 数据 FillDem 及河网栅格数据 Stream。

2) 根据 FillDem 生成阴影数据 Hillshade，并拖动到 FillDem 下面，设置 FIllDem 的透明度(transparent)为 30%。显示结果如图 10-44 所示。

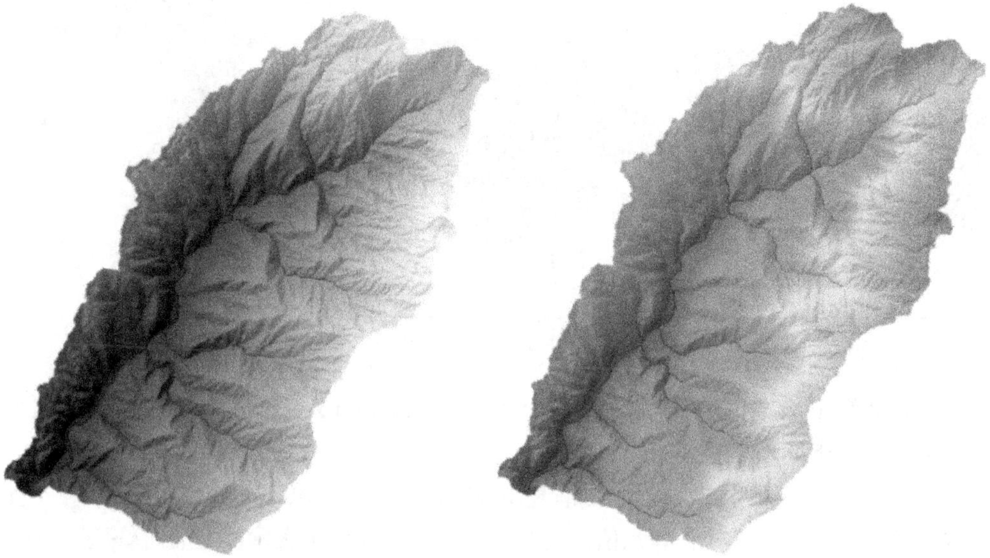

图 10-44 进行淹没分析的 DEM

(2) 计算流出点(pour point)

流出点是流域内高程最低的水流出口点。该流域内的高程变化范围为 150～1 470 m。在 Raster Calculator 中建立关系式：“FillDem” < 151。生成新栅格图层 Calculation，它有两个单元值：0(假)和 1(真)。且只有一个值为 1 的单元，其他单元均为 0(图 10-45 左图)，这代表了最低高程或者说是流出点的位置。利用 Raster Calculator 建立关系式“Calculation3”/“Calculation3”，产生新图层流出点，它只有一个单元值 1。放大流域内最低点部分，找到流出点如图 10-45 所示。

(3) 计算流出点的精准高程值

利用 Identify 工具，准确点击流出点所在处，确定显示流出点的高程值为 150 m，这也是坝址所在处。

(4) 获取淹没水体分布图

假设修建坝后水位上涨 20 m，那么上游低于等于 170 m(150+20)而且与流出点相连的区域将被淹没。

1) 在栅格计算器中建立关系式：“FillDem”≤170，产生一个新图层 Calcul。这个关系式将在整个区域内选择高程低于等于 170 m 的栅格单元，但这些单元不一定与流出点相连。实际上，只有高程低于等于 170 m 而且与流出点相连的区域将被淹没。所以，首先要去除所有与坝处不相连的栅格单元，为此运用 RegionGroup 功能。

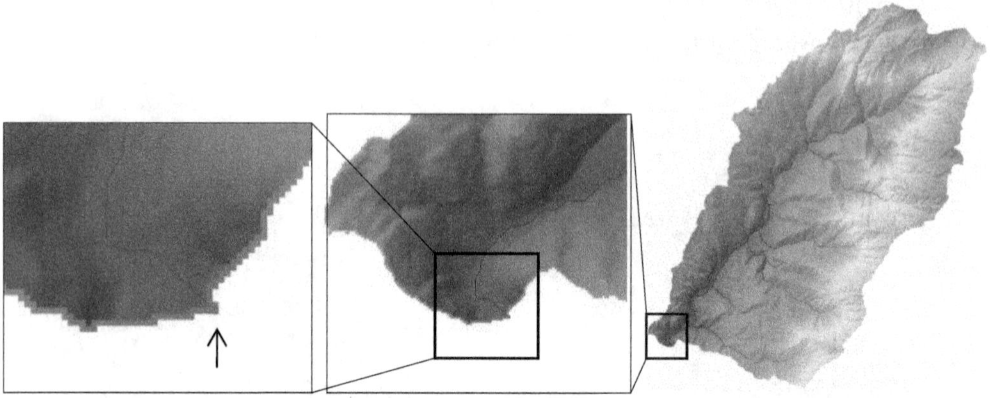

图 10-45　计算流出点

2）将 Calcu1 用自身相除。运用 Raster Calculator，建立关系式："Calcu1"/"Calcu1"，产生的新图层 Calcu2，将只有一个单元值。

3）在 Raster Calculator 对话框建立关系式：RegionGroup("Calcu2")。产生的新图层 Calcu3 将有两个单元值：1 和 2。值为 1 的单元表示高程低于等于 170 m 而且与流出点相连的区域，值为 2 的单元表示高程低于等于 170 m 但与流出点不相连的区域。所以，值为 1 的单元表示的是真实的淹没区域，运用 Raster Calculator，从图层 Calcu3 选择值为 1 的单元。产生一个名为 Calcu4 的新图层。

4）为了去除 0 值，运用 Raster Calculator，将主题 Calcu4 用自身相除。产生的新图层 Flooded Area 表示的是实际淹没区域，如图 10-46 所示。

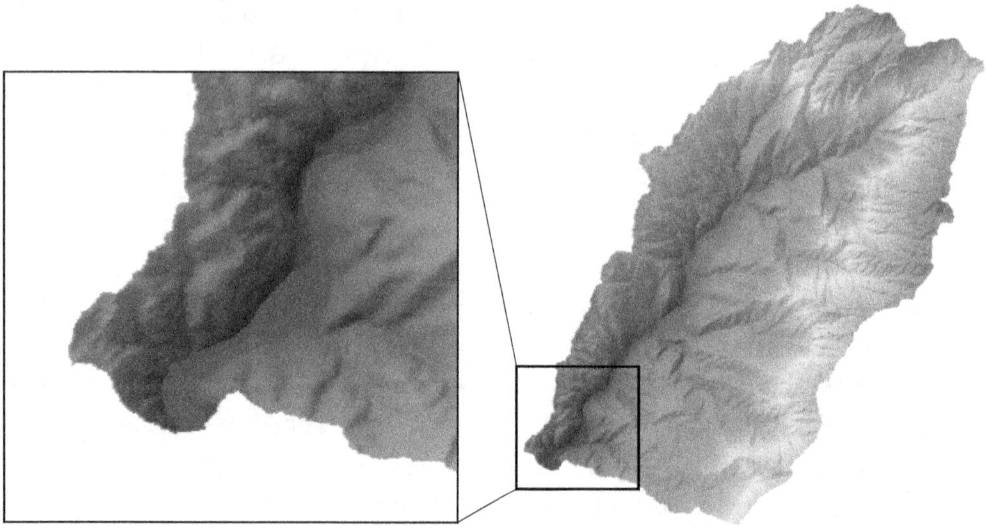

图 10-46　淹没区域分布

一旦建立了淹没图，淹没面积就可以计算出来。任务：计算总的淹没面积。（提示：用淹没区域的栅格单元个数与每个单元的面积相乘就可得出总的淹没面积）。可以利用 DEM 计算淹没深度。从指定的淹没水位减去每个淹没单元的高程将会给出淹没深度。

（5）获取淹没区域的 DEM

在 Raster Calculator 中建立关系式：“FillDem”×“FloodedArea”，以取得淹没区域的 DEM，命名为 FloodDem（图 10－47）。

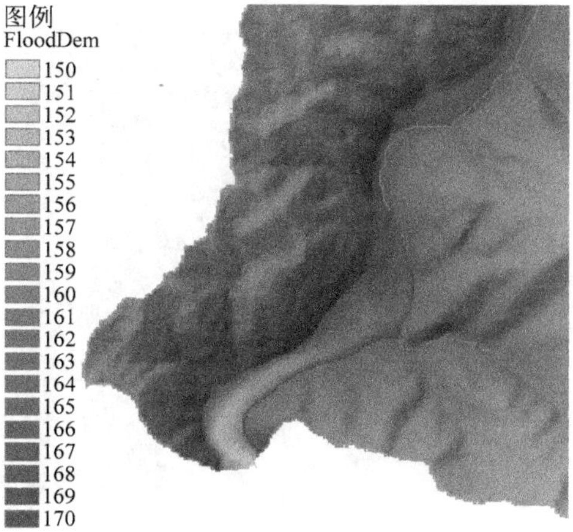

图 10－47　淹没区域 DEM

（6）计算淹没深度

坝址处水位上涨 20 m，坝址处高程为 170 m，所以最大淹没高程为 170 m。在 Raster Calculator 中建立关系式：170－“FloodDem”，即用最大淹没高程减去淹没区每个单元的高程值，得到淹没深度数据 FloodDepth，对 FloodDepth 进行重新分类：0～3 m，淹没程度浅；3～10 m，淹没程度中等；10～15 m，淹没程度深；大于 15 m，淹没程度很深。得到的分类结果如图 10－48 右图所示。

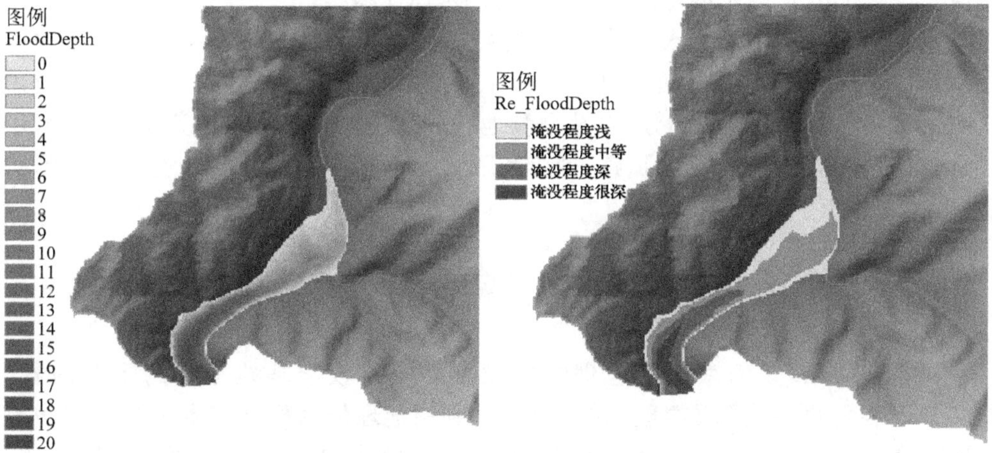

图 10－48　计算淹没深度并重分类

（7）计算淹没水体体积

完成淹没深度图后，可以进行淹没水体体积的计算。每个单元面积与相应的水深值相乘，可以得出各单元的水体体积。然后将所有单元的水体体积相加，就能得到整个淹没区域的淹没水体体积（图 10－49）。

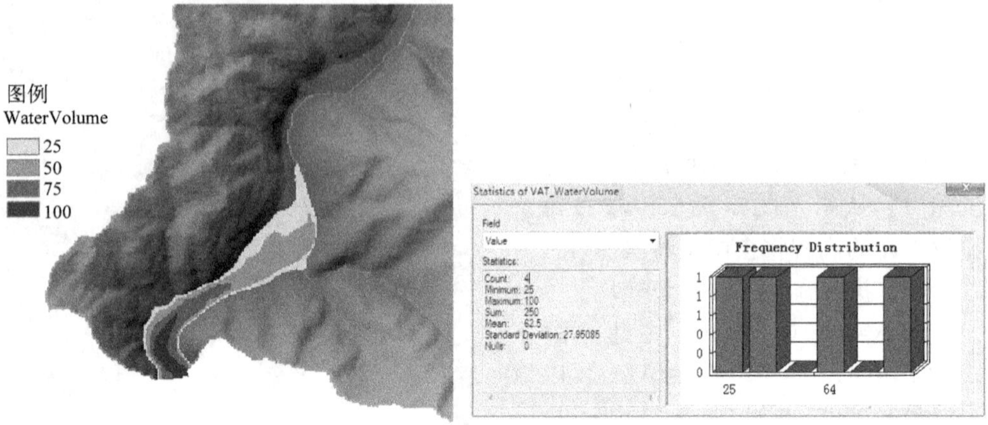

图 10-49　计算淹没水体的体积

1）计算水体体积之前，首先需要知道每个单元的面积，即分辨率。查看 FloodDepth 属性(properties)中的 source，每个栅格单元的尺寸(CellSize)为 5，故而每个栅格单元的面积为 5 m×5 m＝25 m^2。

2）运用 Raster Calculator 建立如下关系：5×5×"Reclass_FlooDepth"，得到水体体积栅格 WaterVolume。

3）打开 WaterVolume 的属性表，右击 Value 字段，选择 Statistics。注意在统计报告中，Sum 值表示的是淹没区域的总的水体体积。

利用 DEM 生成的集水流域和水流网络，成为大多数地表水文分析模型的主要输入数据。地表水文分析模型可以用于研究水资源的分析与管理、洪水水位预警、受污染源影响地区的划分，以及预测地貌的改变对整体区域的影响程度等，还可以应用于农业、森林、交通道路、城市和区域规划等诸多领域，可以分析地表形状与变化。

四、"数字庐山"虚拟仿真教学系统

"数字庐山"是南京大学地理学庐山野外实践教学基地建设的重要内容，在"全学科深度融合"教学理念的指导下，利用地理信息科学技术融合虚拟仿真技术，在庐山基础地理数据库建设基础上，实现庐山自然和人文要素的数字化、地理过程的三维动态模拟、地理要素的三维空间分析、地理信息集成管理和专题成果自动制图等功能。系统提供虚拟教学环境，让学生对庐山自然地理信息与人文景观信息有更深的掌握，通过野外数据自动采集、位置服务、空间分析、三维地形可视化等功能的操作，提升学生对不同尺度的地表过程与格局的认知和分析能力。

“数字庐山”充分整合了数字高程模型(DEM)、遥感影像(RS)、空间矢量数据、属性数据以及多媒体信息，采用三维 GIS 技术与虚拟现实技术，开发“数字庐山”地学平台的手机版、网页版和具有空间分析功能的客户端版。

1. 数据库建设

“数字庐山”的基础是数据库建设，主要依托庐山地区综合地理数据库开展数据建设，目前主要内容包括：

1) 地质地貌数据，采集大比例尺地质图、地形 DEM 数据(1∶1 万 DEM，5 m)；

2) 遥感影像数据，高分遥感影像数据(Pleiades 影像正射数据，0.5 m)；

3) 植被数据，采集大比例尺庐山地区植被类型分布图并数字化；

4) 土壤数据，采集大比例尺庐山地区土壤类型分布图并数字化；

5) 气象数据，庐山各气象观测点的分布、采集实测气象数据资料；

6) 水文数据，庐山各水文观测点的分布及实则数据；

7) 人文数据，人文部分分为旅游地理、经济地理、城市地理、文化地理 4 个不同的专题图层。

2. 系统功能及操作方法

数字庐山虚拟仿真教学系统目前具备三维地形可视化、多图层查询、实习路线导航、实习课程查阅、数字地形分析、地理数据管理与专题制图等功能。

(1) 基础地理信息地图展示及三维地形可视化

该系统的底图加载 ESRI 基础影像，在庐山地区提供了三种地图供实习学生根据需求选择加载，分别是数字地形(DEM、等高线)、高分遥感影像数据(Pleiades 正射影像，0.5 m)和地质图。单击系统菜单栏中的地图模块内三个按钮既可切换显示这三类地图。三类地图均默认加载为立体三维效果，可也以通过手动取消三维显示，加载成普通的二维地图。地形图即庐山地区的 DEM 进行分层设色并晕渲显示，对 DEM 进行三维拉伸即得立体效果，视觉上更具真实性。影像图是在 DEM 上叠加高分辨率正射影像实现三维地形可视化。地质图是对庐山地区地质地形的展示。

(2) 多源地理数据交互查询

系统所含 7 个兴趣图层可供叠加到基础地图上，这些兴趣图层包含了庐山地区有名的景点景区、旅游胜地、特殊地形地貌、重要行政中心等。在实习过程中，可直接点击地标符号查看兴趣点信息，也可通过搜索输入框输入要查询的地标名称，定位到要查看的地方再进行信息查询(图 10－50)。

(3) 庐山野外综合实习路线及实习点教学资源集成

系统中包含了庐山地理野外综合实习过程中每一天的实习路线及各个路线上的实习点信息，实习学生在当天出发前可以通过系统查询实习路线，并提前预习实习内容(图 10－51)。

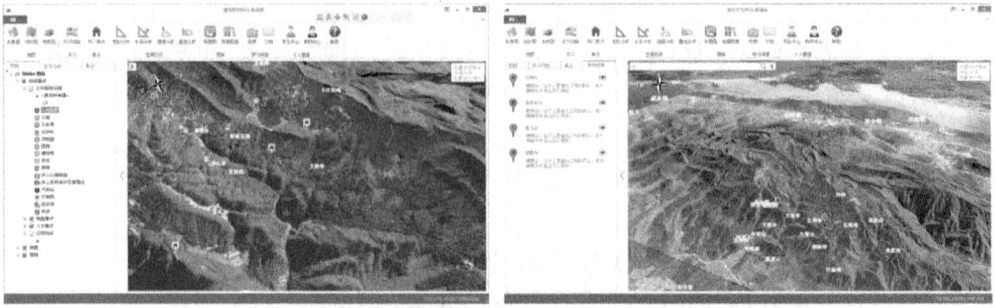

图 10－50　“数字庐山”提供多源地理数据交互查询

图 10－51　庐山野外综合实习路线及实习点教学资源

在系统菜单栏中点击“实习路线”按钮，左侧的信息栏即可展示第 1～13 天的实习路线，选择某一天的路线后，该路线会叠加显示于三维地形上，并将路线所在的地理范围定位到当前的视图窗口中。实习过程中的实习点则分布在实习路线上，并以数字标识。单击某一实习点后，弹出该实习点上需要学习的课程内容。

在野外实习过程中，将一些特殊的地理兴趣点添加到系统中，更加丰富系统对庐山的信息采集。如果实习路线有偏差，也可以在系统中随时修改路线。

(4) 数字地形空间分析及仿真展现

该系统中的 DEM 数据可供实习学生进行简单地形空间分析：等值线分析、剖面分析、坡度分析、坡向分析、阴影分析、视域分析、水文分析等。在系统菜单栏中点击空间分析按钮，选择分析类型，根据系统自带的 DEM 提取地形因子或得到其他的地形分析结果。

系统最下面的任务栏左侧自带地图操作小工具：地图初始化、全景、正北、返回、缩放、查询、测距、定位等。在地图浏览的过程中可使用这些小工具方便地图操作。例如要进行地图上两点或多点之间的距离量测，点击下方的测距小工具，当鼠标光标变成十字形后在地图上点击两次或多次绘制线段，双击完成线段的绘制，即可弹出窗口显示该条线段的距离。

3.“数字庐山”教学实验效果

“数字庐山”系统整合多源、多尺度、多媒体地理数据，构建了三维地形可视化环境，围绕地理学野外综合实习教学内容，具备空间查询、实习路线展示、实习点内容介绍、数字地形分析等功能。

该实验系统发挥了以下实习效果：

1）基于该系统，学生可以开展课前实习、野外对照、数据采集、空间分析、专题制图，为学生野外实习过程提供了极大帮助，提升了实习效果与教学效率。

2）数字庐山系统的建设提升了庐山地理实习教学资源积累和课程建设成果的开放交流与网络共享程度。

3）实习学生可以直接参与数字庐山建设，有助于培养学生的综合知识运用能力与地学创新思维能力。

4）虚拟教学平台充分发挥信息技术优势，让野外实习与课堂教学借助于可视化、虚拟化、交互式等技术手段融为一体，也便于教师与学生的沟通与协作。

思考题

1. 结合实习内容，说明采用 GNSS 手持设备开展野外数据采集与整理的技术原理、外业采集过程与内业数据整理方法。

2. 使用庐山地区综合地理实习工作底图（1∶1 万），说明地形图野外识图与填图的主要内容。同时结合植被填图作业，在图上选择实习路线，并简述野外填图的作业过程。

3. 利用分组实习收集的相关数据，在 ArcGIS 平台上，开展庐山地区地理专题（如土壤、植被、地貌等）制图。请说明关键技术、技术流程等，并展示分组所绘成果图。

4. 基于 DEM 数据，选择庐山地区典型小流域单元，开展数字地形分析，是地理学野外实践教学的重要内容。请结合 ArcGIS 平台，简述具体工作内容、关键技术、绘制技术流程，并展示相关数字分析成果图（坡度、坡向，地形纵横剖面、流域提取等）。

参考文献

毕华，谭克仁，张琴华，等.1997.赣北庐山伟晶岩形成时代新认识.矿物岩石地球化学通报，16(3)：28－30.

毕华，项新葵，朱元松.1998.庐山隆起—滑脱构造.大地构造与成矿学，22(1)：21－28.

冰川沉积讨论班.1981.关于冰碛术语概念和译名的讨论意见.冰川冻土，3(1)：78－81.

曹照垣.1957.中国新构造运动的几个类型//中国科学院第一次新构造运动座谈会发言记录.北京：科学出版社.

曹照垣.1982a.中国第四纪气候演变与庐山“冰川遗迹”问题.冰川冻土，4(3)：114.

曹照垣.1982b.《冰期之庐山》质疑.自然辩证法通讯，4(3)：43－44.

曹照垣，吴锡浩，浦庆余.1964.庐山及其东北麓的冰川遗迹.科学通报，9(1)：48－51.

陈刚，张笑，薛梦娇，等.2019.数字地形建模与数学分析.南京：东南大学出版社.

邓必荣，胡肇荣.1997.庐山地区海会—石背山构造岩浆岩带特征及形成机制探讨.江西地质科技，24(3)：118－122.

邓养鑫.1983.庐山羊角岭附近“泥砾”成因的泥石流解释.冰川冻土，1：33－46.

邓养鑫.1985.泥石流地质地貌作用的初步探讨//中国科学院兰州冰川冻土研究所集刊第4号.北京：科学出版：241－250.

邓养鑫，邓晚峰，徐齐治.1985.庐山1984年灾害性泥石流及其特征.水土保持通报(1)：68－72.

丁志敏，郑孝正，彭昕.2008.庐山百年规划历程评述和问题探讨.华中建筑，26(8)：147－149，181.

高林志，黄志忠，丁孝忠，等.2012.庐山筲箕洼组与星子岩群年代地层关系及SHRIMP锆石U－Pb年龄的制约.地球学报，33(3)：295－304.

高林志，杨明桂，丁孝忠，等.2008.华南双桥山群和河上镇群凝灰岩中的锆石SHRIMP U－Pb年龄——对江南新元古代造山带演化的制约.地质通报(10)：168－175.

高信曾.1978.植物学(形态解剖部分).北京：人民教育出版社.

戈木.1996.庐山旅游介绍.长沙：湖南地图出版社.

龚志强，江小蓉.2008.近代庐山避暑地开发及其影响.江西社会科学(12)：131－134.

龚子同.1980.我国境内成土风化壳的地球化化学类型.土壤专报，37：123.

关俊朋，何斌，李德威.2010.庐山地区星子群碎屑锆石SIMS U－Pb年龄及其地质意义.大地构造与成矿学(03)：106－111.

郭志华，卓正大.1996.庐山常绿阔叶、落叶阔叶混交林的植物区系地理研究.热带地理，16(1)：74－81.

贺伟，张雷.2003.会讲故事的庐山别墅.南昌：江西美术出版社.

黄秉维.1958.中国综合自然区划的初步草案.地理学报，24(4)：348－365.

计宏祥.1979.华南第四纪哺乳动物群的划分问题.古脊椎动物与古人类,15(4):271-277.
计宏祥.1980.陕西蓝田地区第四纪哺乳动物群的划分.古脊椎动物与古人类,18(3):220-221.
计宏祥.1985.中国第四纪哺乳动物群的地理分布及其所反映的气候变迁//中国第四纪冰川冰缘学术讨论会文集.北京:科学出版社.
江西省规划院.1996.江西省星子县域城市总体规划.
蒋晓伟,冯立梅,杨达源,等.2003.庐山旅游气候资源优势评价及深度开发.长江流域资源与环境,12(3):233-236.
金其铭,董新.1987.人文地理学导论.南京:江苏教育出版社.
景才瑞.1980.庐山西北麓第四纪冰川作用表皮构造的新发现.科学通报,25(9):410-411.
景才瑞.1981.庐山没有第四纪冰川吗?自然辩证法通讯,3(4):42-46.
李吉均.1982.论冰川擦痕.冰川冻土,4(1):29-34.
李吉均.1983.中国东部山地第四纪冰期气候问题.地理学报,3(4):438-442.
李庆逵.1983.中国红壤.北京:科学出版社.
李容全,朱国荣.1985.晚第四纪庐山地貌发育模式及其意义//中国第四纪冰川冰缘学术讨论会文集.北京:科学出版社.
李升峰,任黎秀.1995.鄱阳湖滨沙生植被的初步研究.植物资源与环境,4(2):32-38.
李四光.1947.冰期之庐山.前中央研究院地质研究所专刊乙种2号.
李松志.2017.旅游引导的庐山城镇化兴起及其启示.美与时代(城市版),12:1-3.
李武显,徐夕生,周新民,等.1998.庐山"星子杂岩"中绿帘石花岗岩的定年和成因.地质论评(2):143-148.
李徐生,韩志勇,陈刚,等.2021.庐山模式——以综合创新地理学人才培养为目标的野外实践教学改革与探索.高等理科教育(1):92-96.
刘光崧,蒋能慧,张连弟,等.1996.土壤理化性质与剖面描述.北京:中国标准出版社.
刘再兴.1994.经济地理学:理论与方法.北京:中国物价出版社.
刘振中,俞序君.1985.庐山构造地貌与地貌发育//中国第四纪冰川冰缘学术讨论会文集.北京:科学出版社.
罗期,魏安洁,罗悦平.2015.庐山牯岭镇早期开发建设历程探究.城市发展研究,22(1):19-22.
罗时叙.2005.庐山别墅大观.北京:中国建筑工业出版社.
马溶之.1958.对第四纪地层的成因类型和中国第四纪古地理环境的几点意见.中国第四纪研究,1(1):72.
马杏垣.1958.五台山区地貌、第四纪沉积物及新构造运动的初步观察.中国第四纪研究,1(2):55-60.
马永立.1998.地图学教程.南京:南京大学出版社.
牟昀智.1933.扬子江流域之第四纪冰期.中国地质学会志,13(1):15-62.
牟昀智.1985.庐山泥砾并非冰川成因//中国第四纪冰川冰缘学术讨论会文集.北京:科学出版社.
南京大学,北京大学,中山大学,等.1980.土壤学基础与土壤地理学.北京:人民教育出版社.
南京大学地理系科学庐山编著组.1983.科学庐山.南昌:江西人民出版社.

潘凯元.2005.药用植物学.北京：高等教育出版社.
钱又宇，孙公丽.1990.园林植物学.北京：中国林业出版社.
任美锷.1953.庐山地形的初步研究.地理学报，19(1)：61-73.
任美锷.1999.中国自然地理纲要.北京：商务印书馆.
任美锷，刘泽纯，王富葆.1982.对庐山第四纪冰川问题的几点意见.自然辩证法通讯，4(2)：37-39.
任振纪.1985."黄山冰碛层"孢粉分析及古气候探讨.河北地质学院学报，4：57-65.
施雅风，崔之久，李吉均，等.1989.中国东部第四纪冰川与环境问题.北京：科学出版社.
史志刚，高林志，李廷栋，等.2014.庐山汉阳峰组变流纹岩锆石U-Pb同位素定年及其地质意义.中国地质，41(2)：326-334.
苏世荣.1992.中国城市通览.南京：江苏科技出版社.
孙殿卿.1957.中国第四纪冰川遗迹纪要.北京：科学出版社.
孙殿卿，吴锡浩，浦庆余.1982.关于中国第四纪冰川地质工作的几点意见//第三届全国第四纪学术会议论文集.北京：科学出版社：155-161.
孙殿卿，杨怀仁.1961.大冰期时期中国的冰川遗迹.地质学报，41(34)：233-244.
孙殿卿，周慕林，潘建英.1977.中国第四纪冰期.地质学报，2：101-110.
孙芳蒂，马荣华.2020.鄱阳湖水文特征动态变化遥感监测.地理学报，75(3)：544-557.
孙毓飞，曹松涛，周世术.1984，黄山构造地貌之初步探讨//中国地理池会构造地貌学术会议论文集.北京：科学出版社.
汤国安，李发源，刘学军.2019.数字高程模型教程.3版.北京：科学出版社.
王汉存，张林源.1984.庐山古冰川问题与赣中低山区的现代泥石流.冰川冻土，6(2)：89-91.
王汉存，张林源.1985.庐山历史时期的泥石流及其成因分析.水土保持通报，1：64-67.
王继林，何斌，关俊朋.2013.江西庐山地区星子群变质时代及变质机制探讨.大地构造与成矿学，37(3)：489-498.
王靖泰.1981.天山乌鲁木齐河源的古冰川.冰川冻土，3(增刊)：57-67.
王靖泰，汪品先.1980.中国东部晚更新世以来海面升降与气候变化的关系.地理学报，35(4)：299-312.
王开发，张玉兰.1984.江西庐山全新世沉积物的孢粉研究//第四纪孢粉分析与古环境.北京：科学出版社.
王先美，钟大赉，张进江，等.2007.沂沭断裂带晚白垩世-早古新世左行走滑的低温年代学约束.地质学报，81(4)：454-465.
王云飞，朱海虹，郑长苏，等.1985.鄱阳湖盆地第四纪沉积及湖泊形成//中国第四纪冰川冰缘学术讨论会文集.北京：科学出版社.
吴传钧.1998.人地关系与经济布局.北京：学苑出版社.
吴传钧，刘建一，甘国辉.1997.现代经济地理学.南京：江苏教育出版社.
吴根耀，梁兴，陈焕疆.2007.试论郯城—庐江断裂带的形成、演化及其性质.地质科学(1)：160-175.
伍光和，田连恕，胡双熙，等.2000.自然地理学(第三版).北京：高等教育出版社.

夏玉梅,汪佩芳,王曼华.1983.哈尔滨黄山剖面孢粉组合的初步研究.地理科学,3(2):183-187.
项新葵,许建华,徐寇龙.1993.星子群变质核杂岩的特征及其地质意义.矿产与地质,7(6):401-407.
肖荣寰,吕金福.1988.地理野外实习指导.长春:东北师范大学出版社.
谢国刚,黄传冠,钟春根.2000.庐山地区新元古代海相火山活动及岩石特征.华东地质学院学报,23(2):99-104.
谢又予,崔之久.1985.中国庐山类冰债与天山冰碛沉积物特征比较的研究.第四纪研究,6(2):72-76.
谢又予,吴淑安.1981.九江-庐山地区第四纪沉各环境的初步探讨//地理集刊,13号.北京:科学出版社.
徐馨,何才华,沈志达.1992.第四纪环境研究方法.贵阳:贵州科学技术出版社.
杨怀仁,徐馨.1980.中国东部第四纪自然环境的演变.南京大学学报(自然科学版),1:121-144.
杨怀仁,杨森沅.1958.长江下游第四纪冰川及冰缘沉积.第四纪研究,1(1):238-243.
杨森生.1998.庐山地区隆—滑构造特征及成因探讨.江西地质,12(2):96-100.
姚檀栋.1981.用积累面积比率法研究庐山第四纪冰川问题的探讨.冰川冻土,3(1):82-86.
姚檀栋,李吉均.1982.庐山地区“冰斗”、“U谷”及“泥砾”成因之辨析.冰川冻土,4(4):27-42.
雍万里.1993.中国旅游地理.南京:南京大学出版社.
曾昭旋.1960.岩石地形学.北京:地质出版社.
张凤荣.2007.土壤地理学.北京:中国农业出版社.
张根寿,林爱文,王新生,等.2004.庐山地理调查.武汉:武汉大学出版社.
张兰庭.1984.庐山地区第四纪地层的研究//第四纪冰川与第四纪地质论文集.北京:地质出版社.
张林源.1985.庐山地区地貌的发育过程和结构特征//中国第四纪冰川冰缘学术讨论会文集.北京:科学出版社.
张林源.李吉均.周尚哲.1985.关于我国云杉、冷杉孢粉组合的古气候意义这商榷//中国第四纪冰川冰缘学术讨论会文集.北京:科学出版社.
张林源.牟昀智.1981.庐山羊角岭“表皮构造”成因探讨.科学通报,16:1006-1008.
张林源.牟昀智,1985.庐山地区混杂堆积的特征和成因.中国第四纪研究,6(2):167-176.
张明庆.2016.气象学与气候学实习指导.北京:首都师范大学出版社.
张文奎.1993.人文地理学概论.长春:东北师范大学出版社.
张小林.1995.人文地理学导论.北京:测绘出版社.
张兆干,王腊春.2011.庐山地区地理学野外实习指南.北京:科学出版社.
赵松乔.1985.中国综合自然地理区划//中国自然地理(总论).北京:科学出版社.
中国地质学会第四纪冰川及第四纪地质专业委员会.1982.我国第四纪冰川及第四纪地学的成就与展望.地质论评,28(6):581-585.
中国科学院《中国自然地理》编辑委员会.1983.中国自然地理·植物地理.北京:科学出版社.
中国科学院《中国自然地理》编辑委员会.1984.中国自然地理·地貌.北京:科学出版社.
中华人民共和国国家质量监督检验检疫总局,中国国家标准化管理委员会.2012.GB/T 13989-

2012 国家基本比例尺地形图分幅和编号.北京：中国标准出版社.
中华人民共和国国家质量监督检验检疫总局，中国国家标准化管理委员会.2017.GB/T 20257.2-2017 国家基本比例尺地图图式.北京：中国标准出版社.
周銮书.1996.庐山史话.南昌：江西人民出版社.
周淑贞.1989.气象学与气候学实习.2 版.北京：气象出版社.
朱鹤健，何宜庚.1992.土壤地理学.北京：中国农业出版社.
朱景湖，崔之久.1984.五台山冰缘地貌的基本特征.冰川冻土，6(1)：71-78.
朱清波，杨坤光，王艳.2010.庐山变质核杂岩伸展拆离和岩浆作用的年代学约束.大地构造与成矿学，34(3)：391-401.
Barbour G B. 1934. Analysis of Lushan glaciation problem. Bull. Geol. Soc. China, 13: 647-656.
Boulton G S, Eyles N. 1979. Sedimentation by valley glaciers: a modelqnd genetic classification// Schluchter C. Mor-aines and Varves. Rotterdam: Balkema Press.
Bowen D Q. 1978. Quaternary geology. New York: Pergaman Press.
Budel J. 1977. Climatic geomorphology. Princeton: Princeton University Press.
Cotton C A. 1961. The theory of savsnna planation. Geography, 46(2): 89-101.
Frakes L A. 1979. Climates throughout geologic time. Amsterdam: Elsevier.
Frenzel B. 1973. Climatic fluctuations of the ice age. Cleveland: The Press of Case Western Reserve University.
Han Z, Pan R, Li X, et al. 2021. Burial Ages Imply Miocene Uplift of Lu Mountain in East China due to Crustal Shortening. Front. Earth Sci. 9: 634105.
Kang-tsung Chang.2010.地理信息系统导论.5 版.陈健飞，张筱林，译.北京：科学出版社.
Lawson D E. 1981. Didtinguishing characteristics of diamictons at theMatamusla glacier. Alasla. Anndls of Glaciology 2. Int. Glaci. Soc.
Lin W, Faure M, Monié P, et al. 2000. Tectonics of SE China: New insights from the Lushan massif (Jiangxi Province). Tectonics, 19(5): 852-871.